戦後6事件をたどる

死刑冤罪

里見繁
Satomi Shigeru

インパクト出版会

死刑冤罪

戦後6事件をたどる

目次

免田栄

谷口繁義

斎藤幸夫

赤堀政夫

袴田巖

久間三千年

まえがき

本書で紹介する「免田事件」「財田川事件」「島田事件」「松山事件」は、共に一九八〇年代に再審無罪判決を得ている。以後現在（二〇一五年夏）まで、死刑冤罪事件で無罪判決は出ていない。

冤罪の取材を始めてから二〇年を超えた。一九九一年に初めて選挙違反事件に関する冤罪を取材した。実に一四七人全員が嘘の自白をしていた。警察の取り調べの実態と、それを主導していた検察官の悪辣さに驚いた。それ以後、目から鱗が落ちたように冤罪にのめり込んだ。「冤罪はどんな推理小説よりも面白い」と、あるジャーナリストは言っている。隠された冤罪の構造を暴くのは確かに痛快だ。取材を続けながら私自身もそれを実感していた。嘘の自白と証拠のねつ造。捜査機関が冤罪をでっち上げる時には、必ずと言っていいほど、この二つが隠され、埋め込まれている。そして、裁判所のふがいなさ。威厳に満ちた重々しい言葉で綴られた判決文も、よく読めば詭弁とこじつけに粉飾されていた。捜査機関の嘘を全く見抜けない裁判官によって、冤罪は増え続けている。

日々冤罪を追いかけながら、ある時から、絶え間なく生まれ続ける冤罪の、その源流ともいうべき場所を覗いてみたいと思うようになった。つまり、冒頭に掲げた四件の死刑冤罪事件をもう一度調べてみたくなった。戦後の新しい刑事訴訟法（一九四九年一月施行）によって、この国の捜査手続きと刑事裁判は刷新された。しかし、その船出の直後から、もう冤罪は生み出されていたのである。四件の死刑冤罪事件のうち三件は、新刑事訴訟法の施行後に発生し、逮捕、起訴されている（免田事件は新刑訴法施行の三日前に事件が発生したが、逮捕は施行後だった）。人権の保護を掲げた新刑訴法の新しい息吹はかけらもなく、「冤罪を作らない」という近代法治国家の要が最初から緩んでいたのである。八〇年代に四件の冤罪が次々に明るみに出た時、多くの人がそのニュースに驚くと同時に日本の刑事司法に失望した。そして、実はその失望は今も消えず、くすぶり続けている。

古い冤罪事件を振り返ってみようと思い立った理由の一つは、冤罪の歴史にとって重要な一時代を風化させてはならないと考えたことである。個人的なことだが、五年前にテレビ記者をやめて大学の教員になった。学生に冤罪を語りながら、その原点ともいうべきものを共有できないもどかしさを感じ続けた。免田栄さんという名前すら、今やほとんどの学生が知らないのである。語り継ぐべき資料がいるだろうと考えた。

そして、もう一つ、別の理由もある。多くの冤罪を取材する中で、以前からある疑念が払拭できずにいた。そのために事件そのものに対する関心はもちろんだが、雪冤を果たしたご本人にお会いしたいという気持がそれ以上に強くなった。「雪冤は果たしたけれど……」というのがその疑念である。「雪冤」とは冤罪を晴らすこと。冤罪に巻きこまれた人は、この身に降りかかった冤罪を晴らしたいと願う。当然である。そのために一生を捧げる人も多い。果たせず、無念のうちに亡くなった人も見てきた。裁判所に失望して断念した人も見てきた。そして、ほんの一握りだが、幸運にも雪冤を果たす人がいる。裁判所で無罪判決を聞く瞬間は、本人のみならず、一緒にその場に居合わせるだけで自分の体まで震えるほどだ。弁護人も支援者も涙にくれながら喜びを分かち合う。だが、その先である。さらに、雪冤を果たした人に、国家は何を弁償するのか。弁償できることはごくわずかである。隣人は、街は、社会は雪冤を果たした人にどのように向き合うのか。もちろん、全く昔のままなどということはあり得ない。だが、ある日突然、理不尽にも社会から切り離された、それは自分の過失ではない。だから、その時、その場所に帰りたいだけなのだ。それを望む権利はあるはずだ。しかし、それは不可能だ。数十年ぶりの娑婆は別の宇宙のように変貌し、あの日の青年は今や老人の容貌である。

「松山事件」で再審無罪判決を受けた斎藤幸夫さんが二〇〇六年に亡くなった。その頃のテレビ番組が斎藤さんの日常生活を映し出していたが、侘しげな一人住まいの居間の障子が破れているのが垣間見えた。それがなぜか目に焼き付いた。裁判所の前で満面に笑みを浮かべながらお母さんと抱き合ったあの日から二二年、斎藤さんはどんな日々を送ったのか。冤罪の取材に明け暮れていながら、私にはその視点はなかった。冤罪に陥れられた人の人生は無罪判決で終わるわけではない。そこから先にも長い日々がある。

雪冤の先に何があるのか。冤罪そのものの構造を描くことに加えて、そこを尋ねてみたいと考えた。

「温故知新」の旅は二〇一三年の春から始めた。二年がかりで四件の死刑冤罪事件について、取材し、まとめることができた。本書では他に三件の冤罪事件を紹介している。

「袴田事件」は二〇一四年に再審開始決定が出た。今後、無罪判決が出れば、この国で五番目の死刑囚の雪冤となる。一方、「飯塚事件」は死刑判決確定の二年後、死刑が執行された。DNA鑑定が有罪の決め手とされているが、この鑑定は今から見れば完全に間違っていた。このDNA鑑定と同じ鑑定法が使われた「足利事件」では無期懲役判決が出されたが、二〇一〇年に再審無罪が言い渡された。

なお、飯塚事件と足利事件の章では、DNA鑑定についての説明の記述が何度か出てくる。分かりやすく書いたつもりだが、理科系の話は苦手だという方には若干面倒くさいかもしれない。ななめ読みしていただいてもいいし、飛ばしていただいてもいい。当時の鑑定がいかにでたらめであったかを理解するうえで参考になると考えたが、その点は、ほかの部分でも執拗に書いているので十分ご理解いただけると思っている。

第1章

雪冤は果たしたけれど

免田栄さんの場合

はじめに

「相手の方と顔を合わすでしょ。私がどこを見ていると思いますか」

小さな机を挟んで、免田栄さん（一九二五年一一月生まれ）が私の眼を見ながら語っている。穏やかな老人の眼差しである。

「今、お宅と会っていますけど、どこを見ていると思いますか。こうしていても、お宅の目ん玉の動きを見ておるでしょ。一般の人はそこまではせんでしょうが」

「どういう意味ですか」

「相手を疑うんですね。一体、何をしに来たのだろうか、と。絶対にその人の心に入ることができない。友人とはなれない。でも、親しい言葉を掛けてもらえば、その人の心に入って行きたいという考えはあるわけ。あるのだけれども、疑いが半分ありますから」

まったく同じ言葉を聞いたことがある。かつてほかの冤罪を取材している時に、出所し、再審請求に向けて準備をしている人にインタビューをした。「人と親しくなることはあっても、決して昔のように心を開くことはない」と語っていた。警察に逮捕され、事件に巻き込まれる以前は、人付き合いのいい明るい子だったとその両親は言う。免田さんも自らを「田舎育ちのぼんぼんでしたよ」と語る。裕福な農家の二男坊だった。

身に覚えのない事件である日突然逮捕される。起訴、そして死刑判決。警察も裁判所も真実の発見者ではなかった。冤罪は法治国家といわれるこの国で、あってはならない不条理である。この不条理、理不尽に巻き込まれた人がその渦に揉まれた末に「人間不信」に陥ったとしても、何の不思議もない。むしろ、多くの冤罪を取材していると、よくぞ、正常な感覚を失わずに今日まで生きてこられましたね、と思うことの方が多い。

「雪冤」、辞書には「無実の罪を晴らし、身の潔白を明らかにすること」と書かれている。免田栄さんが死刑判決を覆して無罪判決を得たのは一九八三年、逮捕から三四年後のことだった。しかし、冤罪は過去の話ではない。今も、雪冤を果たす人が相次いでいる。幼児誘拐殺人事件の犯人とされ、無期懲役刑で服役中だった足利事件の菅家利和さん（二〇一〇年三月・再審無罪）、強盗殺人事件（布川事件）で無期懲役とされた桜井昌司さんと杉山卓男さん（二〇一一年五月・再審無罪）、さらに、東電OL殺人事件の犯人とされたゴビンダさん（二〇一二年一一月・再審無罪）、他にも氷見事件、志布志事件や多くの痴漢冤罪事件など、冤罪の汚名を晴らした人の名前を数え上げればきりがないほどだ。そして、それに続くように「雪冤」のために再審請求を申し立てる人がこの先も列を成している。

雪冤を果たすにはこの国の制度では再審裁判で無罪を勝ち取る以外に方法はない。そして昔も今も「開かずの扉」と言われるほど、再審請求で開始決定を得ることは難しいとされている。

この難しい再審を乗り切り、艱難辛苦の末「無罪判決」を勝ち取り、雪冤を果たした時に、人はやっと自由を手に入れる。

さて、その先である。第二の人生には何が待っているのだろうか。無実がはっきりしたのだから、逮捕される前の生活に戻れるはずである。服役した日々のいやなことはやがて忘れ去り、それで問題は解消するはずだ。だが、そうだろうか。消えた青春の日々は返ってはこない、あたりまえの話だ。肉体は服役した日数の分だけ老化している、これもあたりまえの話だ。精神はどうか。不当な取り調べや裁判のことはきれいさっぱりと心から締め出して、事件の前に戻れるのだろうか。

冤罪は国家の犯罪である。国家のミステイクにより不利益を被ったのであれば、それは国家によって回復してもらわなければならない。しかし、国家はそんなことはしない。確かに公民権は回復するし、刑事補償の制度があり、服役の期間に応じて法で定められた金額が交付されるが、それで終わりである。その先はその人その人が自分で切り開いていくしかないのである。自分の心の問題も、人間関係も。そして経済的な問題も。

免田事件は新しい刑事訴訟法の下での、この国で初めての死刑囚の再審無罪事件である。冤罪をめぐる温故知新の旅は、免田栄さんを訪ねるところから始まった。

事件と裁判

二〇一三年の春、福岡県大牟田市の免田栄さん(八七歳)のご自宅を訪ねた。時をさかのぼり、事件の発端からお伺いしたいと切り出した。続いて、いくつかの質問事項をノートで確かめているうちに、こちらが口を開くより先に免田さんが語り出した。

「これは免田事件じゃなかですよ。白福事件でしょ(白福は被害家族の姓)。私を捕まえて、免田事件と名付けた時から、もう警察は白福さんの事件は忘れてるですよ」

冤罪ではしばしば逮捕され、被告にされたその人の名前をそのまま事件名にすることがある。マスコミが報道する際に使うのだが、ご本人にしてみれば、迷惑どころか許しがたいことである。そういう例は他にもあるが、自分は「犯人」ではないのに、その事件が未だに「免田事件」と呼ばれていることに免田さんが怒りを感じるのも当然である。しかし、この時免田さんが語ったのはその事だけではないような気がした。白福事件を利用して、あるいはそっちのけにして、警察はとにかく自分を捕まえたかったのだ、ということではないのか。

「警察は、最初から免田さんが犯人ではないと知っていたと思いますか」

「五人の刑事が来て、私を連行したんです。そのうちの三人は売春に関わっていました。旅館から袖の下を取って、小遣い銭にしていたんですよ(事件のあった人吉は有名な温泉地である)。

そのことを私が知っていたから、潰したかったんでしょ。私はそれまで白福さんと会ったこともなかったとですよ」

遠い昔の、戦後間もない頃の話である。しかし免田栄さんにとっては、家で寝ているところを突然刑事にたたき起こされ、警察署に連行された夜のことは忘れたくても忘れることができない。この日から三四年六か月にわたる獄中生活が始まったのだ。免田さんの九州弁には思い出を語るようなのどかなところは微塵もない。昨日のことのように言葉が口をついて出るのである。

一九四八年一二月二九日の夜遅く、熊本県人吉市に住む祈祷師白福角蔵さん（七六歳）方に強盗が押し入り、寝室に寝ていた家族四人に対して、なたと包丁で次々に襲いかかった。角蔵さんは頭に一〇か所、首に三か所の傷を負って即死、五二歳の妻も頭に七か所の傷を受けて翌朝、死亡した。長女（一四歳）が頭に三か所の傷を受けて入院加療三〇日の大けが。次女（一二歳）は頭に二か所の傷を受けて入院加療二九日、通院一か月の大けがだった。犯人は逃げる前に室内を物色しているが結局、何も盗らずに逃げた。

三〇日の午前三時過ぎに、歳末警戒で夜回りをしていた白福家の次男（一八歳）が、家の中から長女に呼ばれて室内に入り、事件の第一発見者となった。

警察の調べによれば、四人が寝ていた八畳間はいたるところに血が飛散し凄惨な状況だったが、指紋は検出されず、遺留品もなく、侵入口と逃走路もはっきり分からなかった。犯人像は、二人の娘の供述によれば、年齢は二〇―三〇歳位、国民服を着ていて、頭髪が長く色黒の小柄な男だったという。

年が明けても捜査は進展しなかったが、一月一三日になって警察は突然、免田栄さん（当時二三歳）を人吉署に連行した。当時、免田さんは球磨群内の村に住み、森林の伐採の仕事をしていた。午後九時半ごろ、免田さんはすでに寝ていたが、突然起こされた。刑事五人に取り囲まれながら、厳しい寒さの山道を二時間歩かされ、さらにそこから警察の車に乗せられて、人吉署に着いたのは翌日の午前二時半頃だった。連行の理由は「あるところで刑事の名をかたった」ということだったが、警察で見せられた逮捕状は玄米などの窃盗の容疑になっていた。もちろんこれは別件逮捕だが、一六日の昼に一旦釈放されたものの、すぐに「白福事件」で再逮捕された。はじめから違法捜査の連続だが、新しい刑事訴訟法がスタートしたばかりで（新刑事訴訟法の施行は一九四九年一月、事件発生の三日後からである）、警察も検察も法に適った捜査ということ自体を無視、または軽視していた。取り調べもまたひどかった。人吉署には留置場もなく、一三日の夜から一六日の深夜に国警球摩地区署の留置場に入れられるまで、横になることは許されず、取調室の机に伏して仮眠を取ったことが一度だけあったという。この間にも、正座や腕立て伏せ、こづく、殴るなどの暴行を受けている。この状況の中で免田さんは白福事件を自白させられた。

一月の末に住居侵入、強盗殺人、同未遂の罪で起訴された。免田さんと弁護人は、第一回公判で殺意については否認したものの外形的事実についてはすべて認めた。しかし、事件全体を眺めると、免田さんを犯人とするにはあまりにも多くの矛盾があった。まず、自白には現場の状況に合わない不自然なところがいくつもあった。また、犯行時に免田さんが着ていたとされる上着からは血痕が検出されなかった。さらに、凶器とされたなたの刃の形と実際の被害者の傷とは合致しなかった。そして決定的なことは、免田さんにはアリバイがあった。第二回公判で免田さんは、事件のあった夜は別のところにいたと供述して、無罪主張に転じた。

事件のあった一二月二九日の夜、免田さんは人吉市内の旅館「丸駒」に接客婦と共に宿泊していた、として自らのアリバイを主張した。しかし、この接客婦は警察の取り調べに対して「免田さんが宿泊したのは三〇日（事件の翌日）だった」と供述した。ところが弁護士が丸駒の経営者に会って話を聞いたところ、「〇〇（接客婦）が警察から帰ってきて『免田が泊まった日を聞かれたが、二九日か三〇日かが分からなくなった。どちらが正しいのか』と問われたが、自分も分からないので職員手帳の二九日と三〇日の両方に丸印を付けた」との証言を得た。さらに、この職員手帳を調べてみると、接客婦の二九日の水揚げのところに八〇〇円と記載されていた。これは事件当日の二九日、免田さんが宿泊したことを裏付けていた（この接客婦は後に、取り調べで述べた内容は警察に強要されたもので、「免田さんが泊まったのは二九日だった」と証言を改めた）。

さらに、一二月三〇日については、免田さんの知人が「免田が自宅に来て泊まった」と証言し、その日その家に居合わせた別の証人もいた。こうして免田さんが丸駒に宿泊したのは三〇日ではなく、事件のあった一二月二九日であることが判明した。

しかし、一九五〇年三月、熊本地裁八代支部は免田さんに死刑を言い渡した。裁判官はアリバイを立証する証言や物的証拠については一切検討せず、それらをまったく無視した。異常とも言えるほどの短い判決文だった。

「被告人を死刑に処する。

訴訟費用は全部被告人の負担とする。」

という「主文」に続く「理由」はわずか一七〇〇字で、そのうちの三割は免田さんの生い立ちから事件当時までの履歴である。その後は、凶器も犯行着衣もないままに、つまり、免田さんと事件を結び付けるものは一切ないにも関わらず、免田さんを主語にして、「窃取しようと決意し」「殺害しようと決意し」「即死させ」「割創を負わせた」として終わる。自白の不自然さも顧みず、事実との矛盾も検討しないまま、検察の主張を判決文に移し替えただけである。公判で明らかにされたアリバイについて一切触れなかったのは、そこに言及した途端に、検察の主張が瓦解するからである。職務放棄、この判決文はどう読んでも裁判官失格である（裁判長・木下春雄、裁判官・立山潮彦、田中英寛）。

しかし、このでたらめな一審判決は生き延びて、一九五一年三月、控訴棄却。その年の暮れに最高裁が上告を棄却して、免田さんの死刑が確定した。

再審

当時は福岡市内にあった土手町拘置支所の一角に死刑台とそれを取り囲むように死刑囚の房があった。免田さんは処刑される囚人が看守に見守られながら塀の陰に消えていくのを幾度も見たという。

運動場で死刑囚同士がボール遊びをしている時に、球が柵を越えて刑場の中に入ってしまったことがある。この時、看守の目を盗んで刑場内に入り、死刑台に上がってみたそうだ。

「簡単なものだな。三段程度上がると真ん中に踏み板があって、それがポンと下がったら、下に穴が掘ってある」

「俺もここに来るのかな、と思った。思ったけれど、再審を始めたからには、おれは絶対にここには来ないぞ、と心に言い聞かせた」

免田さんが再審請求に踏み切るについては、獄中に恩人がいる。そもそも、免田さんは「再審」という言葉さえ知らなかった。「いつ、自分の番がくるのか」と死刑の恐怖におびえ続けている時に、免田さんに知恵を授けてくれたのは、同じ死刑囚の内田さんと看守主任の有田さんだった。内田さんは房内の死刑囚にキリスト教を伝えながら、自らも再審を請求していた。有田さんは看守の立場を超えて免田さんに助言をくれた。

「昼休みに二人で相談に乗ってくれて、その時に、自分はやってないのだと言いますと、有田さんから『それなら再審をしなけりゃいかん』と言われました」

「私は、平仮名も書けなかった、その頃はね。字も勉強しました。(再審のための)上申書は下書きをしてもらいました」


第一次、第二次の再審請求は書面上の不備もありすぐに棄却されたが、一九五四年五月に申し立てた第三次請求で、熊本地裁八代支部は免田さんから次々に送られる膨大な書面(再審趣意書、顛末書など)に対して、ついに証人調べの決定をし、さらに裁判官が自ら職権で証拠調べを行った。法律を知らないまったくの素人の切実な訴えが裁判官を動かしたのである。そして五六年八月、ついに再審開始の決定が出た。西辻孝吉裁判長は免田さんのアリバイをはっきりと認め、「無罪判決」にも等しいものだった。

「第三次請求で再審開始決定が出ましたね」

「二畳半の独房でワンワン泣きました」

「でも、すぐ覆った」

「有田さん(看守)に言われましたね。免田、お前が上申書を書いて、手紙を毎月出したので、その熱意が実っただけだから、と」

再審請求を申し立てている死刑囚については、裁判所でその請求が審理されている期間中は、死刑を執行されることはない。しかし、これは慣例であって法律で決められているわけではない。まして、免田さんは新刑事訴訟法の下での死刑囚の最初の再審請求であり、そんな慣例は、当時はまだない。死刑執行の恐怖におびえ続ける毎日だったが、この再審開始決定が、免田さんを一瞬、その恐怖から解放した。しかし、希望の灯はすぐに消え、より深い闇に包まれた。

この国で初めての確定死刑囚に対する「再審開始決定」は検察の即時抗告によってすぐに覆された。その後、七九年九月に第六次請求で福岡高裁が再審開始決定を出すまで、二〇年以上の年月が費やされた。この間、免田さんは永遠とも思える日々を、書面を出し続けながら獄中で悶々と耐えたのである。

再審公判は八一年五月に始まり、この裁判でも検察は「死刑」を求刑したが、八三年七月、熊本地裁八代支部は免田さんに「無罪」を言い渡した。自白は誘導されたもので信用できず、明確なアリバイがある、と判断した。免田さんはこの日の内に釈放された。検察は控訴を断念し、免田さんの無罪が確定した。獄中生活、三四年六か月。二三歳の青年は五七歳の初老の男に変貌していた。

「無罪判決」を勝ち取って

免田栄さんを訪ねた日、福岡地方は朝から快晴で、春とはいえ暑いほどの陽気だった。

二〇一三年は無罪判決を得た日からちょうど三〇年の節目の年であった。

表通りから免田栄さんの自宅までは細い路地を通らなければならない。その途中に民家一軒分ほどの空き地があって、そこが免田さんの畑になっている。お訪ねした時、免田さんはちょうど畑仕事の最中だった。挨拶より先に「まず写真を一枚」とカメラを向けた。一九九九年、この取材の一四年前にも免田さんにお会いしたことがあり、同じ畑に座ってインタビューをしたのだが、それを言っても思い出せない様子だった。畑で作られているのは、すぐに夕食のおかずになるようなものが多く、「だいぶ、助かってますよ」と言いながら水やりに精を出していた。

畑仕事をする免田栄さん（2013 年春撮影）

免田さんは、妻の玉枝さんと二人暮らし。玉枝さんは免田さんより一一歳年下で、二人がこの家で生活を始めたのは、無罪判決の翌年、一九八四年のことである。その頃から何も変わっていないという、その居間に座り込んで話を聞いた。事件、裁判、再審と進んで、インタビューは、今ようやく無罪判決までたどり着いた。

「無罪、釈放となって、まず、ご実家に戻

りましたね」

「戻りました。戻って一五日間いました。それからすぐ出ました。おられんかったですね。それからはあまり帰ってないですよ。隣保体制というのが田舎にはあるでしょ。本当によくできていますよ、あれは。ああいうところへは、出てきた人〔出所した人間〕は入れませんよ」

　ＪＲ肥薩線の人吉駅からくま川鉄道の湯前線に乗り換え、およそ三〇分で東免田駅に着く。そこが免田さんの故郷である。釈放後、免田さんは大勢の報道陣に取り囲まれながら故郷の地を踏んだ。しかし、二週間余りで実家を出てしまった。それ以来ほとんど故郷には足を踏み入れていない。帰りたくても帰れないのだという。

「人吉で乗り換えて、免田に向かう列車に腰を下ろすと、本当にじーんと来ますね。でも列車が免田の近くまで行くでしょう。線路のそばに家があるんですよ。これがあるばってん、この先にはもう行けないですよ。大変なことをしたなーという気持ちです」

「でも、免田さんは犯人ではないことを証明したじゃないですか」

「負い目です。重い十字架が取れない」

「今なら、のんきにもう一度故郷に行くわけにはいかないのですか」

「背中に十字架を背負っては行けませんね。降ろすことはできませんから。負い目はいつまでもあります」

　死刑判決の確定というのは、後で無罪判決をもらっても消えないのだと免田さんは何度も繰り返した。重い十字架とはそういう意味だろうか。取材中、私はこの「重い十字架」という言葉を、死刑判決を受けたものに押された烙印、それを背負った精神的な重荷、という意味でとらえていた。しかし、帰ってから調べ直して、意外な事実を知った。二〇〇五年に免田さんはもう一度「再審請求」を申し立てている。再審で無罪判決を受けた人がもう一度再審を請求するなどというのは前代未聞だが、「無罪判決には不備があった」というのが請求の理由である。免田さんは、「無罪判決」は受けたものの、最高裁で一度確定した「死刑判決」が未だに「破棄」されていない、という。そして、「死刑確定の汚名により、真の人権回復は実現していない」と主張した。免田さんにとっては「重い十字架」は精神的な問題であると同時に、法律的な問題でもあったのだ。

この請求には弁護人もつかず、そのためこの時の「再審請求」は免田さん自身による本人訴訟だった。このたった一人の反乱に対して、裁判所は二〇〇七年に請求を棄却した。再審請求の要件である「有罪の言い渡しを受けた者」に当たらない、として門前払いした。法律の専門家から見れば、確かに「意味のない」請求かも知れない。「無罪判決」は当然、「死刑判決の取り消し」の意味をも含んでいる。議論の余地はないし、これまでに議論されたこともない。だが、再審開始決定の主文には、「再審を開始する」に続いて「請求人に対する死刑の執行を停止する」と書かれているのに、その後の再審の無罪判決には「被告人は無罪」に続いて、訴訟費用のことなどは書かれているが、「死刑判決を取り消す」というような文言は一切ない。法律的には問題はないのかもしれないが、この判決を言い渡される直前まで死刑囚だった免田さんにとって、どうなのか。死刑判決を「取り消します」という宣告がない限り、自分の背中には十字架がはりついたままだ、と苦悶する免田さんの訴えを的外れな、個人的な感情の問題に過ぎないとして片づけてしまっていいのか。その棘は今も、免田さんの心に刺さったままである。

免田さんの故郷への想いは複雑である。まさに「ふるさとは遠きにありて思うもの」なのかもしれない。免田さんの家族や親戚は三〇年を超える裁判を全面的に支えてきた。父の栄策さんは息子の無実を信じ、先祖伝来の田畑の一部を手放して裁判費用などを捻出したが、一九七一年、病に倒れて七四歳で亡くなった。その後も免田さんの弟やその妻らが中心になって免田さんを支援した。無罪判決を一番喜んでくれたのも家族や親戚だった。

しかし、無罪判決を受けて喜び勇んで帰郷した免田さんだが、僅か半月で故郷を離れてしまった。そして、その後もあまり帰省せず、背を向けるようにして暮らすようになったのはなぜか。「背負った十字架」のせいだけではない。免田さんが兄弟らと疎遠になった理由の一つに、刑事補償金の問題があったという。免田さんが獄中に置かれた期間は一二五九九日、一日当たり当時の法定の最高額七二〇〇円を乗じて、九千万円余りが刑事補償として免田さんに交付された。日弁連の記録ではここから一五〇〇万円が日弁連人権基金に寄付されている。また、この寄付とは別に、免田さんから弁護団に対し「弁護人報酬」が支払われている。一方、刑事補償とは別に費用保障として弁護士報酬など一七〇〇万円余りが裁判所によって認められたが、これも全額、日弁連人権基金に寄付された。

「お金の問題もありますね」

免田さんは、それ以上は語らない。出所後の生活のためにこのお金だけが頼りの免田さんと、三〇年以上に亘って支援を続けてきた身内の人々との間で、考え方にずれが生じたとしても不思議ではない。この問題は外に向かって語られることはあまりないが、他の冤罪事件でも、「無罪判決」の喜びの陰で小さなしこりを生んだり、人間関係にひびが入ることもまれではない。

帰郷、それは免田さんにとっては三四年余りの空白を飛び越えて、突然、濃密な人間関係の真っ只中に戻ることだった。そして半月後、免田さんは今度はそこから逃げるようにして熊本市内の施設「慈愛園」に身を寄せた。ここは免田さんの支援活動を中心になって進めてくれた潮谷総一郎さんが園長を務める施設で、故郷を窮屈に感じた免田さんが次に行く場所としてはここ以外にはなかったと言える。潮谷さんは、死刑囚の内田さん（獄中で免田さんにキリスト教を勧め、再審請求を手助けしてくれた人）の師である。内田さんから免田さんの話を聞き、当初は「罪を認め悔い改めよ」と手紙で説くが、冤罪であることを信じてからは支援の先頭に立ってくれた。

この慈愛園にいる時に、免田さんは将来の妻となる玉枝さんと会う。玉枝さんは炭鉱労働者の組合の書記として長く働いていたが、指名解雇され、ストライキや座り込みなどの闘争に明け暮れ、免田さんと出会ったころは定職についていなかった。仲間で主催する集会に、時の人である免田さんを招いて話をしてもらおうと考え、慈愛園に免田さんを訪ねたのが出会いだった。それから、二人で会うようになり親しくなっていった。

結婚

やがて、二人は結婚をしようというところまで話が進んだがそれは簡単ではなかった。玉枝さんが当時のことを語る。

「私の兄弟は反対しました。『灰色だ』と言っていました。普段は出なくても、一つ一つの局面で考え方がはっきりと現われるんですね」

「免田さんにはアリバイがあることがはっきりしています。灰色ではなく、真っ白ですね」

「そういうことが分かってもらえないんですよ。三四年も闘って、無罪を勝ち取っても『灰色』と言われるんですね。兄たちは二人とも三池闘争を闘った人たちでした」

玉枝さんの二人の兄は共に炭鉱労働者で組合活動に熱心だった。二人がそんなことを言い出すとは思わなかったので、ショックだった。しかし、玉枝さんも頑固で一歩も引かず、結局「勝手にしろ」ということになった。

　無罪判決から一年半後の一九八四年一二月、二人は結婚し、大牟田市内の玉枝さんの家で新婚生活を始めた。免田さん五九歳、玉枝さん四八歳であった。

　玉枝さんはよく笑い、また、免田さんの訥々とした話しぶりとは対照的で、声も大きく若々しい。雪冤を果たして娑婆に帰ってきた人は（これまですべて男性だが）、だいたいすぐに結婚する。そしてだいたいの場合、奥さまの方がしっかり者である。新婚時代の話を玉枝さんに聞いた。

「暗くなって、三畳間で書き物をしている時に、独房にいるような気持になる、とはいつも言ってましたね」

「結婚したての頃ですね。床は別々でした、一緒は気になるみたいで。明け方頃に叫び声ですね、『ワーッ』というような。起こして、何の夢を見たのかと聞いたら、死刑執行の場面を見ていた、怖かった、と言いました。そんなことが二回くらいありました」

　また、これまで人には話したことがなかったけれど、と言いながら新婚時代の出来事を語り始めた。

「菅家さん（足利事件で雪冤を果たして、二〇〇九年に釈放された）が出てきた日、支援の人と一緒

免田さんと妻の玉枝さん（2013年春撮影）

にホテルに泊まったことがありますが、免田の最初の頃とよく似ていました。落ち着きがなくて。それで、間近で支えている人に、怒りっぽいでしょ、と聞いたら、そのとおりだと言いました。それを聞いて、あの頃、一時期ですけど、免田が私に暴力を振るい続けたことを思い出しました。私は炭住に住んでいましたので、荒っぽいのは見慣れていますが、そういうのとはちょっと違うんです。家の中で逃げ切れる時もありましたが、逃げ切れなかったら、ぼこぼこにされました。でも人に言えなかった。反対を押し切って結婚していますからね。最後には、私には帰るところもない、二人で一緒に死んでいく運命なんだからやめてください、と言って、それ以来止まりました。でも、それはずっと引きずっていたわけですけど、菅家さんを見て、あの時の荒れ方はこれだったと、その時、分かりました」

足利事件で犯人とされた菅家利和さんは、無罪判決より前に、DNA鑑定で無実が判明した時点で千葉刑務所から釈放されている。その頃、取材で何回かお会いしたが、非常に朗らかで穏やかな方だった。しかし、一度だけだが、菅家さんを見かけて話しかけてきた人に対して

（その人が親しげにややぞんざいな喋り方をしたせいだと思うが）菅家さんが一瞬、怒気を含んで声を荒らげたことがあった。出所して突然有名人になり、知っている人も知らない人も次々に押し寄せてくる中で、人との適度な距離を保てなくなり、それがイライラを募らせるのではないかと、そんなことを考えた。これも、雪冤を果たした人に共通の、通り過ぎなければならない試練であるのか。

「死刑」という恐怖から解放された免田さんだったが、釈放後には自殺すら考えていたという。玉枝さんが語る。

「無罪判決が出て、しばらくして、熊本（慈愛園）にいたころ、会った時に『車にひかれて死のうかと思った』と言っていました。自由を満喫しているのだろうとばかり思っていましたので、びっくりしました。毎晩、お酒を飲んで大声を張り上げて帰ってきました。嬉しいのじゃなくて、叫んでいるんです。さびしかったと思います」

免田さん自身も、玉枝さんに会わなかったらどうなっていたか分からない、と語っている。

「初めは、もう少し温かく受け入れられるだろうという考えはありました、でもね……。家内という人に巡り合いましたからね。ここだけが救いです」

「無罪判決」を受けて娑婆に帰ってきた。待ちに待った日が来た。しかし、免田さんはすぐに、自分が帰ってきた「世間」に違和感を抱き、すんなりと溶け込むことができなかった。一方、迎える方も困惑したはずだ。「おめでとう」の先が続かない。三四年半の空白は簡単には埋められない。濃密な人間関係は農村の暮らしでは当たり前のことだ。しかし、それは獄中生活の対極にあるものだ。お金の問題も同様だ。死刑囚の房には無縁のものだった。「自殺まで考えた」という免田さんの心情を、その時何人の人が理解し得ただろうか。

消えない人間不信

免田さんと家の近所を少し歩いた。空き地に花壇を見つけて、「私が種をあげたんです」と嬉しそうに指差した。そしてまた少し歩いて、今度は民家の玄関先においてある鉢植えを指して「これもね」と言いながら持ち上げて、出かけた芽を確かめていた。それから、草履をぱたぱたいわせながら自宅に戻った。

「このあたりでは、あの人はいい人だ、と言ってくれます。けど、そこまで。社会は受け入れておりませんよ。現実には仕事もないんです。元死刑囚なんですね。こいつは人殺しだというのが底にはありますす」

穏やかな春の日差しの下を歩いた後では、考え過ぎではないのか、と思いたくもなる。でも、おそらく、考え過ぎではないのだろう。そういう他人の眼差しを感じ続けながら三〇年間過ごしてきたのである。

無罪判決から一〇年後の一九九三年に九州大学法学部の教授が中心になって、熊本県、福岡県で免田事件についてアンケート調査をした。熊本日日新聞の記事によれば、一〇〇〇人中三一五人が郵便による調査に回答し、「免田事件を知っている」と答えた人が二一三人いた。このうち、免田さんについて「犯人なのかどうかわからない」と回答した人が六五・一パーセント、「犯人の印象がぬぐいきれない」と答えた人が二二・六パーセント、一方「犯人のはずがない」と答えた人は八・五パーセントにすぎなかった。

「無罪判決」は免田さんのアリバイをはっきりと認めている。つまり、免田さんは「無罪」というだけでなく「無実」なのだ。それにも関わらず、こうしたアンケート結果が出たことについて、どう考えればいいのだろう。「社会は受け入れておりませんよ」という免田さんの言葉は悲しいかな、正鵠を射ている、ということだろうか。

愚問だと思ったがつい聞いてしまった。

「今、お幸せですか」

「それには答えないで置きます」

と即座に返ってきた。愚問だった。免田さんが続ける。

「確かに、裁判で無罪になりました。珍しいので、大勢の人の興味の眼に晒されました。でも人間は熱しやすく、冷めやすい。冷めれば、次には『あいつは……』と背中から見ているんです」

「あいつは、というのは?」

「結局、『あいつは、刑務所におったんだ』となるわけです」

「でも、冤罪だったのですから」

「社会はそうは考えない」

免田さんの言うことは多分正しい。アンケート調査の結果もそのように出ている。

「結局、向こうから出てきた人（出所者）は、社会から受け入れられないですよ。ということは、それに立ち向かうだけの心を持って生活する、そうしなければ生きていけない」

「死刑という重い十字架、これを背負って世の中を渡るというのは大変です。普段は懐に隠していますけど、今日みたいに、聞かれれば出てきますよ」

世間が免田さんを見る「眼」と、免田さんが世間を見る「眼」は鏡のようなものだ。「疑いの眼差し」に対しては「疑いの眼差し」を返すしかない、ということか。そして、この稿の冒頭に紹介した会話になる。

「お客さんが、ここに来るでしょ。何をしに来たのか。その人は用事があってきたのだけれど、その用事の裏を考えてしまう。今日ここに来て、うまいことを言っておられても、ここから出た後でどうするのかなと、そこまで考えるんです」

そこで、人との付き合いも自然に淡いものになるという。

「心を開くとか閉じるということではなくて、そこまで深入りしないということです」

「垣根を作っておく？」

「ここから先には入らない。当てにしない、といいますかね」

「これからもずっとですか」

「今の私の気持ちを正直に言えばそういうことですが、それじゃいかんと思います。本当の道はそうじゃないと。これを変えないといかんと思っていますけどね……」


免田さんは「田舎育ちのぼんぼん」だったという。その「ぼんぼん」を「不信の人」に変えた最大の要因は、やはり警察官、検察官の事実を捻じ曲げる違法な捜査、そして、そうやって作られた嘘を見抜けなかった裁判官だったと私は確信している。冤罪に陥れられた人の多くが、捜査機関、裁判所に住む「正義を軽んじる人々」によって「人間不信」の病を植え付けられた。これは間違いない。

「警察の取り調べや裁判の過程で、そう考えるようになったのですか」

「それはそうでしょうね。正しいことを言っても、受け入れてくれない。その思いがずっと最高裁までありました。そして死刑ということで、いつ殺されるか、葛藤し続ける中で、役人というのは何をするんだと」

「役人」という言葉が唐突に出てくるが、免田さんにとっては少しも唐突ではない。自分の冤罪は役人たちによって作られたのである、という思いを免田さんは片時も忘れたことがない。警察官、検察官、そして裁判官。お上から拝命された（と免田さんはいつも言う）公務員＝役人こそが諸悪の根源だと、免田さんは考えている。そして、この考え方は、次に述べる年金の問題で、免田さんにとっては動かし難いものになる。

免田さんは、無罪判決を得て社会に帰ってきてから一度も仕事に就いていない。ボランティア活動をしたり、集会などで話をして講演料を手にしたことはあるが、雇用されて給料をもらった経験が一切ない。その意味では未だに「社会復帰」は果たしていないともいえる。まさに、免田さんが予期した通り、交付された刑事補償金だけを虎の子にして目減りを抑えて、慎ましく暮らしていくしかないのである。そのお金と玉枝さんの年金だけが二人の生活費である。実は未だに支援してくれる人があって、匿名で現金やお米などを送ってくれるという。非常にありがたいと免田さんは言う。しかし、それをあてにして生計を立てることはできない。

日本の現在の年金制度は一九六一年に始まった。死刑囚の免田さんには関係のない話だった。無罪判決を受けて、実社会に出て初めてこの制度を知った。しかし、社会保険庁の役人は「保険料を払っていない者は、年金はもらえない」という建前通りの言葉を口にして免田さんの請求を却下した。免田さんと「役人」の新たな闘いが始まった。

年金問題

雪冤を果たした免田さんにとって一番大きな問題は、免田さんが無年金の状態だということだった。免田さんが普通に生きていれば、厚生年金でも国民年金でも受給できたはずなのに、冤罪に巻き込まれたことによって、年金の制度も知らされず(現在の年金制度が始まった時、免田さんは獄中だった)、したがって保険料も納付せず、そのために、年金を受け取ることができないのだ。冤罪は国家が犯した間違いであるから、当然、国家がこの不利益を回復すべき責務を負うが、国はそれから逃げている。無年金の問題では、一九八九年に再審で無罪判決を受けた元死刑囚の赤堀政夫さん(一九二九年五月生まれ)も同じ請求を国に対してしてきたが、こちらもまったく進展がなかった。免田さんのこれまでの国への働きかけとその対応を振り返れば、この国の「役人」がいかに情けない存在かがよく分かる。

無罪判決から一六年後の一九九九年五月、免田さんは国民年金(老齢年金)の裁定請求をした。しかし、社会保険庁はこれを却下した。理由は、保険料を納付せず、保険料の免除手続きもしていなかった、だから老齢年金を受け取ることはできない、というものだった。そんなことは言われなくても分かっている。なぜ、納付することができなかったのか、その理由を考慮し、何とかして欲しいと頼んでいるのだ。しかし、暖簾に腕押しだった。

この裁定請求と前後して、免田さんは日弁連に人権救済の申し立てをした。これを受けた日弁連は二〇〇二年一月に、当時の坂口力厚生労働大臣と森山真弓法務大臣に対して「勧告」を行った。勧告は「国民年金が施行されたのは一九六一年四月一日であり、当時申立人（免田栄さん）は死刑囚として身柄拘束を受けていた期間であり、この間国民年金に加入できず、従って保険料納付免除申請もできなかった。そのため、雪冤を果たし、晴れて社会生活を再開したのは五八歳の時であったが、その時点で加入したとしても、年金支給のための必要な加入期間（受給資格）である二〇年間を満たすことはできない」とした上で、「このような無年金状態になった原因は、不当逮捕、勾留、誤判によるものであり、挙げて国、とりわけ司法関係者に責任がある」と断じた。しかし、二人の大臣はこの勧告を無視した。

この問題は国会でも取り上げられた。法務委員会や厚生労働委員会、憲法調査会などで政府に対して質問がされているが、いずれも、政府側の答弁者は逃げ回っている。「前例がないこと」に対しては手を打とうとはしないのである。その逃げ口上を紹介する。

・二〇〇〇年四月（衆院）法務委員会

〈保坂展人委員からの質問〉

「……死刑確定された後に年金制度ができたんですね。そして、死刑囚というのは、あした呼び出しがあってまさに死刑執行されるかもわからないという、その緊張の中で生きているわけですから、まして矯正当局も、確定死刑囚に対して、年金に入りますか、これはなかなか言わないだろう。私、調べたところ、このことを死刑囚に告知したかどうかは記録がないそうですね。そして、告知されたとしても、ご本人は死刑を前におびえているわけで、何とか無実になりたい、その時に年金に入るという余裕はないだろうと思うのですが。こういうものに対して、やはりこの声を受け止めていただきたいと思うのです」

〈臼井国務大臣からの答弁〉

(刑事補償の制度によって、喪失した年金分もカバーされているはずだと答弁した上で)

「このような刑事補償制度に加えまして、年金を受給できないことに対する救済措置を講ずることにつきましては、単に刑事司法の枠組みの中だけではなく、年金制度のあり方やその運用にも影響する問題でございますので、……」

「無年金問題」を「刑事補償制度」にすり替えようとしている。しかし、この「すり替え」に対しては、すぐに質問者が訂正を入れる。

〈保坂展人委員〉

「……刑事補償は、長期間死刑の恐怖におびえながら拘置をされていた、国家の過誤によって長時間が奪われたということに対する補償なんです。したがって、過去に対する補償であって、今後発生する、つまり、老いて暮らしていくという、年金相当分に対する補償ということでは実はないわけなんですね。……」

「刑事補償制度」の補償の範囲は将来の「年金」までは含んでいない、という明解な指摘があって、以後、政府はこの「すり替え」で逃げるという手はあきらめたようだ。しかし、すぐに別の逃げ道を持ち出す。それは、刑務所や拘置所内でも、年金の制度や手続きについて「周知」したはずだ、だから手続きを怠った方が悪い（だから年金を受け取ることはできない）という逃げ道である。以後、これを「周知したはずだ」論ということにする。この日の法務委員会でも、政府側の答弁で「周知したはずだ」論が出てくる。

〈鶴田政府参考人〉

「昭和三六年に国民年金制度が発足しましたので、それに先立ちまして、当時、矯正局通達というのを出しまして、……この指示に従いまして、被収容者に対して周知を図ったところと考えております」

しかし、これは本当だろうか。監獄内で、収容されている人に対して「新しい年金制度ができますよ。あなた手続きをしますか」ということをしたのだろうか。まして死刑囚に対しても「周知」をしたというのだろうか。免田さんは「そんな説明は一切受けておりません」と言い切った。当たり前である。死刑囚の房で、これから死んでいく死刑囚に向かって「年金制度」を説明するなどということは考えられない。それはブラックユーモアにもならない。死刑判決を受けながら、その後、冤罪であることが分かって、社会に復帰した人は免田さん以前にはいないし、以後も三人しかいないのである。「免田さんに対してだけ、特別にお知らせしました」

という事情でもない限り、死刑囚に対しての「周知」などというのはありえない。だが、政府側の答弁にはまだ続きがある。

〈鶴田政府参考人〉

「ご指摘のありました免田氏につきましては、……どのような周知の方法をとったのだろうかということで調査いたしましたけれども、何分にも四〇年前のことでございまして、確定的な記録等もございませんので、その辺は明らかにすることはできませんでした」

免田さんに告知したかどうか、記録がないので分からないという。ここまでは一応正直な答えかも知れない。しかし、この後、とんでもないことを言い出す。これこそ、まさにブラックユーモア以下なのだ。

「推測になりますけれども、当時としましては、個々的に説明するということはなかったかもしれませんが、例えば放送とかあるいは所内誌といったようなことで全収容者に対して告知するというような方法がとられたのではないか、というふうに考えております」

「周知した、という記録がない」ということは、一般的に考えれば、何もしなかったのである。周知したのであれば、その旨の記録があるはずである、そう考えるのが普通だ。しかし、「役人」はそうは言わない。そんなことは当時としてはやらなかった(まして や、死刑囚に「周知」など、あるはずがない)と正直に言ってしまうと、政府の完全敗北になるので、ここはどんな詭弁を使っても「周知したはずだ」論にしがみつくのである。だが、「周知した」と断定することはどうしてもできないので「はずだ」で誤魔化すのである。記録はない。もう事実関係は分からない。だから「はずだ」で逃げ切れる、と担当の役人は考えた。

そもそも、「周知したはずだ」論が仮りに百歩譲って事実であったとしても（事実ではありえないが）、そんなことは「国は、あなたに年金を払いません」という理由にはならない、と私は考えている。「間違えて死刑判決を下してしまった」というとんでもない国家のミステイク＝犯罪の前では、「知らせた」とか「知らせなかった」、あるいは「聞きました」とか「聞いていません」などということは、取るに足らないどうでもいいことだ。国家がとんでもない間違いを犯して、その結果、娑婆に出てきたら、貰えるはずの年金がない。それならば、ああ申し訳ありませんでした、すぐに何とか致します、というのがキチンとした国家のあるべき姿だ。どうしてそういうふうにできないのか。国家の間違いによって一人の人間の人生を奪ってしまった（もしかしたら生命すら奪うところだった）という「冤罪」の罪の深さをまったく理解していない。免田さんが「役人」を許さない所以である。

しかし、二〇一三年六月、この理不尽な状態にやっとけりがつけられた。免田さんが年金の支給を社会保険庁に申請してから一四年あまりが経っていた。

「死刑再審無罪者に対し国民年金の給付等を行うための国民年金の保険料の納付の特例等に関する法律」という長い名前の法律案が議員立法で成立した。免田さんは、獄中にいて支払うことができなかったおよそ三四年分の未納保険料約一八〇万円を一括して支払うことにより、過去に受給していたはずの年金については一時金で、以後は通常の支給方法によって年金を受け取れるようになった。

冤罪によって蒙った不利益は国家によって速やかに取り除かれるべきである。しかし、立法までに一四年間を要した。免田さんの人生はまさに国家との闘いの連続であった。

雪冤は果たしたものの……

この取材の一四年前にも、免田さんにインタビューをしたことがある。その時、再審請求の扉をこじ開けるために何が一番大事か、と尋ねると一言、

「隠している証拠を出させることです」

と言い切った。その後の冤罪裁判の流れを見ていると、証拠開示（＝隠している証拠を出させること）がいかに重要かよく分かる。布川事件も福井女子中学生殺人事件も、弁護団は証拠開示を突破口にしている。再審を闘う上で、弁護人にとっての欠かせない武器になっている。冤罪の取材を重ねる中で、免田さんのこの一言の重みを何度も実感した。今回、同じ質問をしてみたが、答えは違っていた。

「私のようなまねは無理でしょう。私はこぎゃんした、あんたもこぎゃんせんかと言ってもで

きないですよ。生い立ちから今日までの人生、何もかも綴って、そして今、冤罪を受けている気持を書いて、それを毎月、裁判官に送りましたよ」

獄中で、勉強をしながら見様見真似で再審請求の書面を書いていた頃の自分の姿が目に浮かんだのだろうか。それは辛いけれども、懐かしい思い出でもあるのかも知れない。しみじみと語ったが、証拠開示の話は出なかった。長い戦を終えた人に「どうでしたか」と聞く。かつては戦術を語った人が、今は思い出を語る。これが年を取るということだなと、妙に納得した。


最後に、日々の過ごし方を聞いた。

「畑ですね。あとは出掛けるとすれば、海、川。人のいないところがいいですね。人の中より、人のいないところ。町の中だと落ち着かない。きょろきょろしていますよ、今も。家内にはその気持ちは分からない。だから、落ち着きがないとよく言われます」

免田さんの人付き合いの悪さは、ここまで来たら死ぬまで変わらないだろう、と妻の玉枝さんは言う。

「マスコミの取材は今もよくありますか」

「もう、ほとんどないですね。この夏に東京に呼ばれていますが……」

この時、横から玉枝さんが口を挟んだ。

「何年か前、ＮＨＫが『元死刑囚の旅』というので取材に来ました。もう三〇年近くたっているのに『元死刑囚』はないでしょう、とはっきり言いました。言いましたけど、その人は『その方が分かりやすい』と言って、そのまま使われました。それはマスコミの考えであって、やっぱり、おかしいでしょ。隠そうとは思わない。でも、それが(人権が)回復していない証拠ですよ」

他人事ではない。肝に銘じようと思った。そろそろ暇を告げる時刻である。帰り支度をしている時に免田さんが語った最後の言葉を記録しておきたい。この国で、死刑囚として最初に自らの冤罪を証明し、死刑台から生還した男の言葉である。

「これから先、何事もなく一生を終えるなら、それはそれで一つの社会的意味がある。あそこから無罪を得て出てきた者が、静かに生きた、ということですね」

静かに生きることの難しさを逆説的に語っている。我々の住む社会は雪冤の人にとって決して心の休まる場所ではない。そのことに改めて気づかされた。

第2章

たった一人の反乱

財田川事件と矢野伊吉元裁判官

はじめに

警察が違法な捜査で自白をでっちあげ、証拠らしい証拠もないまま起訴し、裁判所がきちんと審理せず死刑判決を下した。総括すればたった一行か二行で言い切れる典型的な冤罪事件である。犯人とされた谷口繁義さんは三四年間の獄中生活の後、無罪判決を受けて自由の世界に帰ってきた。間違った裁判が一人の人生を奪った点でもほかの事件、裁判とまったく同じ経過を辿った。だが、この事件では、谷口さんを冤罪の淵から救出するのに、あるひとりの人物が決定的な役割を果たした。この人が動かなければ、谷口さんは処刑されていただろうと、誰もが口を揃える。谷口さん自身も「私の前に神様が現われた」と書いている。

矢野伊吉さんは裁判官だった。裁判官として、谷口さんの事件の中に「冤罪」を発見し、再審を開始しようと尽力したが他の裁判官に阻止され、その後、自ら弁護士に転身して谷口さんの再審請求に身を投じた。

「裁判官の鑑」、陳腐な古臭い表現だが、この言葉以外に浮かばない。目立たず、コツコツと仕事を積み上げ、穏やかに定年を迎えるはずだった矢先、この「事件」に出会ってしまった。迷わなかったはずはない。いや、大いに迷った、迷った末だったとご本人が書いている。だが、「たまたま谷口に出会って、彼の無実を知った者なら、谷口の生命を護り、日本の裁判の権威と輝かしい伝統を救うためにも、どうしても成さなければならないひとつの行為なのである」と覚悟を決めて、裁判官を辞めたのである。

真実に殉じる、そのために、真実の砦であるべき裁判所を辞めるという矛盾、あるいは皮肉を矢野伊吉はどう考えたのだろう。実は、「裁判所の権威と輝かしい伝統」にはこのころすでに影が差していた。矢野さんが裁判官を辞めたのは一九七〇年、その後、七〇年代八〇年代に再審の訴えが続き、冤罪が次々に明るみに出て、日本の刑事裁判制度の欠陥が暴かれていく。検察の起訴に対して、きちんと審理せず唯々諾々と有罪判決を出し続けた結果だ。地方裁判所から最高裁に至るまで、裁判所が「真実の砦」として機能していないことが、日頃裁判所とは縁のない国民にも少しずつ分かってきた、そういう時代だった。

財田川事件を振り返り、矢野伊吉の行動を振り返ることは、新刑事訴訟法以後の日本の刑事裁判の実態を俯瞰するための一里塚になる、そう考えている。

事件

敗戦から五年足らずの頃である。着る物も食べる物もなく、日本中で闇米屋が走り回っていた。違法な商いだが、売る方も買う方も悪いことをしているという感覚はなく、むしろ、いなければ困る存在だった。被害者の香川重雄さん（当時六三歳）もまた闇米で生計を立てていた。

一九五〇年二月二八日午後、香川県の財田村（現在は財田町）で、妻子と別居して一人暮らしをしていた香川重雄さんが、自宅の四畳間で何者かに襲われ、血だらけになって死んでいるのが見つかった。

当時の新聞記事（四国新聞）によれば、

「二月二八日午後五時頃、香川県三豊郡財田村大字財田字荒戸農業香川重雄氏（六三）方を訪ねた知人と称する老婦人が、同氏の姿が見えぬので不審に思い同氏妻ツネさん（五九）とともに入って見ると、同氏が惨殺されているのを発見、国警三豊地区署辻村派出所に届け出た。急報により三豊地区署から藤野署長以下が出動、現場近くの善教寺に捜査本部を置き、科学捜査に万全を期すため岡山医大に連絡、同法医学教室上野博助教授を招いて一日午後三時すぎから解剖を行った。

被害者香川重雄氏は事情があり妻ツネさん、長女トミ子さん（二八）とは別居一人暮らしで、農業のかたわらブローカーをして小金をためていたといわれ、また同家にしばしばブローカー連の来訪があったといわれている」。

二〇一四年八月、初めて現場を訪ねた。

土讃線で高松を出て、金毘羅様で有名な琴平を過ぎ、深い讃岐山脈に分け入ったところに讃岐財田駅がある。当時は、高松、徳島や高知方面から闇米屋が財田まで来て、ここでコメを仕入れて帰って行った。香川さんは近在からコメを集めておいて、闇屋連中に売りさばいていた。

現在も、道路が舗装された以外には、森や田畑の風景はあまり変わっていないのではないか。もちろん、当時のような闇米屋が跋扈していた活気は、今はない。現在は無人駅で電車の着く時刻になると送り迎えの自家用車が数台来て、また去っていく。駅前にはタクシー乗り場も店舗もないが、六四年前、事件当時は一軒だけ煙草屋があった。それが香川さんの妻ツネさんの自宅だった。駅舎は山の中腹にあって、そこから少し下ったところに厳島神社のこんもりとした木立が見える。この神社のすぐ横に殺害された香川さんの一軒家が立っていた。

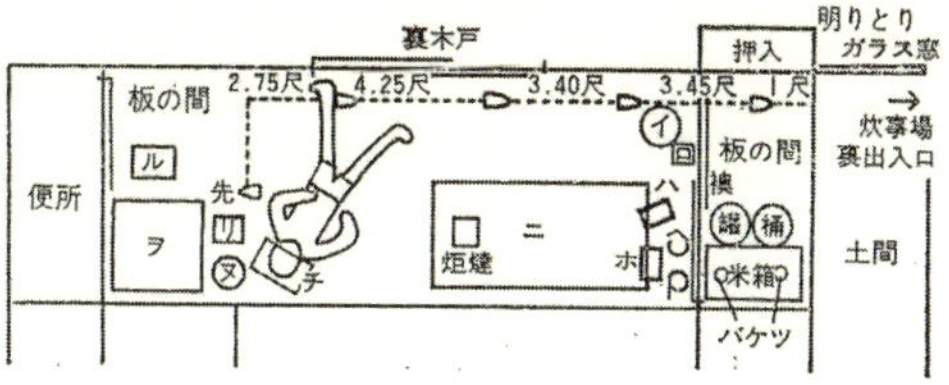

四畳間の拡大略図

イ　鶏籠
ロ　大箱燐寸
ハ　座布団
ニ　布団
ホ　枕
ヘ　煙草ケース
ト　懐中電灯
チ　新聞紙
リ　一斗缶
ヌ　どぶ酒入かめ 南京袋
　　紙袋 手提げ籠
　　トランク 風呂敷
ル　鏡台
ヲ　簞笥

（『財田川暗黒裁判』より）

　異変を知らされたツネさんが自宅を出て現場に駆けつけた時、日頃夫が寝ていた四畳間は血の海だった。その中で香川さんは仰向けに倒れて死亡していた。拳を突き上げて、既に死後硬直が始まっていた。

　警察の調べによれば、死因は急性失血死。凶器は刺身包丁のような鋭利な刃物で、頭、顔、胸、腰などに三〇か所以上の刺し傷、切り傷があった。布団で寝ているところを突然襲われたと見られるが、その後、犯人と争ったらしく、掛け布団はまくれ、着衣もみだれ、最期は畳の上に仰向けになって、両手とも虚空をつかむようにして亡くなっていた。畳には多量の血液が流れ出し、さらに凶刃から逃げ回る香川さんの動きを辿るように襖などにも血がこびり付いていた。また現場には靴の裏に付いた血液の痕跡が五個残されていて、犯人の靴跡と見られる。

岡山大学医学部の上野博助教授による解剖は発見の翌日午後三時から行われ、死後二四時間から四八時間経過していると鑑定された。就寝中に襲われたと見られることから、犯行時刻は二月二七日の夜から二八日の未明にかけてと推定された。

奪われた金品については、一人暮らしのため詳細は分からないが、妻のツネさんの話などから、警察は、一万円から二万円の現金が強奪されたと見なし、強盗殺人事件と断定した。

国警香川県警察隊直接指揮事件として捜査本部が設置され、最初一週間は全署員、その後は一七、八人の専従体制となった。犯人像については、当然、闇米の買い出し人に主眼が置かれ、香川さん方に出入りしていた関係者ら五〇人以上が取り調べを受けた。四国だけでなく中には大阪の闇米屋もいた。そのほかには、香川さんが手を出していた闘鶏の仲間、また、近隣に住む不良や前科のある者も捜査対象になった。さらに、一人暮らしの香川さん宅には素性の分からない女が出入りしていたとの噂もあった。事件当日の現場の見取り図からも、敷布団は一枚だが枕と枕代わりの二つ折りの座布団があったことが分かる。犯行のあった夜、香川さんの横に誰かがいたのではないか。しかし、その捜査はその後一切進んだ形跡がない。

要するに、大掛かりな捜査体制が敷かれたにも関わらず、捜査対象者を絞り込むこともできず、殺害の本当の動機すら最後まで分からなかった。被害金額を一万円から二万円位として「金目当ての犯行」と見立てたもののその根拠は乏しく、むしろ、三〇か所以上も刺すという残忍な手口からは「怨恨」などの他の動機も考えて見るべきではなかったのか。

谷口さんの逮捕

警察の必死の捜査にもかかわらず、犯人捜しはすぐに行き詰まった。闇米屋も村の住人も手当たり次第に取り調べを受けたが、重要な容疑者は浮かばなかった。事件発生から四か月後の六月二七日に捜査本部は解散する。

谷口繁義さんは当時一九歳。両親は財田村で農業を営み、兄は警察官、本人は近所の雑用などを手伝っていたが、村の中では名の知れた不良だった。素行不良者として、最初から捜査対象に上がっていたが、二七日の夜は「弟と一緒に家で寝ていた」として、一応容疑者のリストからは外れた。

しかし、この事件からちょうど一か月後の三月三一日の夜、隣の神田村の農協に二人組の男が盗みに入ったが宿直員に見つかって逃げ去る、という事件があった。逃げる際、犯人は包丁で宿直員の腹を刺してけがをさせている。二日後に谷口さんの仲間が逮捕され、翌日、谷口さんが強盗傷人の容疑で逮捕された。この逮捕をきっかけに谷口の名が再び二月末の強盗殺人事件（以後、財田川事件という）の容疑者として浮上する。

農協に盗みに入った事件では、谷口さんは六月一五日に懲役三年六月の実刑判決を受けた。控訴をしなかったので、六月三〇日には確定し、通常であればこの日以降は高松刑務所に移監され、そこで服役することになる。しかし、そうはならなかった。農協事件は一件落着となったが財田川事件は迷宮入り寸前で、そして谷口さんはこの事件の「最後の容疑者」だった。谷口さんを逮捕できなかったら、事件は完全に未解決のまま終わってしまうだろう。

谷口さんから自白を得るために古典的な捜査手法が用いられた。別件逮捕↓代用監獄↓自白。新刑事訴訟法の施行から一年しか経っていない。「自白」は相変わらず証拠の王様で、その自白を得るために警察は被疑者の身柄を手元に置いて心理的に追い込む。その捜査手法は、半世紀以上経った今もまったく変わっていないのだが。

宮脇豊警部補、谷口さんから自白を引出し、事件解決の功労者とされた警察官である。宮脇警部補は管轄外から捜査の応援に来ていたが、六月の中旬に入って捜査が完全に手詰まりになると、谷口さんの身柄（その頃は神田農協事件の判決のすぐ後で丸亀拘置支所にいた）を自分が勤める高瀬警部補派出所の留置場に移した。実は、谷口さんは農協の事件で逮捕され起訴された後の四月二〇日から六月七日までの四九日間、拘置所から警察署の代用監獄に移され、財田川事件の取り調べを受けていた。谷口さんはこの代用監獄から農協事件の公判に出廷していた。つまり、これが二度目の代用監獄での取り調べである。それだけでも異常というほかない。かつ、二度目の宮脇警部補の取り調べは執拗、苛酷で、谷口さんには「自白」以外には逃げ道のないものだった。

六月二一日に代用監獄に移監され、六月三〇日に農協事件の判決が確定しても身柄はそのまま留め置かれ（判決確定の前日、二九日に「窃盗」容疑で別件逮捕）、七月一一日にさらに別の「暴行恐喝」容疑で別件逮捕と続き、とうとう七月二六日になって、自白に追い込まれた。その後、谷口さんは七月二八日に自白を撤回するが二九日に再び自白、八月一日に本件、財田川事件で逮捕された。

逮捕後も代用監獄での調べは続き、起訴後の八月二九日、谷口さんはやっと丸亀拘置支所に身柄を移された。この間七〇日、違法な別件逮捕を繰り返すという異常な取り調べの下で無理やり取られた自白にどんな証拠価値があるのだろう。この手法を許した警察幹部も検察官も許されないし、この事実を知りながら有罪判決を下した裁判官も許されるべきではない。

だが、合せて一〇〇日を越える違法な取り調べも、この事件捜査全体の異常さの中ではそれほど驚くにはあたらない。

裁判

一九五〇年八月二三日、谷口さんは強盗殺人罪で起訴された。起訴状によれば、
「被告人は金員強取の目的を以て昭和二十五年二月二十八日午前二時頃香川県三豊郡財田村大字財田上字荒戸香川重雄（当六十二歳）方に侵入し就寝中の右同人に対し所携の刺身包丁（刃渡約八寸位）を以て、いきなりその左顎部に突き刺したる外全身三十数ヶ所に斬り付け又は刺創を与えて同人を殺害したる上同人所有の現金約一万三千三百円を強取したるものである」
一一月六日に第一回公判が開かれ、谷口さんは「本件事実は全部覚えないのです」と無罪を主張した。

この事件は自白以外には物的証拠は何もなかった。兇器すら見つかっていない。自白では「犯行後、近くの轟橋の上から財田川に包丁を投げて捨てた」となっているが、警察が川ざらいをしたものの何も発見できなかった。犯行時に履いていたとされる皮靴は畑から発見、押収されたが、現場に残っていた靴痕と一致せず、大きさも違っていた。このため、裁判では証拠請求すらされなかった。

奪ったとされる現金についても、谷口さんの周辺からは発見されていない。一万三千円のうち、農協事件（財田川事件の一か月後に発生）の犯人として逮捕された時点で八千円くらいが手元

に残っていたことになっているが、自白では「警察に連れて行かれる途中、護送車の荷台の幌のすき間から路上に投げ捨てた」となっている。だが、手錠を掛けられ、車中で両側から警察官に挟まれた谷口さんにそんな動作ができるはずがない。もちろん現金は見つかっていないし、拾ったという人もいない。

犯行時の着衣とされた上着からは血液反応は出なかった。犯行の全体像からすれば大量の返り血が付着していたはずで、「犯行着衣」とするには無理がある（洗濯をした程度では血液反応は陰性にはならない）。一方、ズボンについては、鑑定を依頼された岡山大学の遠藤中節教授は「微量の血液痕反応があるが、微量のため血液型判定はできない」とした。ただし谷口さんは、そのズボンは兄弟の物で自分の物ではないと主張している。ところが（これが裁判で唯一の物的証拠とされるのだが）、検察が再度の鑑定を裁判所に申請し、東京大学の古畑種基教授が鑑定したところ、このズボンから「O型の血液反応」が検出されたというのである。それは被害者の血液型と同一だった。

念を押すまでも無いが、古畑鑑定ではいつの場合にも検察の主張に沿う結果が提出される。その意図的な「結論ありき」とも言える鑑定がいくつもの冤罪を生んできた、これはよく知られた事実である。この財田川事件でも、後々まで、弁護団はこの古畑鑑定を突き崩すために闘うことになるのである。

ところで、捜査本部は、被害者宅から盗まれたとみられる懐中時計について、全国の警察に盗難品の手配書を回していた。すると、六月に大阪警視庁（当時）から「発見された」との連絡があった。大阪市内で質入れされていた。そこで、この時計についてよく知っている人が大阪に確認に行くことになっていたが、なぜか、そこで捜査は終わっている。ここは捜査にとって重要なポイントのはずだ。質入れに関わる人物が犯行に直結する場合もあり得る。にもかかわらず、この先がない。その後の進捗状況は一切明かされていない。谷口さんの犯行だとする捜査本部にとって都合の悪い事実が出て来たのではないのか。

自白の信用性

裁判では自白の信用性が大きな争点になった。谷口さんの供述調書は警察で八通、検察で五通作られているが、このうち一通は否認調書である。また、これらの自白調書とは別に谷口さんの自筆とされる「手記」が五通存在するが、谷口さんは「私が書いたものではない」と主張した。手記、自白調書の内容について、弁護人は「拷問を含む違法な取り調べによるもので信用性はない」と主張した。谷口さんは宮脇警部補らの取り調べの状況について、「手首には手錠を二個はめられ」「手錠についている捕縄は机の脚に繋がれていた」。そして「両足を揃えて、すねから足首に掛けて縄を五―六回巻きつけられ、正座をさせられ」「失神したこともあった」と述べている。一方、宮脇警部補は、自白の強制、誘導、暴行、脅迫は一切なかったと法廷で語った。では何故、ここまで否認を続けてきた谷口さんが自白に転じたのか。これに対して宮脇警部補は「温情と情理を尽くした結果、被告人は被害者や警察に済まんと思った気持から涙を流して自白したのです」と証言している。

自白の内容に「秘密の暴露」があるのか。これも自白調書の信用性には欠かせない論点になる。この事件で「犯人しか知り得ない事実」＝「秘密の暴露」として捜査機関が主張したのが「心臓の二度突き」である。被害者は全身に三〇か所を越える刺し傷、切り傷を受けて絶命した。この多くの傷の中で、左胸から心臓に達する刺し傷は、鑑定の結果、創口は一つだが内部で二股に分かれていることが分かった。これは、犯行の際、刺した包丁を全部抜かず、再度突き刺したためにこのような傷になったと考えられる。これについて、谷口さんの五通目の自白調書には、「後で生き返ると困るので、心臓を突いておこうかと考え」「心臓と思われるところを大体五寸くらい突きさしましたが、血が出ないので包丁を二、三寸抜き（全部抜かず）、更に同じ深さ程度突き込み、一寸の間香川の様子を見たが、全然動かんのでもう大丈夫、死んだと思って包丁を抜いた」と記述されている。

この「二度突き」に関する自白が「秘密の暴露」にあたる、と検察は主張した。一方、弁護人は「この事実は、鑑定をした医師はもちろんだが、捜査官も当然知っていたはずである」と主張した。「秘密の暴露」とは、繰り返すが「真犯人だけが知っていた事実」である。捜査官がすでに知っていた鑑定結果なら、たとえ供述調書に記述されていたとしても「秘密の暴露」

にはならない。誘導（それ以上に、捜査官の勝手な作文）である可能性が高いからだ。しかし、宮脇警部補は「私はそんなことは知らなかった」と法廷で答えた。そして裁判所はこの一言をそのまま認めて「自白には信用性がある」と判断した。

一九五二年二月、高松地裁丸亀支部の津田真裁判長は谷口繁義さんに死刑を言い渡した。検察の起訴状をそのまま鸚鵡返しに繰り返しただけで、弁護人の主張に対する判断すら示さなかった。当時の裁判所のやり方としては珍しくないもので、判決書は六ページしかなかった。検察の提出した起訴状に「はい」と言って自らの署名をするだけの追認機関としての裁判所そのものだった。

控訴審ではアリバイについても双方の主張があったが、五六年六月、高松高裁（三野盛一裁判長）は古畑鑑定を認めた上で「自白は信用できる。アリバイは認められない」として控訴を棄却した。

最高裁（河村又介裁判長）は「何もしない最高裁」の異名の通り、五七年一月上告を棄却した。冤罪を見抜けない裁判官たち。地方裁判所から最高裁まで、一〇人の裁判官がこの事件の審理に当たりながら、異常な取り調べの状況に目もくれず、そして、もしそこに注目したなら、自白の矛盾や物的証拠が何もないことにすぐ気付いたはずであるのに、怠慢にも、どの裁判官も検察の主張をそのまま判決文に置き換えただけだった。一〇人のうちの誰一人としてこの「冤罪」に気付かなかった、ということなのか、信じがたい。裁判官という肩書きさえあれば、これほど簡単に一九歳の少年を「死刑に処する」ことができるのだ。新刑事訴訟法施行の息吹きはどこにもなかった。

矢野伊吉、事件に出会う

谷口繁義さんは、判決の確定後すぐに「再審請求」を申し立てた。弁護人はいなかった。「犯行時に履いていたとされる靴が、裁判で証拠として提出されなかったのは、現場の靴跡と一致しなかったからだ」、また「ズボンに血液が付着する機会は別にあった」などと主張した。高松地裁丸亀支部は谷口さんを一回だけ尋問して打ち切り、一年後に請求を棄却した。相談する弁護士もなく、抗告すらできないまま、この第一次再審請求は終わった。

それから六年の歳月が流れた。一九六四年三月、谷口さんは高松地裁丸亀支部に一通の手紙を書いた。その大意は、

「裁判長殿、新聞記事に、古い血液で男女の別が分かるとある。私は兄のズボンに付着していたとの血液がO型とだけ判って、有罪の証拠とされたが、男女の区別をはっきりさせる再鑑定をしてください」

というものだった。橘盛行支部長判事がこの手紙に対して、再審請求を申し立てる意志があるのか、との手紙を送った。谷口さんから再び「再審請求をする意志で書いたものです」とい

う返事が届いた。ところが（理由は不明だが）、橘支部長はこの返事を読んだはずだが、この一件はそのまま忘れ去られ、以後五年間放置されることになった。請求申立書の様式を踏んでいなかった、それは事実だろう。しかし、それが「放置した理由」になるのだろうか。

一通の手紙に自分の命を託した死刑囚の再審への思いはそのまま消え去るかに見えた。

矢野伊吉さんが後任の丸亀支部長として着任したのは一九六七年、五五歳の時だった。しかし、引き継ぎの際にも谷口さんの件は出なかったようだ。事態が動き始めるのは、それからさらに二年後、一人の書記官が長い間放置されていた書類の山の中から谷口さんの手紙を取り上げ、矢野支部長に決裁を仰いだところからだ。

矢野支部長はこの手紙を見るとすぐに谷口さんに「再審請求の意志があるなら至急正式の書面を出すように」と催促した。一週間後、谷口さんから返事が来た。

「再審請求を願っている。国防色ズボンは警察官であった兄が官服として支給されたものでありそのズボンの血痕は兄が岩川という人が鉄道自殺した際に死体収容に行った時に付着したものので、判決確定前にはその事実を知らなかった」

矢野支部長はこれを第二次再審請求の申立書とした。谷口さんはこの時三八歳、逮捕から一九年が経っていた。

矢野伊吉さんが後に書いた『財田川暗黒裁判』の中で、当時の心境を記している。

「（裁判長としてこの事件を担当することになり）私は職務上、その原記録を取り寄せて読み始めた。

そして読み進むうちに、私の中には、いくつかの疑問が芽生えて来た。

暑苦しい夏、私は記録を自宅に持ち帰り、その一枚、一枚、表はもちろん裏をもひっくり返しながら読み返し、謄写し、検討し、幾夜記録とともに夜を徹したか知れない。

精読すればするほど、私の中に芽生えた疑問は、次第に拡がり、深まり、はてしなく、やがて自分でも恐ろしいひとつの結論へと導かれて行った」

「恐ろしいひとつの結論」とは、誤判、つまり「冤罪」に他ならない。裁判官にとって「誤判」ほど怖いものはない。自分の判決であれ、他人の判決であれ。だからこそ、多くの冤罪に蓋がされ、長い年月放置されるのである。しかし、矢野さんはこの蓋を引きはがした。

六九年の六月から翌年の八月まで、矢野裁判長は、弁護人のいないまま、自らの職権によって証人尋問八回、請求人本人の尋問二回を検察官立ち会いの上で行っている。この中で矢野裁判長は、事件現場で押収した多数の証拠物件、公判不提出記録などについて検察官に問い質したが、これに対して検察官は、公判不提出記録については「紛失」、多くの証拠品については「行方不明」だと答えた。明らかに審理の妨害を企てている。殺人事件の記録を「紛失」する捜査機関などありえない。検察は、でたらめな捜査の実態が明るみに出るのを恐れ、恥も外聞も捨てて、遮二無二「冤罪の証拠」を隠ぺいしようとした。

『財田川暗黒裁判』

矢野さんがこの冤罪をどのように暴いていったのか。再審請求審の裁判長として、記録に当たり、さらに検察官や捜査官への尋問を通して、この事件の捜査と裁判の全体像を解き明かしていった過程が、退官後に本人によって書かれた著書『財田川暗黒裁判』に詳しく綴られている。そのいくつかを紹介する。裁判官が、職を辞した後とはいえ、自分の関わった事件のひとつについて、これほど詳細に、自らの心情も含めて吐露することは珍しい。珍しいどころか、それ以前にも以後にもまったくないのではないか。このために、後に裁判所から批判を受け、また弁護士会（矢野さんは退官後すぐ弁護士となり谷口さんの弁護活動に当たった）からも懲戒処分を受けることになるのだが、そのことについては後述する。

矢野裁判長が、この事件でもっとも大きな疑念のひとつとしたのが「長すぎる勾留」だった。谷口さんは「不法に長期拘禁され、拷問され、虚偽の自白をさせられた」と主張している。矢野さんは、まず、谷口さんが別の事件で逮捕されてから本件の自白までの勾留、身柄の移動や取り調べ状況を調査した。この結果、農協の強盗事件では自供し、既に起訴されているにも関わらず、一、拘置所から代用監獄（三豊地区本署）に移監され、四八日間も不当に拘留され、本件強盗殺人事件（＝財田川事件）の取り調べを受けた。

「しかしこの間には、供述調書は作成されていない。このことは、谷口が否認を続けていたことを証明している」

と矢野さんは書いている。

次の長期勾留は、二、農協の強盗事件での判決言い渡し後、代用監獄（高瀬警部補派出所）に移監され、二度の別件逮捕などにより勾留日数は七〇日に及んだ。矢野さんは、高瀬警部補派出所が本件の管轄地区ではないことを指摘した上で、

「これと同時に、捜査主任三谷警部補はこの取り調べから身を引き、宮脇豊警部補がそれに代わったのである。捜査の途中、主任が更迭されるということはあまり例がなく、かつまた、拘置所から引き出して本署で取り調べていた者を、こんどはさらに派出所に、それも管外の派出所に移監することは、前代未聞のことである。何故こうしたのか。考えられることはひとつしかない」

取り調べの場所、取り調べる人間をともに代えたのは、今度こそは「否認」は許さないという警察の決意の表れである。矢野さんはそれを見通していた。

「実は当時、この派出所における留置人は谷口以外にはいなかったのである。このように派出所の留置人を制限し、強引に谷口をここに連れて来たとしたならば、一体どんなことが可能となるだろうか。拷問がそれである」

たった一行の記録も見逃さず、問い合わせ、調査し、その時何があったのかを突き止めていく。しかし、警察の捜査に鋭い目を向ける一方で、矢野さんの心中にはまだまだ逡巡もある。

「だが、まったく無実なのに、死刑になる強盗殺人を自白することがあり得ようか。たしかに一、二、三審ともに、記録からみた限りでは杜撰な感じがしないでもない。しかし、多くの裁判官の目に触れ、その手を経過して来た末の結論なら、これも民主主義裁判の一片として忍従しなければならないのではないだろうか。そんな躊躇がまだ私の心の中で強かったのである」

自白調書——矛盾と変遷——

谷口さんの自白調書は捜査官によるもの、検察官によるもの、ともに多数あるが、矢野さんは、検察官による第四回供述調書に注目した。これは、この事件で作成された多くの自白調書の集大成ともいうべきもので、これ以前には、ばらばらに語られたり、変遷の多かった事柄について時系列的に整理して書かれている。調書の一部を紹介する。財布から現金を抜き取る、ただそれだけのことが異常なほど微細に綴られている。

「そこで私は、香川はもう大丈夫死ぬだろうと思い、いよいよ金を盗ろうと考えて、庖丁や手についた血を、香川が下の方に着用していた切れのようなもの（布であったか何だったか記憶なし）でぬぐい、庖丁を右手に持ったまゝ左手で香川の着物を両方に開き、チョッキや襦袢を上にまくり上げますと、へその当りに垢のついた白木綿の胴巻を巻き、左側でトンボ結び（真結びの意）にしておりました。……

そこで、庖丁を持った右手と左手で胴巻の結び目をほどき、左手で、手前に胴巻の端をつかんで引き出し、……

胴巻の中央部に財布らしい物がありましたので、左手で胴巻の片端を握り、片端を下に向けてふりましたが、財布が出ないので胴巻の口を右手に持ちかえ、左手を胴巻きの口に突き込んで財布を取り出しました。財布は二つ折りで、色も生地も記憶はありませんが、幅が四、五寸、長さが七、八寸位あったように思います。財布の中には百円札が二つ折りにして厚さ約一寸位あり、十円札、五円札は折らずに厚さ約一寸位あり、百円札も十円札も二つの浅い袋に入れてあり、深い袋の方には小銭らしいものがありましたけれども、盗んでもつまらんと考え、百円札と十円札全部を、私がはいて行った国防色中古ズボンの左横ポケットに入れた後、財布は元の様に胴巻に入れて、寝室と座敷の境の上の方にあった着物かけの、向かって右の一番端の二番目当りのところへかけたと思います」

この自白調書を読んで、裁判官はどう判断するのか。谷口さんの事件に関わった一三人（地裁、高裁、最高裁、再審請求審での地裁）の裁判官はすべて「信用できる」と判断した。ここに書かれていることは全部谷口さんの言葉であり、真摯な犯行の告白である、と判断したのだ。そう判断したからこそ「死刑」を言い渡したのである。

矢野伊吉裁判長はこの自白をどう読んだのか。

「このように、読むだけでも目をそむけたくなるような惨劇ならば、兇悪非道な強盗殺人犯といえども気が転倒し、詳細についてはよく憶えていないのが通常だろう。ところが谷口は、左右の手の使い方から、札束の内容などに至るまで異常といえるほど詳しく記憶しているのである。そのように冷静沈着で非人間的な男（実際は一九歳の少年である）が、当時の大金でもあった九九円を残して、その胴巻をまた着物掛けに吊るしたりするであろうか？」

　調書全体の異常な詳細さにまず、注目している。ただし、捜査機関の調書はいつの場合も「虫の這い出るすき間もないほどに」緻密で網羅的である。書証として正確さが要求されるため、やむをえない面もある。それにしても、である。矢野裁判長はそのいかにも調書的な体裁の裏にある「嘘」を読み取る。

「香川は、身体各所に三〇余りの傷害を受けて死亡しており、付近一帯は血の海で、着ていた衣類はいずれも血だらけだった。したがって、谷口が胴巻の結び目を解いて、香川の身体から引き出したのであれば、当然、胴巻には香川の血痕がかなり付着している筈である。ところが不思議なことに、胴巻にはもちろん財布にも、一滴の血痕も付着していなかったのである。このことは鑑定の結果によっても明らかにされている。

　このように、胴巻に血痕が付着していないということは、瀕死の重傷を負わされ倒された香川が、その時には、腰に巻いていなかった、ということを証明するもので、谷口の自白が虚偽の自白であることを、何よりも雄弁に物語るものであろう」（傍点原文）

　矢野裁判長は、さらに「現金を奪った後、胴巻を着物掛けに掛けて、（逃走した）」という自白についても「嘘」を見抜く。

「胴巻は、香川が殺害された寝室の鴨居に作られた着物掛けの、向って右から二番目の釣柄《つりえ》に掛けられてあった。そしてその上には、当日の昼間、香川が、近所の東條新一方に、新築の手伝いに行ったときに穿いていたものと認められる土埃のついたズボンが掛けられていたのだ。このことは事件発生直後、現場に行って検証した警察官作成の、検証調書の記載によって明らかである」

つまり、この殺人犯人は胴巻（現金の入った財布はこの中にある）には一切触れていないのではないか、と矢野裁判長は考える。現場の状況を虚心に見れば、結論はそこに行きつく。「現金を奪った後、胴巻を着物掛けに掛けて、（逃走した）」という自白が本当なら、その上に土埃のついたズボンが掛かっているはずがない。検証調書に書かれたたった一行から、矢野裁判長は自白の矛盾を見抜いた。さらに、財布に残されていた現金も、犯人が胴巻には触れていないことを物語っている、という。

「この胴巻には、鹿革の二つ折財布が一個はいっていた。そしてその財布の中には、現金九九円四五銭（一〇円札＝五枚、一円札＝一七枚、五円札＝四枚、五〇銭札＝三枚、一〇銭札＝四枚、五銭札＝一枚、五〇銭貨＝一枚等）と認印、衣料切符、保険預り証等がはいっていたのである。調書によると谷口は、『財布の浅い方の袋にはいっていた百円札、十円札、五円札の束をとって、自分の穿いていたズボンのポケットに入れ、深い方の袋には小銭らしいものがあったが、盗んでもつまらんと思い、これはとらなかった』と自供したことになっている。しかし、この様なことがあり得るだろうか。金をとるために人殺しまでしたのである。

つまり金に対しての執着は余程のものであったのだ。やっとのことで大金の入っている財布を手に入れたのであれば、財布ごととるのが通常ではないだろうか。それなのに浅い袋にあった百円、十円、五円の札束だけをとって、深い袋の小銭は盗んでもつまらんと思いとらなかった、というのである。小銭らしいと表現する以上、その金額は確かめていないことになる。金額をも確かめずにどうして小銭といえるだろうか。強盗であれば、金は少しでも多い方が良いのが当然である。どうして盗んでもつまらないのか。胴巻の中に残った金は九九円余り、この金額は当時の貨幣価値から考えると、盗んでもつまらないという金額ではないのだ。殊に、盗んだ一万三千円の中には、百円札のほかに十円札、五円札が含まれており、財布に残った九九円の中にも、十円札、五円札が含まれていたのだ。どうしてその一方だけを残したのだろうか。盗んでもつまらないというような理屈をつけて、わざわざ一部のお金を残す強盗はほかにあるだろうか。そのうえ、財布の入った胴巻を鴨居の着物掛けに掛け、しかも、被害者のズボンの下に掛けて帰り支度をする強盗が……。

香川方には目星しい家財道具はなく、食事も就寝も四畳間で成し、寝床も万年床という貧相なやもめの老人の暮し振りが明らかにされている。この殺人は金品を物色したような形跡は、まったくないことが認められているのだから、財布の中にあった九九円余りの金は、被害者の

当時の所持金の全部であったと解し、犯人は果して強盗であったのかどうか、まず疑われて然るべきであろう」（傍点原文）

金目当ての殺人と見立てたのは警察である。そして、否認する谷口さんに「金目当てに人を殺した」と自白させたのも警察である。現場の状況にうまく合わせたつもりの「自白」でも、「嘘」である以上、どうしてもつじつまの合わない小さな齟齬＝破綻がある（現場に百円近い現金が残っていたのは「小さな齟齬」とは言えないが）。矢野裁判長はその「ほころび」を見逃さなかった。

さらに矢野裁判長は「供述の変遷」に注目した。犯行後、「財布を胴巻の中に戻し、その胴巻を着物掛けに掛けた」と自供しているのは、実は、この第四回供述調書だけである。では、それ以前は、どのように自白していたのか。

一、「（胴巻の中から）財布を抜き取り（現金を取った後）小銭入れの大きな袋に小銭があったがその場に捨てた」［警察官作成、七月二九日］

二、「手を胴巻の袋の中に入れ財布を取り出した。（現金を取った後）財布は畳の上に放り出しておいた」［検事作成、八月四日］

この供述の変遷について、矢野裁判長は、捜査本部内の確執とそれによる体制の組み換えに絡めて、次のように読み解いた。

「香川重雄殺害事件発生の翌日である三月一日、司法主任警部補三谷清美は、香川方に臨み現場検証をなし、検証調書を作成したが、その後、事件の捜査方針について検事中村正成等と意見を異にし、事件の捜査より手を引いたのである。

一方、三谷警部補の後を引き継いで捜査主任となった警部補宮脇豊も、捜査の指揮にあたった検事中村正成も、事件発生直後の現場検証には立ち会わなかったので、九九円余り在中の財布と胴巻が現場にあって、証拠品として押収されていた事実を知ってはいたものの、三谷警部補からの検証調書の引き継ぎが遅れたため、財布が胴巻に入れられ、その胴巻は着物掛けに吊るされてあった事実については当時知らなかったのであろう。

だから、常識通りに、現場に放置した、と自白させたのだが、その後、三谷警部補作成の検証調書の送付を受け、証拠を整理照合している際に、検証調書には財布在中の胴巻は寝室の着物掛けに吊り下げられていたことが記載されていることを発見した。しかしその時は、中村検事と三谷警部補とは本件の捜査について意見を異にし（三谷警部補は被告人谷口を香川殺害の犯人とは認めていない）、対立していたので、この検証調書の記載を訂正させるわけにもいかず、これまでの自供を調書に合わせなければならない破目に陥いり、結局、本書の冒頭に掲げた検事作成の第四回被疑者供述調書の記載となったのだろう」

現場を知らない警部補と検事が取り調べにあたった結果、自白の中身が事実と食い違ってしまったということだ。そこから導き出される結論は「自白は全部、警部補と検事の作文である」ということだ。そう考えなければ、この事件での不自然な供述の変遷について説明がつかない。しかし、矢野裁判長の供述調書に対する疑惑の追及はまだ終わりではない。

自白調書――捏造の痕跡――

中村正成検事作成の第四回供述調書の中に、検事が谷口さんに対して、この事件の証拠類を一点ずつ示して確認したという記述がある。ここで示された証拠は全部で二六点にのぼると書かれている。

「……証二号を示したるに、それは犯行当時、私が包丁と手をふいた香川が身につけていた物切れであります。証三号を示したるに、香川の枕許にあった座布団です。証四号を示したるに、当時香川が使っていた枕です。……」

調書では、このように検事と谷口さんの問答が続く。これについて矢野さんは、

「このうち、判らないと答えたものは、証八号の真綿のチョッキと証一二号の猿股だけであった。これらは香川を裸にしなければ見ることができないものであることから、知らない、と答えるのももっともなことである。しかし、その反面、その他の証拠品については、あまりにもよく知りつくしているのである。まるで長年いっしょに暮して来た妻のように。

……まあ、この場合、一歩譲って、谷口は無知、無学と引きかえに、抜群の記憶力の持ち主で、チラリと垣間みたものでも（それもうす暗い寝室で）、たちどころに記憶してしまう能力を

持っていることにしよう」と皮肉を込めて書いているが、この直後、矢野さんは、これらの「問答」がまったくのでっちあげであると、爆弾を落とす。

「それにしてもまったく解釈できないことがあるのだ」

と矢野さんは言う。なぜなら、この当時、証拠品は中村検事の手元にはなかった、だから取調室で谷口さんに示すこともできなかった、ということを矢野さんは過去の記録を調べて突き止めたのである。その記録の詳細はここでは省くが、簡単に説明すれば、

一、この供述調書が録取された日付は一九五一年八月二一日である。

この日、高瀬派出所で谷口さんに証拠品が示された、ということになっている。一方、裁判所に残っている証拠に関する領置票や、鑑定書に書かれている日付を総合すると、

二、この事件の証拠品のうち、八月一日に五点、八月一一日に三点の証拠品が鑑定のため岡山大学に引き渡され、早くとも鑑定が終了する八月二六日までは警察には返却されていなかった。

つまり、最低でもこれらの鑑定に回された証拠品は、取り調べの当日、中村検事の手元には存在しなかったということになる。

「したがって八月二一日高瀬派出所で、これ等の証拠物件をひとつひとつ被告人谷口に提示し、その弁解を聴いた旨の第四回被疑者供述調書の記載は虚偽であることが明らかになった」

と矢野さんは断言している。

自白調書――不自然な作文の羅列――

矢野裁判長は徹底した調査の末に、言い逃れのできない結論を下す。論調は非常に怜悧で厳しいが、その合間にほんの少しだけユーモア(だと筆者は思うのだが)が顔を出す場面がある。そのいくつかを紹介する。

「(犯行の直前に)風呂場で四~五時間も時間待ちをして計画をねった、というのであるから、マンガの主人公以上のものがある」

「(犯行に使う庖丁を入手したのは、昭和二三年頃または昭和二〇年頃である、という自白について)盗んだのが、昭和二〇年、ないし二三年とすれば、本件犯行前五年(つまり一四歳の年だ)ないし二年前のことである。盗んできてこのように長時間、隠しておくとは、なんと用意周到でかつ恐るべき少年であったことだろうか」

矢野さんは、これらの自白調書が「捜査官の作文」であると、すでに見破っている。その上で、彼らの作文の粗雑さや荒唐無稽ぶりを、皮肉を込めて揶揄している、そんなふうに読める。

「(犯行に出掛ける直前になって、庖丁が錆びていることに気付き、大急ぎで研いだ、という自白について)錆びているのを発見したのは、その時が初めてであることになっているのだが、谷口が犯行を計画したのは、一週間も前からのことだった筈である。だからもし、刺身庖丁を兇器として使用する積りであったなら、あらかじめこれを見届け、錆びていることはもっと早く発見していた筈だ。それにもし、二〜五年も前から隠していたものなら、撫でてみなくても錆びていることは充分判断できよう。それなのに、深夜、それも犯行まぎわになって錆びているのを発見し、あわてて研いだということは、どう理解すべきことなのだろうか。

それに当夜は、なお雪のちらつく寒いときでもあった。このような時に一〇分間もかけて荒砥石で研いだ上、なお金剛砥石で仕上げするとは信じがたいほどの几帳面さで、それまでの不用意さとはまるで正反対で、木に棒をくくりつけたようなものである」

でたらめもいい加減にしろ、という矢野裁判長の声が聞こえてきそうである。揶揄だけでなく、怒りも相当に含んでいる。ところで、この自白証書では、刃の表面が「ザラザラ」であったが、研いだ後では「ザラザラ」になった、と書かれている。研いだら「サラサラ」になった、と書くべきところを間違えただけの「単純なミス」だが、実は、まったく同じ間違いがこの調書だけでなく、それ以前に書かれた警察官作成の調書にも出てくるのである。つまり、検事が(実際には書き写した検察事務官が)内容を吟味することなく、そのまま機械的に書き写した結果、こんなミスが生じたのである。「取り調べ室で、検事が谷口さんに語って聞かせ、それを横にいた書記官が書き留めた」というのがまったくの嘘だということが、こんな小さなミスから分かる。

こうした矢野さんの分析を読み進むうちに、「なぜ、ほかの裁判官たちはこのように読まなかったのだろう」という疑問が湧いてくる。矢野裁判長だけが特別に鋭かった、ということなのか。そうではないだろうと思う。おそらく、誰が読んでも同じ疑問を感じ、同じ結論に至るのではないか。利害の絡まない者が、平明な気持ちで読めば、一つの文章からそれほど幾通りもの解釈が出てくるはずがない。ただし、厳密には裁判官は「平明な気持ち」では裁判に臨んでいない、そこが問題なのだ。裁判官の仕事とは何か。法廷に提出された証拠を中立で平等な立場から吟味し、そこから、検察官が起訴状として提出した「今ここにいる被告人が犯人である」という主張＝仮説が充分に証明されているかどうかを判断する。たったそれだけの仕事だ、でもそれが難しい。検察に対する過度の信頼、被告人への蔑視、無罪判決を書くことへの強い拒否意識。それらが平等、中立であるべき立場のその足元をぐらつかせ、「眼を曇らせている」のだと、筆者は考えている。それなら矢野伊吉さんはなぜ、そこに陥らずに「平明な気持ち」を維持できたのか。それが知りたいと思う。

「二度突き」は「秘密の暴露」ではない

同じ調書に当たっても「こいつは犯人に違いない」と思い込んで読むのと、そうでない場合とでは解釈に大きな差が出る。裁判所が「自白の信用性を裏付ける『秘密の暴露』である」と判断した「二度突き」について、供述調書のその部分を、もう一度、詳しく読んでみる。

「香川が後で生き返ると困るので、心臓を突いておこうかと考え、香川のへそのあたりをまたぎ、チョッキやジハン《ママ》を上にまくり上げ、胸部を出し、庖丁の刃を下向けに右手に持ち、あばらの骨に当たると通らんので、刃の部分を自分から向かって斜左下方に向けて左胸部の、心臓と思われるところを大体五寸位突き刺しましたが、血が出ないので庖丁を二、三寸抜き（全部抜かぬ）、さらに同じ深さ程度突込み、ちょっとの間香川の様子を見ましたが、香川は全然動かんので、もう大丈夫香川は死んだ、と思って庖丁を引き抜いたのであります。

右のように、香川の襦袢やチョッキを上にまくり上げて胸を刺しましたが、これはそのようにしないことには心臓部がよく分からんので、間違ったところを刺す恐れがあったからであり、又襦袢の上から刺すと、後刻、人に発見せられた場合、心臓を刺してあることが早く発見される恐れがあり、いやな感じがしたからであります」

この自白について矢野さんは五点の疑問を挙げている。
一、ここの部分だけでも、もし、数回繰り返して読むならば、いくら、お人よしの裁判官でもこれはおかしいと思うであろう。大まかに言えば、谷口の行動の描写が微細にわたり過ぎ、記憶、観察が正確であるのに反し、その行動を取るに至った理由が薄弱であり、犯罪実行者の自白したものとはとうてい認められない。
二、当時、香川はほとんど死亡しており、谷口のこれまでの自供によっても、香川はもう大丈夫死ぬだろうと思い、腹に巻いていた胴巻の金をとった後のことでもあり、生き返る恐れはまったくない。それなのにどうして止めを刺さなければならないのか。
三、止めを刺すにしても、わざわざチョッキや襦袢を上にまくり上げてまでして、心臓を刺す必要はなく、咽喉などを刺しても、止めとすることができる筈だ。
四、襦袢の上から刺すと、後刻、人に発見された場合、心臓を刺していることが早く発見せられる怖れがある、と谷口は述べているが、殺人者の弁解にしては、奇妙すぎるだろう。身体のいずれの部分を刺して殺そうと、殺した以上は同じではないか。
五、また、心臓を刺身庖丁で五寸もの深さにまで刺したのに、血が出なかった、とはとうてい考えられることではない。
この「二度突き」について、検事は次のように主張している。

「(捜査に当たった警察官らは) 当法廷において『左胸部を二度突きしたと自供し、最後までその供述を変えないので、不思議に思っていたが、右の自白より一ケ月後の八月下旬、鑑定書が来て初めて謎が解けた』旨一致して供述している。このように、外面の傷が一個であるのにかかわらず、内部において二個の傷があるということは、いうまでもなく実際上稀有の例外に属するのであるが、神であらざる限り、真犯人ではなくてどうしてこのような供述ができるか、被告人の自白後約一ケ月位経過して、初めて鑑定書の記載によりこれを確認し得た。取調警察官の誘導尋問の問題などは右事実に徴しまったく余地はないものである」

「二度突き」の事実は、死体を外から見ただけではわからない。取り調べに当たった捜査官たちも、鑑定書を見るまではそれを知らなかった。ただ、真犯人である谷口だけは、（自分自身でしたことであるから）その事実を自白することができたのである、と検察官は主張している。だから、これは「犯人しか知らない事実」＝「秘密の暴露」であり、自白は信用できるのである、と言いたいのだ。そして、捜査官は、その事実を「知らなかった」のだから「誘導して語らせる」などということはありえない、と検事は締めくくっている。

しかし、矢野さんはこの主張に潜む「嘘」をここでも暴いて見せる。

「この谷口の二度突きの供述は、あとになってやっと手にすることができた鑑定書とピッタリ一致していた。表面から見ただけでは、一つの刺創の内部に二度突かれた形跡があることは、認められるものではない。だからこそこの自供は貴重なものなのである、と検事は主張する。

しかし、鑑定人上野博の鑑定書に寄れば、鑑定は三月一日（事件発生の翌日）、午後四時四十分から八時十五分までの間において被害者宅において行なわれた。ということは、この日、三月一日には、香川の創傷の模様は解剖によって明らかになっていたのである。

そして、この鑑定書は当初の捜査主任三谷清美が上野鑑定人に嘱託したものであり、これには藤野警視、松林鑑識課長が立会っていたことも鑑定書に明確に記入されているし、第四回公判の席上、後の捜査主任宮脇警部補が、本人もまたこの解剖に立ち会ったことを認めている。だからもっとも重要な事柄である二度突きの事実は、この日、警察官は知ることが出来た、と認めるのが当然なのである」

と矢野さんは書いている。「鑑定」は遺体を解剖した上で「死因、自他殺の別、死後経過時間、創傷の部位と程度、兇器の種類とその用法、そのほか参考となる事項」について医師が判定する作業だ。警察からの嘱託によって行われ、その結果は後日、鑑定書としてまとめられ、提出される。しかし、鑑定内容は捜査の指針を決めるうえで最も重要な資料となるので、解剖によって判明した事実は時を置かずに捜査担当者に伝えられる。それらの情報を持って刑事は聞き込みに回る。鑑定書の提出を待っていたら捜査はその分遅れる。初動捜査が特に重要だとされる殺人事件などでは、それは致命的な遅れになる。矢野さんの指摘は至極当然と言える。

矢野さんの鋭い指摘はまだ続く。

「この時、左胸部の刺創の外面は傷口が一個であるのに、内部において二個の傷口となっており、これは二度突きによって生じたものと認められたのは理の当然であろう。この二度突きは、とくに変わった兇器の使用方法であるから、鑑定人は鑑定書の作成を待たず、この日ただちに警官などに報告したであろう。一方、警察官など捜査官としても、死体の解剖による鑑定は、あくまでも犯人検挙の捜査の資料にもするのであるから、鑑定人に対してこの結果についての報告を求めるのもまた当然の責務である。

こう見てくるならば、捜査官が鑑定書の送付を受けるまで、『兇器の用法上』このもっとも重要な二度突きの事実を知らなかったというが如きは、鑑定の使命を冒瀆することになるだろう。まして、この事件は犯人検挙までに難航したものである。警察では何回となく捜査会議を開き、鑑定の結果を資料にして、さまざまのことを討論した筈である。そしてさらに、この止めを刺した事実こそ、この事件の真犯人が、金の強奪が主目的ではなく、殺害しそれを完全に成し遂げることを目的とした犯行であることを物語る最有力の資料であり、捜査方針を決定するのに、絶対無視できない事項だった筈である」

矢野さんは、この二度突きの事実について、捜査官が「鑑定書の送付まで知らなかった」ということは「ありえない」と断定した上で、さらにこの事実こそが犯行の本当の目的を現わしていたと言う。

「そして、この最も重要な『鑑定書』の冒頭には、『被疑者氏名不詳者に対する殺人被疑事件』と記入され、その『殺人』の右上にこれとは別の筆跡によって『強盗』の二文字が加入されている。つまり、この事件は当初、『殺人事件』として出発し、やがて『強盗殺人事件』にされたことを物語っているのである。

検事がこの『二度突き』に関する谷口の『自白』を捉え、真犯人と断定する特別証拠として強調するのは、逆にいえば、他に確証がないことを認めているということであり、また誘導尋問は不可能であると強調していることは、誘導尋問をしたということを問わずに語り、語るに落ちた、ということなのである」

矢野さんは、この事件が金銭を目的とした強盗事件ではないと、かなり早い時点から見抜いていたのだ。二度突きの事実から汲み取るべき「犯行の目的」を汲み取らず、間違った捜査方針の中で、無理やり「近所の不良」に過ぎない谷口さんを逮捕した。間違った逮捕だから、当然証拠はない。そこで、二度突きの事実を「秘密の暴露」に仕立て上げて、自白だけで有罪判決を得ようとした。矢野さんはこの冤罪の全体像をこのように俯瞰していた。

嘘で塗り固められた捜査

『財田川暗黒裁判』のなかで、矢野さんはこれまで述べて来た論点のほかにも、以下のいくつかの「捜査の疑惑」について論証している。その要旨だけを紹介しておく。

「兇器が発見されていない」

谷口さんの自白では「犯行後、轟橋の上から財田川に投げ捨てた」となっている、しかし、警察の捜索によっても兇器とされる庖丁は発見されなかった。裁判所はこの自白は信用できる、としている。矢野さんは、「さして大きな川でもなく（川幅二米）、鉄でできた庖丁がそれほど流されるはずもない（だから本当に投げ捨てたのなら、発見されるはずだ）」という。また、「唯一の物証となるはずであるのに、現場の捜索に谷口さんを立ち合わせてもいない。民間人まで動員し、形式を整えただけの捜索だった」などの点を指摘し、警察も検察もその捜索の無意味さ（兇器などあるはずがないこと）を分かっていたはずで、自白が「虚偽である」であることを裏付けている、としている。

「奪った筈の現金がどこにもない」

奪い取った現金について、谷口さんの自白は変遷している。殺害を自供した以上、金額についていくら誤魔化しても意味がないはずだ、と矢野さんは指摘する。また、「弟が寝静まってから、奪ったお金を勘定した」との自白についても、「芝居がかっている」として切り捨てている。

「捕まった時に、持っていた八千円を護送中の車の幌のすき間から外に投げ捨てた」という自白についても「厳重な監視の下に護送される時、その目をくぐり抜けて、八〇枚以上の札束を、オーバーのポケットから取り出し、窓の外へ捨てることなど可能なことだろうか。まさに神技以上である」として虚偽だと断定したうえで、次のようにまとめた。

「（谷口さんは、財田川事件の一か月後、農協に侵入して逮捕され、起訴されたが）やはり中村検事が起訴し、三年六月の懲役の判決を受けている。この事件の動機は金に窮したためとなっている。人を殺して得た大金を持っていた人間が、その金を持っていながら、すぐそのまま、また危険なことを犯すだろうか。それに八千円という大金を持っていて、どうして金に窮していたことになるのだろうか」

「手記の筆跡は誰のものか」

供述調書とともに、谷口さんが獄中で書いたとされる「手記」は、有罪判決の有力な証拠となっている。谷口さんは「私が書いたものではない」というが、裁判所は検察の主張通り「谷口の自筆」であると判断した。これについて矢野さんは、五通の膨大な手記を丹念に調べた結果、「私」のことを「和くし」と記述するなど、漢字の誤用によって学歴の無い谷口さんの自筆らしく装っているが、その作為が逆に馬脚を現わしているという。

「『私』あるいは『僕』という漢字を知り、かつ使用する人間（谷口さん）が、どうしてこんな想像を絶する用法をするのであろうか。また、その『僕』でさえも、その下にわざわざ『く』を書き加えて誤った表示（僕く）にしている。『僕』という漢字を書ける人間ならば、もし一度くらい間違えることがあると仮定しても、どうして二〇回も『ぼくく』と発音するのだろうか。こうなればむしろ、この筆者には学がなく、このような間違いをするのが習慣なのだと、主張しようとしている者の意志が、ひとつの形となって見えはじめてくるような気がする」

「国防色ズボンは誰のものか」

この事件で、唯一の物的証拠とされたのがズボンについていたとされる血痕である。谷口さんが犯行時にはいていたとされるズボンから鑑定できないほどの血痕が見つかった。しかし、それを詳しく鑑定したところ、被害者と同じO型の血液型が検出された（古畑鑑定）という。これが有罪の決め手のひとつになっている。だが、この「ズボンの血痕」には二重の疑念がある。第一、それはそもそも「谷口さんがはいていたズボン」なのか。第二、古畑鑑定は信用できるか。どちらが崩れても有罪認定の根拠が消えてしまうほどの大きな問題である。矢野さんが裁判長として検討したのは「第一の疑念」についてだった。

この「国防色ズボン」については、谷口さん自身が「それは私のズボンではない」と主張している。また、谷口さんの両親が共に「ズボンは孝（弟）がはいていたものを、自宅にやってきた警察官が脱がして持ち帰った」と法廷で証言している。これに対して検察官は反論せず、証拠品のリストからも削除していたが、裁判官がそれを拾い上げ、有罪判決の根拠にした。矢野さんは、ここでも、記録を精査し、検察官がズボンを故意に「すり替えた」ことを論証する。が、ここではその詳細には触れない。後に、矢野さんが弁護人として再審請求を闘う中で、第二の論点である「古畑鑑定」が別の鑑定によって否定されるのである。

それにしても、捜査機関のこの事件での「証拠の捏造」は数えきれないほどだ。この事件全体が「捏造」で築かれている、といっても過言ではない。そして、裁判所はそれらに対してまったく無抵抗なのである。この「ズボン」に至っては、検察官が「捏造の発覚」を恐れてか、証拠のリストから外しているにもかかわらず、それ以外に有罪を言い渡す根拠がないと見るや、

「ズボン」をわざわざ拾い上げて「死刑判決」まで漕ぎ着けたのである。

矢野伊吉さんは次のように書いている。

「当初私は、犯人が後になって犯行を否認し、善を装い同情を求めることは、よくある常套手段であって、しかも拷問によって自白を強要されたなどというのも、殺人犯が命惜しさからよく使ういいがかりであろう、と判断していた。しかし、裁判長としてこの再審事件を判断しなければならない私は、谷口の主張を、当然よく吟味する必要があった」

長らく放置されていた谷口さんの手紙を読み、再審請求まで進めたのは、矢野さんの職務に対する律義さである。最初から谷口さんの「無実を直感した」というような劇的な始まりがあったわけではない。「犯人が善を装い同情を求めている」だけの事件である、そういう可能性が充分あることを踏まえての再審請求審のスタートだった。裁判官としては当然すぎるくらいに当然である。しかし、記録を読み始めてすぐ、律義な裁判官の心に最初の「疑念」の灯が燈る。それが「ズボン」だったという。

「とにかく、私は、第一審、控訴審、上告審の原刑事裁判記録を読み進めた。まず、谷口がもっとも強く異議を唱えている、証二〇号国防色ズボンの取扱いに焦点をあてて記録を精読した。ここで私は、奇妙なことを発見した。それは常識では考えられないことだったのである。

二〇年前に作成されたその記録は用紙も悪く、すでにインクも薄れきわめて読みづらく、長い時間調べると眼が痛くなるほどだった。

第一回公判証書によると、検事は冒頭陳述において、証拠に関し次のように述べている。

『本件犯罪が被告人の所為であることは、証一号乃至一九号及び二一号乃至二六号によって、立証する』

証一～一九号、二一～二六号によって立証するということは、証二〇号を除外した、ということである。除外したということは、検事が何かの理由で見落したり、失念したりしたのではなく、意識的に排除したということである。この証二〇号国防色ズボンは、唯一の物的証拠であり、その他の証拠品は犯人を特定することができるようなものではないのである。即ち証二〇号は、当初においては証拠品から除外され、その後において谷口の犯行を裏付ける唯一の証拠品にされたのである。……

これがまず、最初に私が遭遇した矛盾であり、谷口の運命をねじ曲げ、私の裁判官としての生命を絶たなければならなくなった原因でもあった」

「眼光紙背に徹す」とはこのことだと納得した。検察官は、証拠品リストから「ズボン」を一点だけ削除した、この小さな動きを矢野さんは見逃さなかった。犯人が犯行時に穿いていたズボンであれば、重要な証拠であるはずだ。それがなぜ、削除されたのか。「私のものではない」という谷口さんの主張が（矢野さん以外の裁判官は誰もが「嘘」だと決めつけたが）実は本当なのではないか。矢野さんは、ふと胸にきざしたこの小さな疑念を出発点にして、そこから捜査機関の捏造の全体像に迫っていった。

捜査記録の隠ぺい

矢野裁判長がこの再審請求を審理する中で、もっとも難儀し、捜査機関の底知れない悪意を実感したのは、おそらく「捜査記録の隠ぺい」ではなかったか。

話は少しだけ遡る。一九五七年に最高裁が上告を棄却して谷口さんの死刑判決が確定した。その後、（死刑の執行に関わる業務を担当する）法務省刑事局は、確定した刑事公判記録を調査するとともに、慣例上、高松高等検察庁に未提出捜査記録の送付を求めた。これに対して、高松高検は高松地検に、高松地検は丸亀支部にそれぞれ記録を送付するよう求めた。未提出記録は丸亀支部に置いてあるからだ。ところが当然あるはずの記録が消えていたのである。捜査記録とは、事件発生時の報告書、捜査状況の報告書、参考人供述調書、証拠の押収や鑑定書に関する書類などである。これらのうちには、法廷に提出され、公になったものもあるが、その残りの膨大な記録は、外部の目に一切触れることなく検察の倉庫に眠っている。これを「未提出捜査記録」という。この中には谷口さんの身柄の拘束に関する記録も含まれる。再審請求を審理する裁判官はこの未提出記録によって、警察がどういう経緯で被疑者を絞り込んでいったのか、また被疑者がどのような取り調べを受けたのか、裁判に出なかったところまで詳細に調べることができるのだ。その記録がまるまる消えていた。有り得ないことだった。記録の管理には特に厳しい法務省、裁判所、検察の内部で、起こるはずのないことが起きた。しかし、この紛失の事実は矢野裁判長がその記録に当たろうとするまで、隠されていた。矢野さんは次のように書いている。

「地検丸亀支部は書類の送付が要求される以前に書類紛失の事実を発見していた形跡がある。いつから失くなったのかは判然としていないが、この事実を隠し、内々で済ませ、監督庁としての高松地検には報告していなかったのである。

一方、未提出記録の送付を求めた高松地検は、三四年（一九五九年）六月、丸亀支部から紛失のため送付できない旨の報告を受けたのにもかかわらず、ただ単に検察事務官の『紛失顛末書』を取っただけであり、高松高検、そして法務省もまた、この事実を報告されながらも、なんら処置することなく今日に至っているのである。……

紛失の事実は、内規、慣例、取扱例を参考にして、記録の送致書、送付簿、受理簿を調査するなら、いつまで、誰の手許にあり、いつ、誰の手を経たあと紛失したのか、そしてその責任者はたちまちにして明らかになる筈なのだが、それらの調査はなんら行われていないばかりか、いまではもはや、その間の事情を解明するには、時機を逸してしまった感が残る」

矢野さんは、今回の事件では、捜査の不透明さをひしひしと感じ、それを明らかにするためには未提出記録こそが重要だと考えていた。そしてこの記録の紛失は「作為的」なもので、違法な捜査を「隠ぺい」するという目的を持って行われた、と直感した。その上で、記録を隠した犯人を名指しする。

「そもそも、記録の出し入れ、保管の権利義務は、事件担当検事にある。当初、記録を保管していたのは、第一審担当の中村検事である。百枚近くの長大な論告書を作成するに当たっては、公判記録とともに、公判未提出の捜査記録も参考にしたであろう。その時は当然、中村検事の手許にあった筈であるし、その後も、控訴、上告と事件は継続していたので、記録は専ら中村検事の記録箱に保管されていた。そしてこの記録は、他の庁員の差配は許されず、その存否さえも知ることができなかったのだろう。その後やがて、中村検事は転勤して他へ移り、ようやくいつの日からか、この貴重な記録がゴッソリ姿を消していたことが判明したのである。そして当然、丸亀支部では関係者たちが血眼になり、密かに発見のために努めたが、ついにそれは無駄に終ったのである。ということは、この紛失事件は、庁員や関係係員の過失にもとづくものではなく、誰かの、つまり常に手許に置いていた、中村検事の意図的な破棄、隠滅によるものであることを想定させ得るのだ」

検察官がそこまでするだろうか。しかし、この事件の捜査で担当の中村検事が行った違法な捜査はまさに数えきれない。それらが明るみに出されるのは何としても阻止したかったはずだ。

矢野さんの口調はますます厳しくなる。

「中村検事は当初から警察に協力して、不法移監、不法拘禁を許し、拷問の条件を作り出して来た。そして、尋ねもせず、答えもしなかったのに、巧みに問答を記載し、証二〇号ズボンをすりかえ、無罪を証明する黒の短靴を隠し、アリバイを強引に否定し、ただ谷口を有罪にするためにだけ狂奔したのである。デッチ上げて有罪にしたら、その完成は死刑以外にない。執行してしまえば、一件落着。それでもう事件がぶり返されることはないからである」

だが、再審請求が申し立てられたなら、その捜査がもう一度見直されることになるだろう。やはり、担当検事にとって、心穏やかではなかったはずだ。手荒だが、捜査の記録を捨ててしまえば、違法な捜査が明るみに出ることはない。もし、矢野裁判長でなく、他の裁判官だったら、おそらくこの紛失＝隠ぺいも、こうして明らかにされることはなかっただろう。

退官

自白調書の嘘を隅々まで見破り、警察、検察の虚構を喝破したしたうえで、矢野伊吉さんはそのまとめとして、次のように書いている。嘘を作り上げた捜査機関はもちろんだが、それを見抜けなかった裁判官をも厳しく批判している。

「検事や警察官は、とにかく膨大な自白調書を作成した。その内容がいかに非論理的なものであり、稀にみるほど常識の世界から逸脱したものであったとしても、かれらが、その自白を任意なものとして主張し、その任意性と信用性を形式的に立証しさえすれば、裁判官はただ一段高い裁判官席からこれを見下し、その主張するところをそのまま鵜呑みにしなければならぬものなのであろうか。

いや、決してそうであってはならない。私は、裁判官としてのこれまでの経験から、そうは決して思うことができないのだ。浅学非才な私ですら、この証書を見た時、疑問を感じ、それから疑惑を生じるようになったのだ。

これまで、私が述べて来たことは、裁判官が当時提出された多くの資料を率直かつ虚心坦懐に読み返し、谷口の主張することに耳を傾け、裁判官としての批判の目を注いだならば、いま少し、ちがった裁判になっていた筈なのである。それが現実では、ただ唯々諾々として検事の論告にだけ従い、死刑の判決を下しているのである。それは〝疑わしきは罰せず〟の法諺にも反することである。私には不思議でならない」

ここまで言い切る矢野伊吉さんにとって、裁判官の職を続けることはもはや苦痛だったのではないか、そんなふうにも読める。裁判所を批判しながら裁判官を続けることはできない。当然、周りもそれを許さないだろう。自ら裁判長として谷口さんの再審請求に関わるようになってからは、矢野さんは針のむしろに座りながらの日々だったに違いない。たった一人で、暗夜の荒海に乗り出した矢野さんに救いの手は一切なかった。むしろ、往く手を阻む様々な妨害行為があったはずである。思案を重ねた末、矢野さんは、裁判長として再審開始決定を出し、その上で裁判官を辞めようと決意した。しかし、結果的には「開始決定」を出すことなく退官することになった。何故、そんなことになったのか。この著書『財田川暗黒裁判』の終わり近くに、退官に至った心情、そして、退官直前の予想外の出来事が書かれている。

「裁判官は法令に従って事実を認定し、自己の信念と良心とにもとづいて判断を下すのがその職務である。あくまでも事実に忠実に、右顧左眄する必要もなく、私のような融通のきかない人間には、この仕事がこの上もない適職のように思われていた。だから私は裁判官になったことを神に感謝し、過誤のなからんことを祈り、そのおかげでか、大過なく勤めて来たのだった。そのまますぎれば、どんなにか平穏な人生を送ることができたであろうか。

もし、谷口と出会うことがなければ、私は老判事として円満に退職し、老妻とお茶を飲みながら、裁判官としての人生を懐しく思い起こしていたことだろう。

昭和四四年、私は高松地裁丸亀支部の支部長判事だった。この時、やはり運命というのであろうか、死刑囚・谷口繁義が請求した強盗殺人の再審請求事件を裁判長として担当することになったのである。そして、審査を続けて行くうちに、私は自分の目をも疑うような事実に気づくことになってしまったのである。私が知ったことはあまりに重大なことであり、あまりに異常なことだった。これが運命だとしても、それはあまりにも苛酷すぎる。あれほどまでに裁判官の仕事を愛していた私が、警察に、検察庁に、そして裁判所に、さらには法務省にまで、疑惑を持ち、批判するようになってしまったのである。

その頃、私は家に持ち帰った書類を前にして頭を抱えていた。

『どうすればいいのか』私はその処理について悩んだ。

しかし、裁判官として採るべき道はすでに決められている。ただ法に従うのみなのだ。あることをあると認定する。事実を事実として判定する。それだけのことだ。もし、私がこのことによって、もはや三界に身を置くことができなくなったとしても、それは、まったく無実にして死刑の執行におびえている谷口の運命にくらべたなら、取るに足らぬことだと思えた。

谷口の無罪を証明することは、とりもなおさず、警察官を、検事を、先輩の裁判官の落ち度を摘発し、それを暴いてしまうことになるのだ。私といえども、世の人びと同様、名利を欲し、立身出世を望むことには変りはない。ただ、不正義に気付いてしまったなら、気付いた人間がやはり何かをしなければならないのだと思った。

しかし、それでも私は悩んだ。還暦を数年後にひかえ、いわば、人生航路の終着の安らかな港を前にして、私は立ちつくしてしまったのだ。家族、親戚、友人たちは私の平穏を望んでいる。そしてそれが最大の幸福だ、と皆なにいわれた。私もまたそう思った。だが、自分の生活の平和を護るために、無実の者を見捨てることは、私にはどうしてもできなかった。

私は裁判長として再審を決定し、再審後の公判で谷口を無罪として釈放しようと願っても、それは無理なことであることも知っていた。検察庁、法務省が反対し、圧力をかけてくるのは見えすいていた。この事件は、あまりにもあやまりが多く、かつまた、あまりにもそのあやまりを押し通そうとする意志が露骨に見えていたのだ。だからこそこの事件は、警察、検察庁、裁判所、法務省の存在自体をも大きく揺り動かさざるを得ない本質的な問題を含んでいたのである。

ついに私は定年まで勤務する希望を捨てた。この事件の再審を開始することだけを決定し、その上で退官することにしたのである。私は谷口を裁くことをやめ、谷口を弁護する側に回ることを決意したのだ。

私はこの事件を処理した後で退官することを明言し、その日取りも発表した。そして事件の審査に専念し、再審開始の決定のための草案を作成していた。退官予定日の半月前、『決定書』をタイプ印刷に回した時、どうしたことか、二人の陪席裁判官はこの決定に異議を唱え、決定は流産してしまったのである。

丸亀支部は、三人の裁判官の合議によって運営される『合議支部』であるため、私はそれまで充分合議し、決定の草案についても、二人の判事とともによく検討する機会を作り、それまでは合議通り異議なく、円満に成立する筈のものだった。それが突然の異議である。私は彼らの真意を解しかねたが、もはや時間はない。やむなく延期を決定し、わたしはそのまま予定通り退官する破目に陥ったのである。職を賭したつもりであったのだが、それが何ら実を結ばないうちに、退官せざるを得なくなった無念さは、今なお心の底でうずいている」

「開始決定」はすでに出来ていた。しかし、最後の最後で矢野さんは裁判所に嵌められたのである。退官の日が決定し、後戻りができなくなったところで、菅浩行、吉田昭の二人の陪席裁判官がそれまでの「合議」をひっくり返したのだ。これほどまでの裁判所の狡さと卑劣さを矢野さんは予測することができなかった。

一九七〇年八月、矢野さんは退官し、弁護士となった。

ふがいない棄却決定

冤罪の歴史上で、これほどふがいない、情けない決定はない。

一九七二年九月、高松地裁丸亀支部は谷口さんの再審請求を棄却した。

「事実の再現は甚だ困難にして、むなしく歴史を探究するに似た無力感から財田川よ、心あれば事実を教えて欲しいと頼みたいような衝動をさえ覚えるのである」

越智傳裁判長は正直に、率直に「判らない」と白旗を揚げた。決定の中で語られたこの一文はあまりにも有名だ。しかし、「判らない」とは、(これまで出てきた)事実を積み重ねても「犯人」だと言い切れなかった、ということを意味している。その時には「再審開始」を言い渡すべきである。なぜ、そうせずに逃げてしまったのか。

矢野さんの後任として越智傳裁判長が谷口さんの再審請求を引き継いだ。陪席裁判官の二人は留任である。つまり、矢野さんを欺き、追い出した人々である。そんな中で適正な審理ができる筈もなく、結論も最初から分かっていたというべきだろう。その意味では「棄却決定」は驚きではない。しかし、決定の「理由」を読めば読むほどに、出された結論＝「主文」とそのあとに続く「理由」のずれ、不整合に戸惑うのである。簡単に言えば、その「理由」は「再審を開始する」という結論にしか行きつかないのである。矢野裁判長の残した調査の実績は重く、それを突き崩すのは容易ではなかったはずだ。虚心に見れば、付け足すべきことは何もなかったに違いない。棄却決定を起案するにあたって、どんなに矢野さんの足跡を消そうと必死になっても、どこかに痕跡が残ってしまうのである。それは、矢野さんの言うことが「事実」だからである。調べ抜いて最後に行きついた真実がそこに記述されているからである。

決定の一部分を紹介する。読み進むうちに誰もが、あれ、これは「再審開始」の決定だな、という錯覚に陥るはずである。

一、違法な取り調べについて

「……警察は、見込みを付けた被告人からまず自白を得ることに全力をそそいだものと認められるが、新刑訴法施行後間もない昭和二五年代の警察捜査段階において、暴行、陵虐等というような拷問は論外としても強制、誘導が絶無であったと断定できる客観的資料はない」

「法廷において、証言を求められたすべての捜査官が、強制、誘導等はない、被告人の自白についても、真犯人でなければ知り得ない事実につき任意の供述があったと強調し続けても、裁判所は何を根拠にその証言の真実性を判断し、事案の真相をどのようにして鑑定すればよいのか、取調官はいかなる場合でも、決して嘘を言わないという経験則が確立できるなら、問題はないが、残念ながら、取調官の証言を全面的には信用できないとした先例も少なくはないのである」

二、ズボンについた血痕について

「一般には、血液付着直後、よほど注意して洗濯するのでなければ血液型抗原が繊維の間などにごく微量でもしみついて残ることがあるという科学的経験則が、本件の場合にもあてはまるのではなかろうか。もしそうであるとすれば、少なくとも証一八号の国防色上衣を着用していたという自認は虚偽の疑が生じ、また証二〇号国防色ズボンにごく微量点在していたとされるO型血液の証拠価値にも影響があるのではなかろうか。証二〇号国防色ズボンにごく微量にしか付着していないO型血液が、犯行と被告人を結びつける決定的証拠であるとするにつき疑問はないのであろうか」

三、押収した靴について

「証人宮脇豊（警部補）の供述するごとく若干寸法が違っていたのであれば、その結果を請求人（谷口さん）に示し、着用した靴が違うのではないかと追及して、自白訂正をさせるべきではなかったか。そして検察官において（現場にあった）血痕足跡に前記短靴が符合しないことが明らかであったのなら、このことは、公判廷で明白にすべきであり、この点につき何ら虚、実の釈明をもせず黙秘をしていたものであるとすると、原第一審検察官の態度は甚だ不公正であるといわざるを得ない。

また、かりに右黒皮短靴は、血痕鑑定の結果、血液の検出ができなかったためのみを理由に、警察において押収しながらも、原第一審の公判に提出しなかったというのであれば、血痕足跡が不動の証拠であるだけに、検察官に立証上不備があると認めざるを得ない」

「右黒皮短靴は、本件犯行時に着用していたものとの請求人の自白があり、捜査官においては、その自認をそのままにしておいて……原第一審検察官は、論告において、靴は未発見とのみ主張するのは、どうしたわけであろうか甚だ疑問とするところである。

しかし黒皮短靴はすでになく、当審証人の証言も甚だ不明確で、今更疑問を解明しようもない」

四、兇器について

「(自白では、兇器の庖丁を財田川に投げ捨てたことになっているが)原第二審判決は、右庖丁は流失または埋没し去ったとも考えられるとして、庖丁が発見できなかったからといって自白に真実性がないとは認められない、という判断をしている。このことに関する限り自由心証の分かれるところであり、敢て異論は述べない。財田川のみぞ知るである」

五、秘密の暴露としての「二度突き」について

「(捜査官は、谷口さんの自白以前には『二度突き』の事実を知らず、これは秘密の暴露にあたると主張して

いるが）何故に取調官が、三月一日に実施された解剖の結果、即日判明したであろう〝二度突き〟の事実を八月末頃まで知らなかったかの理由として、証人宮脇豊（警部補）は、鑑定の結果について、『私は大体口の軽い方ですから、大事なことが洩れてはいかんというので話してくれませんでした』と述べているが、警部補という地位にあり、しかも強殺事件という本件についても、被疑者取調べの主任とされていた宮脇が、秘密保持さえできない警戒すべき男であると上司より評価されていたというに至っては、甚だ不可解で首肯できなく、また、証人藤野寅市（三豊地区警察署長）が、『自分は二度突きの事実は知っていたが、取調官の宮脇にはその事実は知らせていない。それは取調官が先入観をもつからであって、教えないのが捜査の常道である』と極言するのは、いいすぎであり、裁判所を誤らせるものではなかろうか。……いやしくも元警察の高級幹部であった者の証言として、もう少し納得できる説明が欲しいものと痛感するものである」

六、現金の強取について

「胴巻、財布に血痕がないということは、胴巻が被害者の腹に巻かれてはなく、本件殺人犯人が胴巻、財布には手を触れてないのではないかとの疑問も否定できなく、しかも財布入りの胴巻がその場に放置されず、八九円四五銭在中のまま、着物掛けに掛けてあったということは、強盗事犯の現場状況としては、奇異な感じを受けるものであり、何ら裏付けのない強取紙幣に血がついていたとの自供は虚偽ではなかろうか。これらの点につき原第一、第二審はどう考えたのであろうか」

唯一の物的証拠とされる「ズボンの血痕」についても、自白の具体的な内容についても、「たやすく信用できない」「大いに疑問がある」などとして、有罪判決を言い渡した裁判所の判断に「?」を突きつけている。そして、有罪認定の柱となった第四回供述調書の取り調べ状況についても次のように述べている。

「(取り調べ中に拷問を受けたという谷口さんの主張について) 原記録を精査すると、特に被告人を尋問して、取調状況を含め被告人の弁解を聞いた形跡はない。勿論取調状況というようなものは、水掛論になりやすい問題ではあるが、取調官のみを尋問して被告人よりは、詳細にして具体的な弁解を聞かないというのでは、裁判所としては正に片手落であり、公平らしささえ認め難いのではなかろうか。被告人は罪責を免れるために、色々と虚偽の弁解をすることがあるとはいえ、被告人尋問をしてない原審の審理経過を当裁判所としては不可解と考えるものである」

ここまで読み進むと、「棄却」の決定は想像しにくい。しかし、冒頭に述べたように結論は既に決まっていたのである。

「……審理を重ねた結果は、力及ばず遂に真相解明というには程遠いことに終わった次第である。

よって、本件再審請求は、刑訴法に定めるいずれの再審理由にもあたらず、その理由がないものとして、刑訴法四四七条一項によりこれを棄却することとし、主文のとおり決定する」

この結語の直前、決定書の終わり近くに、次のような一文がある。

「公判未提出記録の紛失について……相当ぼう大になっていたと思料される公判未提出記録が紛失、あるいは廃棄せられるということは、事務処理上の過誤としては、甚だ異例のことであり、請求人側よりすると、証拠いんめつとの不信、疑惑が生ずるのも止むを得ないものと考えるが、それだからといって、記録を故意に廃棄または隠匿したと認めるに足る証左はない。

しかも、二〇年の経過により既に物証ともみられる右記録の紛失が、本件再審請求事件の審理において余計な事実調べを重ねさせ、しかも、真相の把握さえできない結果を生じさせる一因ともなっていることは誠に遺憾である。……右公判不提出記録さえ存在すれば、当審が前記のように指摘した疑問の数々も或は氷解できたのではなかろうかと考えると、この意味においても甚だ残念に思う次第である」

記録の紛失(=隠ぺい)が審理を妨げた、ということを裁判所は明確に認めている。つまり、「記録を始末して自分たちのでたらめな捜査を隠ぺいする」という中村検事の手荒な策略は奏功したわけだ。だが、記録が消えたことによって助かったのは検察官だけではない。この紛失を理由にして、裁判官は「真相の究明に支障が生じた」と言い訳し「棄却決定」を下すことができた。

冤罪によって無実の人間の命が奪われるかもしれない、という切迫した裁判であるのに、検察官も裁判官も自らの保身だけに汲々としている。

矢野さんはこの決定に対して、予想していたとはいえ、怒り心頭だったはずである。著書の中でも細部に亘って批判しているが、ここでは、谷口さんの手記とされた書面の筆跡鑑定についてだけ触れておく。

矢野裁判長は「谷口さんの手記」とされるものが本当に谷口さんの筆跡かどうかを、鑑定することにした。しかし、実際に東京の専門家に鑑定を依頼し、その結果が伝えられたのは、矢野さんが退官してからちょうど一年後のことだった。結果は「手記の筆跡は、谷口さんの物とよく似ているが、同一人の筆跡とは認められない」というものだった。谷口さんの主張が証明されたと、矢野さんは大いに喜んだ。ところが、この再審請求審で、検察はこれに対抗するために香川県警の鑑識技術吏員に筆跡鑑定をさせて「同一人物の筆跡である」との意見書を手に入れ、裁判所に提出したのである。そして、越智裁判長は「手記五通が偽造されたという主張は採用できない」として、検察側の意見書に軍配を上げたのである。

矢野さんの怒りは収まらない。

「……裁判所は、まったく素人の分際で『自ら仔細に見分し』た警察側の主張を鵜呑みにした上で、裁判所側自らが依頼した、第三者であり権威者である文書鑑定科学研究所の高村鑑定人の鑑定結果を採用せず、あまつさえ、否定したのである。

それでは何のために東京まで出張したのか。何故、文書鑑定科学研究所に鑑定を依頼したのか。これまでの裁判所の行動はまったく無意味なものになってしまう。そればかりか、『手記』は谷口の直筆のものであるかどうかの鑑定を、警察が同じ身内の警察吏員に依頼して、はたして客観的な結論が出ると、この裁判官は信じていたのだろうか。これでは、警官と検事と判事は共犯だったと、世間の人に指弾されても致し方あるまい」

矢野さんの筆致は激烈である。確かにこの筆跡鑑定は裁判の行方を決める分水嶺だった。筆跡が違うとすれば、それは手記の偽造を意味する。そしてそれは無罪＝再審開始に直結する。結論をすでに決めている裁判官として、ここはどうしても「偽造ではない」ということにしなければならない。これは虚実の問題を超えている。越智裁判長ら三人が裁判所で働き続けるための死活の問題になってしまっている。

最高裁「差し戻し決定」

こうして、髙松地裁丸亀支部は「棄却決定」を出した。自らは何も判断しない、ふがいない決定だった。しかし、この決定の中に次の一文がある。

「（再審開始は認めないが）しかし、個々の点につき解明できない疑問点も多々あるので、敢えてこれらの点を指摘する次第であり、今後上級審において更に審査をされる機会があれば、批判的解明を願いたく思料している次第である」

「批判的解明」とは何か。この事件の捜査について、また裁判について、批判的に事実関係を解明するならば、それは「逮捕・起訴」は間違っていたということであり、「有罪判決」もまた間違っていたということになるだろう。要するに「私にはできなかったが、高裁では『再審開始』決定を出してくださいね」というメッセージを送っている、そうとしか読めない。

だが、高松高裁は「批判的解明」は一切しなかった。保身が第一、という裁判官の職業意識は行き届いている。

一九七四年一二月高松高裁は即時抗告を棄却した。四日後、矢野伊吉さんを含む弁護団は最高裁に特別抗告を申し立てた。

「何もしない最高裁」と筆者はいつも書いている。しかし、この時には最高裁が動いた。動かざるを得ない理由があった。何もしないままやり過ごすには強すぎる風が裁判所に向かって吹いていた。

風は外からも内からも吹いた。まず、内からの風、裁判所の内部で風は、下から上に向かって吹き上がっていた。最高裁がこの財田川事件で差し戻しの決定を出したのは一九七六年一〇月一二日である。この年、再審開始の決定が相次いだ。七六年七月、弘前大学教授夫人殺人事件で、仙台高裁が再審開始を決定した。九月には加藤老事件（強盗殺人事件）で広島高裁が再審開始を決定した。更に一〇月、米谷事件（強姦致死・殺人事件）で再び、仙台高裁が再審開始の決定を出した。つまり、日本中に冤罪を訴える人がいて、その訴えが正当であると認められるケースが、財田川事件も含めてこの年だけで四件もあったということだ。誤判が過去のものではなく、戦後の裁判所でも生まれ続けていることを人々はこのニュースによって知った（加藤老事件のみ、発生は戦前である）。最高裁がいくら「確定審の権威」を振りかざしてみても、「検察の追認機関としての裁判所」という構造のもとでは、冤罪は生まれるべくして生まれ続けるということを示していた。再審請求を無理やり抑え込むことはもうできない状況にあった、これが内側＝裁判所内部からの風である。

そして、外からの風。この年、一九七六年の初め、矢野伊吉さんの書いた『財田川暗黒裁判』が出版された。裁判官が自らの立場さえ捨てて、一人の死刑囚の無実を訴えた。反響は非常に大きかった。そして、捜査機関の不正だけでなく、いかなる場合にも批判の外にあった裁判所という聖域に一人で立ち向かい、その虚像を告発する矢野さんの姿に多くの人が共感した。また、その冤罪に同情し、さらに検察と裁判所に怒りを抱いた。裁判所がこれほどはっきりとその仕事ぶりを批判されたことはかつてなかったのではないか。冤罪が、今、ここにあるのに裁判所は一体何をしているのかと矢野さんは憤っている、その憤りがそのまま読者の怒りとなって裁判所に向かった。これが外からの風である。

この内外からの強風には勿論その発生源があった。この前年、一九七五年五月に最高裁が出した「白鳥決定」がそれである。この決定の中で最高裁は「再審請求においても『疑わしきは被告人の利益に』の原則に従う」として、これまでの考え方を変更した（白鳥事件の特別抗告そのものは棄却された）。この法理の変更は、最高裁の第一小法廷が示したもので、七六年の財田川事件の差し戻し決定は、同じ第一小法廷がこの「白鳥決定」に則って具体的に判断した最初の事案とされている。

その意味では、この風は最高裁が自発的に巻き起こしたようにも見えるが、そうではない。冤罪を訴える人の波が正に最高裁の門を打ち破ろうとする寸前に、仕方なく、開門したと見るべきだ。財田川事件でも分かるように、非常に多くの疑問が明らかにされながら、「真実は解明されない」として「棄却決定」を臆面もなく出す裁判所。真犯人が名乗り出てきても再審を拒む裁判所（弘前事件）。誰の目にも明らかな冤罪を救う方法が、今の司法制度にはないのだ。「確定判決の権威」は今や地に落ち、誤審は後を絶たない。冤罪の多発は、権威どころか、日本の刑事裁判制度そのものを足元から揺さぶることになるだろう。何よりもまず、人々が裁判所を信用しなくなる、そんな事態を最高裁は恐れた。その危機感の表れが、「白鳥決定」だったといえる。最高裁の法理の変更がそれ以後の地方での冤罪裁判に弾みをつけたのは当然の流れだった。

七六年一〇月、最高裁はこれまでの決定を取り消して、高松地裁に差し戻した。但し、この決定の中で、最高裁は具体的な判断を示す前に、矢野さんに対して苦言を述べている。この時点では矢野さんは請求人（谷口さん）の弁護人で、裁判所が一弁護人の行動や発言についてわざわざ決定文の中で書くのは非常に珍しい。矢野さんの裁判所批判がよほど応えたのだ。

「弁護人がその担当する裁判所に係属中の事件について、自己の期待する内容の裁判を得ようとして、世論をあおるような行為に出ることは、職業倫理として慎むべきであり、現に弁護士会がその趣旨の倫理規定を定めている国もあるくらいである。本件における矢野弁護人の前記文書の論述の中には、確実な根拠なくしていたずらに裁判に対する誤解と不信の念を世人に抱かせるおそれのあるものがある。もっとも論述中に裁判所の判断と部分的には合致する点もあるが、論述全体を通してみるならば、当裁判所の判断過程及び結論とはおよそかけ離れたものであることは、以下の説示と対比すれば明らかであろう」

矢野さんの言動が「真実を見抜けない裁判所」「動かない裁判所」に失望し、他に方法のなかった「非常手段」であったことには、一言も触れていない。さらに最高裁には、この冤罪をこの時点まで発見できず（上告の時点で、きちんと書面を読めば発見できたにも関わらず）怠惰にも放置した責任がある、という自覚が一切ない。後半は負け惜しみに過ぎない。なぜ、矢野裁判長よりずっと高い地位にいるのに、矢野裁判長と同じ書面を見ながら（見ていないだろうが、見る責任はあったはずだ）冤罪を発見できずに素通りさせたのか。人の命が掛かっているのに。捜査段階での異常な取り調べ状況だけ見ても、あれ、と思うのが法律のプロだ。その反省文をこそ、まずこの決定文に掲載するべきだった。

最高裁の差し戻しの理由は以下の通りである

一、胴巻に血痕がない。

二、自白の内容と現場に残された足跡の状況が一致しない。

三、現金八千円を護送車から投げ捨てた、という自白は不自然である。

四、現場の足跡と押収した黒皮短靴の足跡は一致せず、検察はその靴を証拠として提出しなかった。

五、「二度突き」は秘密の暴露とはならない。

これらはすべて矢野さんが重大な疑念として指摘してきたものである。差し戻し決定は、これに加えて「手記」についての文書鑑定科学研究所の作成した鑑定書を新証拠と認め、たやすく排除するのではなく、更に再鑑定をするなどの手段を取るべきであった、とした。そして、自白の内容に多くの疑問がある中で、この鑑定書と既存の全証拠を総合的に評価するなら、確定判決の証拠判断にも影響を及ぼすことになる、と判断した。

谷口さんの雪冤の闘いに、ひとつの見通しがついた瞬間だった。この時、谷口繁義さんは四五歳、矢野伊吉さんは六五歳だった。死刑囚である谷口さんの身柄は未だ死刑台のある大阪拘置所に置かれていた。一方、矢野さんはこの四年前、脳卒中で倒れ、杖を突きながらの弁護活動が続いていた。

猪崎武典弁護士インタビュー

「私が最年少でしたね。弁護団の中では」

猪崎武典弁護士が財田川事件弁護団に加わったのは一九七六年、最高裁が差し戻し決定を出す一か月前のことだ。当時、猪崎弁護士は二九歳、弁護団の中では唯一の戦後生まれだった。二〇一四年八月、高松市内の自宅で話を聞いた。

「逆転できる（差し戻し決定が出る）という見通しはあったのですか」

「まったくなかったです。お先真っ暗でしたよ。だから、私はその点ではプライドを持っています。勝ち目が見えてから入ってくる人達とは違う、というね」

財田川弁護団の構成には紆余曲折がある。矢野裁判長のもとで本格的に始まった第二次再審請求だったが、矢野裁判長の退官後、棄却された。裁判官を辞めた矢野さんは弁護士として谷口さんの弁護活動に意欲を燃やしたが、高松弁護士会（現在の香川県弁護士会）が矢野さんに懲戒処分を課した。

「懲戒の中では一番軽い『戒告処分』だったと思います。でも矢野さんは『けしからん』と怒っていらっしゃいましたね。要するに、公務員であった時代に扱った事件を弁護してはならない、ということですね」

しかし、弁護士会としても財田川事件は全面的に支援するということで四人の弁護人を選んだ。矢野さんも少し遅れて弁護人に選任されたが、弁護団としては纏まりにくいものだった。新たに組まれた弁護団で即時抗告を闘うことになったが、矢野さんは日本弁護士連合会（日弁連）にも支援を要請した。

一九七四年一二月に抗告が棄却されて、弁護団はすぐに最高裁に特別抗告を申し立てた。そして七六年になって、日弁連が支援を決めて七人の弁護士を財田川事件の担当にあてた。このうちの一人が猪崎弁護士だった。

「まず、七人の弁護士で現地調査をしました。現場、谷口さんの自宅、兇器を捨てたという財田川。東京、関西からの弁護士さんが多かったので私が案内しました。それから高松市内の旅館で会議を開きました。皆さんの気分としては、最高裁の棄却を待って、第三次請求を頑張る、というようなことだったと思います」

しかし、予想は覆った。この現地調査の二週間後に最高裁が差戻し決定を出した。この決定はマスコミでも大きく伝えられた。弁護団にとっても谷口さんにとっても待ちに待った朗報だった。が、ここで弁護団にとっては組織上の問題が発生した。差戻し審をどのような態勢で闘うのか。最高裁まで担当してきた弁護団と新たに日弁連から選ばれた七人との合同弁護団を組むというのが順当だが、矢野さんがそれを認めなかった。

「弁護人の選任は、最後は請求人本人が決めるんですね。それで私は谷口さんに拘置所まで会いに行きました。でも谷口さんは四人(高松弁護士会からの弁護人)については『勘弁してください』というんです。矢野先生は命の恩人です。その矢野先生が駄目だというものは駄目なんです、といわれましたね」

抗告審を闘った四人の弁護士が差戻し審では外れることになった。

「矢野先生が四人の方に個人的な怨みを抱いていたというようなことではありません。やっぱり、弁護士会の出した処分に怒りを感じていらっしゃったのでしょうね」

杓子定規に処分を下した弁護士会に対して、矢野さんは古巣の裁判所と同じ体質を感じ取ったのではなかったか。こうして、すっかり弁護人の入れ替わった新たな弁護団によって差戻し審が始まった。継続して弁護団に残ったのは矢野伊吉弁護士と田万廣文弁護士(第一審から谷口さんの弁護活動をしてきた)だけだった。

「最高裁がいくつかの疑問点を出していました、それが中心になります。それと『古畑鑑定』をどう弾劾していくかですね」

若手弁護士には大いにやりがいのある仕事だったが、困ったことが一つあった。

「原記録に当たるんですけどね、調書が全部、筆で書いてあるんです。特に検面（検察官調書）は達筆すぎて、まったく私には読めませんでした。公判調書はペン書きでしたが、これはひどい悪筆で、やっぱり読めませんでした」

「どうしましたか」

「私の母が読めるんですね。母の家に持って行って、全部母に書き直してもらいました」

「他の弁護士さんはどうしたんでしょう」

「北山先生（北山六郎弁護士＝元日弁連会長、故人）なんかはすらすら読めたと思います」

「矢野さんはどういうお立場だったのですか」

「矢野先生は、そのころにはもう弁護団会議にはほとんど顔を出しませんでした。法廷には必ず出ていらっしゃいましたね」

七二年に脳卒中で一度倒れてからは、歩く時には家族の助けを借りながら杖を突いていた。また話すことに少し障害が残って、法廷で発言をする場面では聞き取りにくいこともあったという。

「谷口さんはどんな方でしたか」

「一七三センチですから、当時としては大きい方でしたね。拘置所に打ち合わせで何回も行きましたが、常識的な人でした。物分りがいい、無理を言わない。ある記者から、再審が始まって法廷に出たら、叫びだすようなことはないのかって聞かれましたよ。あの頃は死刑囚の再審なんてほとんどありませんでしたからね。傍の人間の見る目はそうなんだと思いました。落ち着いたごく普通の人でしたね」

「逮捕される前は相当な不良でした」

「確かに。荒んだ時代で男子は、みんな多少はワルだったんですけどね。谷口さんにも悪い仲間がたくさんいました。讃岐は『五反百姓』といって、平地がないもんだからどの家も貧しかったんです。百姓だけでは食べていけないので、皆、働きに出たんです」

「お兄さんは警察官でしたね」

「事件が起きてすぐ辞めました。真面目な人です。一度、弁護団会議をしている高松の旅館に来て、『何かの足しにしてください』と言って一万円を置いて行ったことがあります。辞めた後は、日雇い作業にも出たり、色々な仕事をしたと聞いています。奥さんも工場に働きに出ていました」

「冤罪だということがだんだん分かってきて、地元の空気は変ったのですか」

「むずかしいね。一度、新聞社の勧めで、財田で住民集会をして、その席で事件の説明をしたことがありました。話が終わったあとで、一人の男性が『でも、誰かがやっとる。犯人が絶対いるんだから』と言っておられましたね。それから私に向かって『あんたはそういうけど、無罪になっても灰色なんだろ』という人もいました」

無罪判決後、谷口さんの兄は、弟が住むためのプレハブを実家の庭に建てたが、谷口さんはそこでは暮さず、琴平に出た。

「やはり、居づらかったのですか」

「そういう面もあったかも知れませんね。逆に聞きますけど、他の死刑再審の方々は故郷に戻ったのですか」

「四つの事件で、無罪判決後に実家で暮らしたのは、松山事件の斎藤さんだけですね」

「財田でも、無罪判決の後も『本当はどうなんだ』という風聞がいつまでもあったと聞きますね。余談ですけど、財田川事件の担当検事で後に司法研修所の教官になった人がいますが、この人は修習生に向かって『あの事件は谷口が真犯人だ』と言って憚らないそうです。こちらに来て、裁判官になった人からはっきり聞きましたよ」

「この事件全体を振り返って、検察については言うに及ばずですが、裁判所の責任について、どうお考えですか」

「私は、裁判所がだらしがなかったとは考えませんね。ただし、この事件を振り返れば、色々なことが言えます。死刑判決に対して、上告を受けた最高裁は三行半でしたね。その後の第二次再審で、最高裁は一八〇度変わったということですよね。最初の最高裁（の判断）は確かにおかしかった」

「よく調べていない、記録を精査していないと思いませんか」

「そうですね」

この事件で最高裁は二度判断をしている。どちらに焦点を当てるかで、見方も変わる。猪崎弁護士は二回目の判断にピントを合わせている。

「あの裁判長は岸さん（岸盛一）でしたね。岸さんだけでなく団藤さん（団藤重光）も入っていたのかな。新刑訴派といわれる岸さんが裁判長でやった。まあ、あの人がね……」

一回目の間違いを正した、ということになるのだろうか。

「そこで、最高裁が機能したと？」

「そうだと思いますよ」

その後、雑談を交わしたが、筆者と歳があまり違わないのに驚いた。若くして大事件に関わった人の貫禄に負けたのかもしれない。いくつかの資料をお借りして、辞去した。その後、讃岐財田川駅、事件現場、財田川、谷口さんの実家、お墓を廻ってから帰路に就いた。国道沿いにスイカを売る店があったので、入ってそこにいたおばあさんに事件を憶えているか尋ねてみた。「ああ、谷口さんかね」と言っただけで、話は終わったが、その口調は何も含んでいないように明るかった。

再審開始そして無罪判決

差戻し審は一九七七年一一月から高松地裁で始まった。

最も大きな争点は「古畑鑑定」だった。古畑鑑定は、犯行着衣とされているズボンから被害者と同じO型の血液型が検出されたとするもので、有罪判決の決め手の一つとされた（一九五一年六月）。さらに、第二次再審請求審で、再び同じズボンの鑑定を嘱託され、「前回の鑑定で切り取った部位の横に淡赤褐色の血痕が見つかり、鑑定したところ、やはりO型の血液型が検出された」との鑑定書を提出した（一九七一年五月）。

この二つの鑑定結果に疑念を抱いた弁護団は、北里大学の船尾忠孝教授に鑑定を依頼し、次の結論を得た。

一、ケシの実大の斑痕では、量的にせいぜい種族判定（人の血液かどうか）が限度である。したがって、血液型まで検査できるはずがない。

二、当時使用されていた「抗O血清」の性質から判定結果が間違っている可能性が高い。

三、点在するいくつもの血痕を全部まとめて鑑定するという手法は、対照部位が分からなくなり、無意味である。

四、二回目の鑑定における血痕は、色調からして、一回目より後、つまり、かなり最近になって付着したものと考えられる。

船尾鑑定の最後の指摘は、意味深長である。読み方によっては「証拠の捏造」を暗示しているようでもある。

一九七九年六月、高松地裁は再審開始を決定した。裁判所は、船尾鑑定によって古畑鑑定の信用性について、なかでも血液型鑑定の正確さについて、極めて重大な疑問を抱かせるに至った、と判断した。

検察が即時抗告したが、八一年三月に高松高裁はこれを棄却した。検察が特別抗告を断念して再審開始が確定した。

再審公判は八一年九月から高松地裁で始まった。

この日、法廷で傍聴していた作家の鎌田慧さんの文章を引用する。

「午前一〇時。高松地裁、四階の一号法廷で、再審公判がはじまった。裁判長はふたりの陪席裁判官とともに、すでに着席していた。右側のドアがひらかれ、両手錠に腰縄をうたれた谷口被告が、三人の衛士にともなわれて入廷した。裁判長のあとから被告人が入るのは、異例のことである。谷口は弁護人席と裁判官席にむかって深く頭を下げた。

裁判官席の右真下の弁護人席にちいさく座っていた矢野伊吉弁護士は、谷口にむけて柔らかな眼差しを投げかけていた。衛士に腰縄をはずしてもらっていた谷口は、それに気づくとさらに深々とお辞儀をした。

と、矢野はなにかいいかけたが、それは言葉にならなかった。彼は脳卒中の後遺症で歩行と

言語が不自由だった。三年前に病没した夫人の代りに、妹の磯野キヌエが法廷につき添ってい
た。傍聴席は籤を引き当てた聴衆で満員だった」

第一回公判で検察官は三一年前とほぼ同じ冒頭陳述を読み上げた。再審請求審の過程ですでに審理し尽くされた事件に対して、再び、過去に戻り、同じ冒頭陳述が開陳されるという馬鹿馬鹿しさ、壮大な無駄は何とかならないものか。日本の再審制度は不備が多く、時間が掛かり過ぎるという批判はずっと以前からある。冤罪に苦しむ請求人のためにも、再審開始＝無罪と考え、その後の手続きは形式的な書面の提出だけで終わらせるなどの解決策があるはずだ。早急に改善に取り組むべきだ。

話が横に逸れたが、まさしく実態は、再審開始＝無罪なのである。ここで語るべき新たな争点はない。無罪判決が出されるだけである。

八四年三月、高松地裁は谷口さんに無罪を言い渡した。谷口さんは法廷で釈放され、三四年ぶりに自由の人となって裁判所を出た。一九歳の少年は五三歳になっていた。

しかし、この喜ばしい瞬間に矢野伊吉さんの姿はなかった。矢野さんはこのちょうど一年前、谷口さんの無罪判決を聞くことなく亡くなった。七一歳だった。矢野さんは、無罪判決後の谷口さんの生活について心配し、一緒に暮らすつもりでいたと伝えられている。結局、矢野さん

と谷口さんがお互いの顔を見合わせたのは拘置所と裁判所の中だけであった。

この無罪判決について、日弁連の発行した「続・再審」は次のように書いている。

「この判決は、捜査の不当性についてほとんど言及していない。また、確定審の裁判の誤りについても全く言及していない」

さらに谷口さんが嘘の自白に追い込まれていったことについて、

「見込み捜査、自白強要、自白偏重等によるものであることは、誰の目にも明らかであった。これらについて、この判決には一片の反省もない」

日弁連にしては厳しい批評である。

この無罪判決の中には次のような一文がある。これも紹介する。

「今をさかのぼること三十余年前、自白に対する法的な制約のなかった旧刑訴法の画期的改正後間もないころに発生した犯罪であり、現行法の運用に習熟した今の感覚を持って当時行われた本件捜査の在り方をいうことは、結果論のきらいがないとはいえない」

言葉を失う。この判決は、裁判長古市清、裁判官横山敏夫、横山光雄の三人によるものである。矢野さんが聞いていなくてよかった、と思う。

終わりに

「疑わしきは被告人の利益に」という法理がある。裁判の鉄則である。白鳥決定でも財田川決定でもこの言葉が使われた。大切なことだと思う。しかし、無罪を得て娑婆に帰った人に対して、この言葉の意味が誤解されて使われ、その人権を踏みにじっている時がある。

「やったかどうかわからないから無罪になった」のではない。もし、ある人がそう言うなら、ある日、その人自身に向かっても同じ言葉が浴びせられる可能性がある。この国では誰でも、いつでも犯人にされる可能性がある、という意味で。「いや、私にはアリバイがある」とその人は言うかもしれない。でも、谷口さんもそう言ったのだ。しかし、谷口さんのアリバイを証明してくれたのは家族とたまたまその日谷口家に泊まった親戚の夫人だった。警察も、裁判所も「アリバイなし」とした。身内の証言は認められないのだ。

この国の裁判所では「疑わしきは罰する」がまかり通っている。これが実務上の「鉄則」になっている。冤罪を多く取材した結果たどり着いた確信である。「疑わしきは被告人の利益に」などというのはお題目に過ぎない。この財田川事件での裁判所の個々の判断を見ても一目瞭然である。

例えば自白について。「拷問を受けた」と被告人が言う。「いいえ、そんなことはしていません」と捜査官が言う。密室での出来事だ、だから真実は藪の中だ。「判らない」という判断しかありえない。しかし、裁判所は「拷問はなかった」と判断する。例えばアリバイについて。たしかに「身内がかばう」ということもあるかもしれない。そうであれば、やはり「真実は藪の中だ」。しかし、裁判所は「アリバイは認められない」と判断する。では谷口さんはどうすればいい。夜中、自宅で寝ていたことを証明してくれるのは、普通は家族以外にはいないものだ。その日、他の場所にはいなかったのだから、「自宅で就寝していた」という以外の答えは持っていない。そして、その答えを否定されたなら「アリバイなし」を受け入れるしかないのか。受け入れたら、その先は「自白」しかない。例えば「筆跡鑑定」について。東京の専門家は「谷口の筆跡ではない」と言う。鑑識課員は「それは谷口の筆跡だ」と言う。鑑識課員は当然だが警察官である。身内の意見は信用できない、と裁判所が考えるなら「谷口の筆跡ではない」と判断すべきだが、裁判所は鑑識課員の意見を採用した。こんな例は枚挙にいとまがない。裁判所は「中立」ではないのだ。つまり、「疑わしき時」(＝どちらとも判断が付かない時)に裁判所が「被告人の利益」を優先することはありえない。裁判所は「疑わしき時」には必ず「検察の利益」を護るのである。

では、「疑わしきは被告人の利益に」という法理の上での理想を実務に生かす(＝裁判官の判断規準を中立に戻す)にはどうするのか。「疑わしきは被告人の利益に」という理想を一ランク下げて「疑いがなければ、被告人の利益に」あたりを目標にするしかない。「やっていないことが分かったら、もう許してあげてください」。言い換えるなら、「無実なら無罪判決を」というくらいがせいぜいなのだ。せめて、その最低線は死守したい、というのが冤罪を支援する人たちの偽らざる本音である。そして、現実を見渡せば、そのような裁判すら稀なのである。

その意味では、今の日本の裁判制度の中で、再審を闘って「無罪判決」を受ける、ということは「無実の証」を勝ち取ったことに他ならない。そう断言できるのである。

無罪判決を受けた谷口繁義さんは、琴平でその後の人生を送った。猪崎武典弁護士は一度だけ琴平を訪ねたことがあり酒を酌み交わしたが、穏やかで楽しげだったそうだ。散歩が日課で、小さな町では有名人でもあり、車の中などから声を掛けられると手を挙げて答えていた。一人の女性と一緒に暮らしていたという。

二〇〇五年七月、谷口繁義さんは琴平で亡くなった。七四歳だった。

矢野伊吉さんの裁判官を辞めてからの壮絶な人生を間近に見た人がいる。作家の鎌田慧さんはその著書『死刑台からの生還』で矢野さんについて次のように書いている。

「丸亀支部裁判長だった矢野は、谷口の訴えに心を動かした。矢野の前にも、その手紙に心を動かされた裁判長はいた。しかし、最高裁の権威の前で金縛りにあってか、彼はついになんの行動もすることなく日常性に埋没した。しかし、もしも、そのときの裁判長がわたしであったにしても、はたして矢野のように、死刑が確定している見知らぬ犯罪者のために、寝食を忘れ、職をなげうち、あるいは、奇矯な言動として失笑を浴びてなお、救済に奔走したかどうか。そのことを想像するだけでも、身のすくむ想いがする。……

最高裁を死ぬまで罵倒し続けた彼は、裁判制度に絶望しながら、なおかつ裁判の再生をもとめていたのかもしれない。苦学力行によって二六歳にして高等文官試験に合格した彼は、任官したあと『僻地』をまわっていた。学閥に苦しむ、いわゆるエリートでなかったことが、谷口の悲運を見捨てさせなかったのであろう」

矢野さんが大変な苦学を経て裁判官になったことはよく知られている。時として激高することがあったにしても、その懐の深い人柄に誰もが私淑し一目置いていたのである。


最後に矢野さんの文章をもう一つだけ紹介する。それは「弁護士矢野」でもなく「裁判官矢野」でもない。敢えて「名探偵矢野」と呼びたい。法曹の世界で働く人はこんなことはあまり書かない（たとえ情報として持っていても）。矢野さんは少年のころ探偵小説のファンではなかっただろうか、そんなふうにも想像したくなる。

「最後にある人を紹介しよう。近藤武憲氏である。

この人は、昭和二二年二月国鉄に入社し、二四年から二五年五月まで、土讃本線讃岐財田駅に勤務していた人である。

彼は、二五年二月二七日深夜、つまり香川重雄が殺害された夜、駅務係として、二八日午前一時すぎ財田駅を出発する高松発高知行の夜行列車を受持っていた。その彼は、『列車が到着し、やがて出発するまぎわに、駅の東側ホームから突然、黒装束の五尺七寸位の男が姿を現わし、列車に飛び乗って姿を消したのを目撃した。男は頭に黒いマフラーを巻いて目と鼻だけを出していた。切符も無く、改札口を通らず、駅員をまったく無視した態度だったが、その男の、いいようのない雰囲気に気恐ろしさを感じ、なんら咎めることができなかった』という。

彼は夜勤を終えて帰宅し、次の出勤日に香川が殺害されたことを聞いたので、早速、警察署に出頭し『犯人はその男に間違いない』と申し述べた。しかし、どうしたことか、それっきりになってしまったのである。

二〇数年たってから、近藤氏は谷口の無実を主張する私の家をわざわざ訪ねて、この話をしてくれたのである。神は決して谷口を見捨ててはいなかったのだ。

財田川は南へ少し行くと徳島、高知へ抜ける街道に接しており、県境の鉄道沿線で地の利もよく、黒装束の男はそのまま逃走してしまったのである。だからその後、警察は近藤氏の申告があっても、ついに追跡することができずじまいだったのであろう。

この点についてどのような捜査をしたのか、私はその結果を関係者たちに聴きたいのである」

第3章

家族離散

松山事件と斎藤幸夫さん

はじめに

「人殺しの家で製材した木は使わない。それで家を建てたら縁起が悪い」

そういう陰口が聞こえてきた。斎藤幸夫《さいとうゆきお》さんの実家は製材業を営んでいた。父親と長男の常雄さんで家業を盛り立ててきたが、次男の幸夫さんが逮捕されると、次第に商売は傾き、常雄さんは故郷を離れて東京に出た。以後、ずっと東京暮らしである。幸夫さんは一九八四年に雪冤を果たしたが、二〇〇六年に肝臓の病気で亡くなっている。弟が先に死んで兄貴が後に残った。

二〇一四年二月、八王子市内の公営住宅に一人で住む兄の常雄さん（一九二七年一月生まれ）を訪ねた。

「裁判のお金ですね、五反分の畑を町に売りました。町営住宅を建てたんです。一坪、いくらだったかなあ、千五百円じゃなかったかな。当時、裁判費用なんてなかったからね、畑売って費用にしたわけです。全部で一五万円くらいじゃないかな」

掛け算すれば二〇〇万円は超えるはずだが、古い話である。記憶もさびてくる。

「全部、裁判に使っちゃったね」

それでも足りなかったはずである。最初の死刑判決から再審無罪を得るまで、合わせて一一回の裁判を闘ってきた。仲のいい九人兄弟（男五人に女四人）だったが、この事件でお金も根気も使い果たし、全員が故郷を離れた。

「松山事件って、四国の事件ですか」と聞いて失笑を買った、とあるルポライターが書いている。東北の寒村で一九五五年の秋に発生した殺人放火事件である。事件現場の宮城県志田郡松山町（仙台市の北北東三〇キロ）の町名から「松山事件」と呼ばれるようになった。幼い子供を含む一家四人がマサカリのようなもので頭部を割られて殺され、その後、家が放火され全焼したという残忍な事件で、当時は大きなニュースになった。

斎藤幸夫さんの兄、常雄さん

この事件で、隣りの町に住む斎藤幸夫さん（当時二四歳）が犯人として逮捕されたが、今、時を経て振り返れば、単純明快、実に分かり易い冤罪事件だった。①警察は犯人を絞りきれず、②容疑者（と呼べるほど濃い嫌疑はなかったのに）の一人を別件逮捕し、③アリバイを潰し、④嘘の自白を迫った。自白が取れると、今度は、⑤偽の証拠をでっちあげ、⑥都合の悪い証拠は隠し、⑦検察は無理やり起訴し、⑧裁判所はその嘘を見抜けなかった。⑨高裁はきちんと審理せず、⑩最高裁はもっと何もしない。お定まりの冤罪の一本道をそのまま踏襲している。今、ここに挙げた一〇の要素がこの事件では何一つ欠けることなく揃っている。その意味でこの事件は「単純明快」、見え見えの冤罪であった。但し、事件そのものはそれほど単純ではない。後述するが、事件現場からは、探偵小説かと思えるほどに多くの遺留物が見つかっている。それらのひとつひとつが事件を解く鍵のようにも見えるが、警察はそれを完全に放棄している。事件の謎は六〇年近く経った今も何一つ解けていない。例えば、斎藤さんは「お金が欲しくて」犯行に及んだと自白しているが、現場には五千円の現金が燃えずに残っていた。飲み屋などに溜めていたツケが犯行の動機の一つだとされたが、斎藤さんの借金は総額で一万円足らずだった。「怨恨説」が主流だった捜査本部内で、なぜか「物盗り説」の線上にいた斎藤さんに白羽の矢が立てられた。斎藤さんが別件逮捕された時点で犯人探しは終わり、警察は「犯人作り」にまい進した。

単純明快、見え見えの冤罪だったが、裁判官の目にはそうではなかった。警察と検察のでっちあげた偽の証拠（血の付いた掛け布団の襟当て）を、裁判官はむしろ必死になって擁護した。「検察の露払い」とも言うべき役割に徹し、誰の目にも明らかな「でっちあげ」を見抜けず、弁護人の主張を頑として退けた。逮捕から死刑判決、さらに再審無罪判決までの二九年間はつまり、嘘をでっちあげた捜査機関との闘いであると同時に、「見え見え」の冤罪を見ようとしない裁判官の目を覚醒させるための年月だったと言っても過言ではない。

長い闘争の末に、とにかく雪冤は果たされた。だが二九年の長いトンネルから抜け出した斎藤さんに、安らぎは訪れたのか。無罪確定後に斎藤さんは国などを相手取って国賠訴訟を起こし、「この事件は作られた冤罪」であると訴えたが、裁判所はこの訴えを退けた。また、斎藤さんの家族にとってもこの事件は決定的な痛手となった。斎藤さんの父は家業をたたみ、また体を壊して息子の無罪判決を聞くことなく亡くなった。母は長い裁判闘争の間、息子の無実を訴えて日本中を旅して回り、また署名活動のために仙台の中心街に立ち続けた。八人の兄弟は地元で仕事を探すこともできず、離散した。

冤罪は国家の犯罪である。それにも関わらず、本人と家族のはかり知れない経済的な損害、精神的な苦痛に対して、国家は一切責任を取らない。二〇〇六年七月に斎藤幸夫さんは亡くなっている。

事件

一九五五年一〇月一八日未明、宮城県松山町の小原忠兵衛さん宅で火事があり、藁ぶきの住宅が全焼した。焼け跡から、忠兵衛さん(五三歳)、妻の嘉子さん(四二歳)と子供二人(九歳の女児、六歳の男児)の遺体が発見された。四人とも頭部にマサカリのような刃物で何回も切りつけられた痕(割創)があり、警察は殺人放火事件として捜査本部を設置した。比較的暮らし向きのいい家が多い集落内で、小原家だけがかなり貧しかったため、「物盗り」の線は薄かった。

一方、警察の聞き込みによって、妻の嘉子さんがかなりの数の男性と付き合っていたことが明らかになり、そこから数人の容疑者が浮かび上がった。

中には、父と子がともに嘉子さんと交際している、と噂される親子もいた。残忍な殺害の手口から見ても、「痴情のもつれ」の線が有望視されたが、なぜか捜査はそれ以上進まなかった。一方で、小原家が家の改築を進めていたことから、その支払いのための現金が自宅にはあったはずだ、という推定から「物盗り」説も完全には消えなかった。

「物盗り」の線上に一人の容疑者が浮かんだ。斎藤幸夫さんは当時二四歳、製材業を営む斎藤家の二男坊で、生真面目な兄弟の中では、一人だけ仕事にも熱が入らず、よく遊び歩いていた。このため事件直後から素行不良者として警察に目を付けられていた。ちょうどこの頃、斎藤さんは遊興費に困って自宅からお米を盗み出し、それを売って酒代にしたが、それが父親にばれてしまうという出来事があった。斎藤さんは家に居づらくなり、友達と一緒に東京に出て行った。それがこの事件の九日後のことだった。斎藤さんは以前にも東京で半年ほど働いたことがあったので、東京まで行けば、働き口も何とかなるだろうという軽い気持ちだった。ところが、この東京行きが嫌疑を深めることになった。犯行後の「高飛び」と見られたのだ。

そして、もう一点、警察が調べたところ、殺害された忠兵衛さんの妻、嘉子さんが事件の二日前に改築用の材木を斎藤さんの実家で購入していることが分かった。これは事実だ。警察はこの事実から「斎藤幸夫は家にいて嘉子さんを見かけ、小原家が改築しようとしているのを知った」、つまり「今なら小原家には金があるに違いない、と斎藤は考えた」、そういう物語を組み立てた。これはまったくの想像だ。斎藤さんはその時、家にはいなかったのだから。しかし、警察は組み立てた筋書通りに、斎藤さんの別件逮捕（知人への暴行）に突き進んだ。

後に明らかになるが、事件後一か月余りが経った、一一月二五日の捜査本部検討会で、捜査員による無記名投票が行われた。その結果、多数が「痴情による犯行」との見方を取り、その有力容疑者として嘉子さんと関係のあった男性の名が挙がった。一方、「物盗り」の容疑者として、斎藤幸夫さんの名が挙がったが、検挙は慎重にすべし、との意見が出された。しかし、この検討会の後に行われた幹部の打ち合わせ会議で、斎藤さんを別件逮捕して調べるという方針が決定された。この時、斎藤逮捕に賛成したのは一〇人の幹部のうち一人だけで、九人は否定的であったという。

事件発生から一か月以上が過ぎ、迷宮入りが囁かれ始め、捜査本部は焦っていた。しかし、それにしても、なぜ、捜査の的は（多くの捜査員が懐疑的であったにも拘らず）斎藤さんに絞り込まれていったのか。捜査の進め方についてのこの不可解な謎も未だに解明されていない。

別件逮捕から三日後に斎藤さんは自白に追い込まれた。しかし、ここにも警察の罠が仕掛けられていた。取り調べの状況について斎藤さんは「頭ごなしにどなりつけられたり、ひたいを強く小突かれ……やったと言わない限りいつまでも出さぬと言われた」「こんなことを毎日やられたんでは頭が狂ってしまうんではないかと……」などと語っている。そしてこんな状況の時に、斎藤さんに助言する者が現われた。留置場内で同房にいた前科五犯の男から「やらないことでもやったことにすればよい。裁判のときに本当のことを言えばよい」と言われ、斉藤さんはこれを真に受けたのである。そして、その後、嘘の自白を始めた。他の房が空いていたにも関わらず、同じ房に入って来たこの男が、実は警察の回し者＝スパイだったことが、やがて明らかになる。警察は否定し続けていたが、後に、再審請求の審理の中で、この男の供述調書八通が証拠開示され、この中で、斎藤さんの房内での言動を毎日詳細に報告していたことが判明した。まさに警察は、犯人を捜すのではなく、作っていたのだ。

裁判

一九五六年二月、仙台地裁古川支部で裁判が始まった。斎藤さんは「公訴事実は全部違いますす。私はそういうことをしたことがありません」と述べて無罪を主張した。この裁判での証拠は、①自白。②斎藤さんが寝ていた（とされる）掛け布団の襟当てに付いていた（とされる）血痕。この二点だけである。「襟当ての血痕」は、この裁判の最大の争点であり、当初は「有罪の決め手」とされ、最後は「捜査機関のでっちあげ」と認定された。これについては後に詳しく見ていくこととして、まず、自白が有罪の証拠となりうるのか、それを見てみる。

最初の自白調書を要約すると、

「その夜（一〇月一七日から一八日にかけて）、私は友人と飲んだ後、（鹿島台駅を降りてから）ぶらぶらと小原忠兵衛さんの家に向かった。なぜかと言えば、その二日前に忠兵衛さんの奥さんが私の家で材木を買ったことがあり、その状況から家には二〜三万円くらいの現金があるだろうと思ったからである。忠兵衛さん宅に着くと、家は電燈がついていて、施錠もしてなかった。玄関から入ると、たたきに続いて六畳間、その奥に家族の寝ている八畳間があった。顔も知っているし、騒がれても困るので、最初に殺してから金を取ろうと思い、刃物がないかと捜すと、玄関の横の岩くど（＝かまど）の後ろの土間のところにマサカリがあった。殺した順序は、忠兵衛さん、奥さん、男の子、女の子である。中腰になって、忠兵衛さんと奥さんは三〜四回ずつ、子供たちには四回くらい、頭部を叩いた。それから箪笥の中を探したがお金はなかった。証拠を残さな

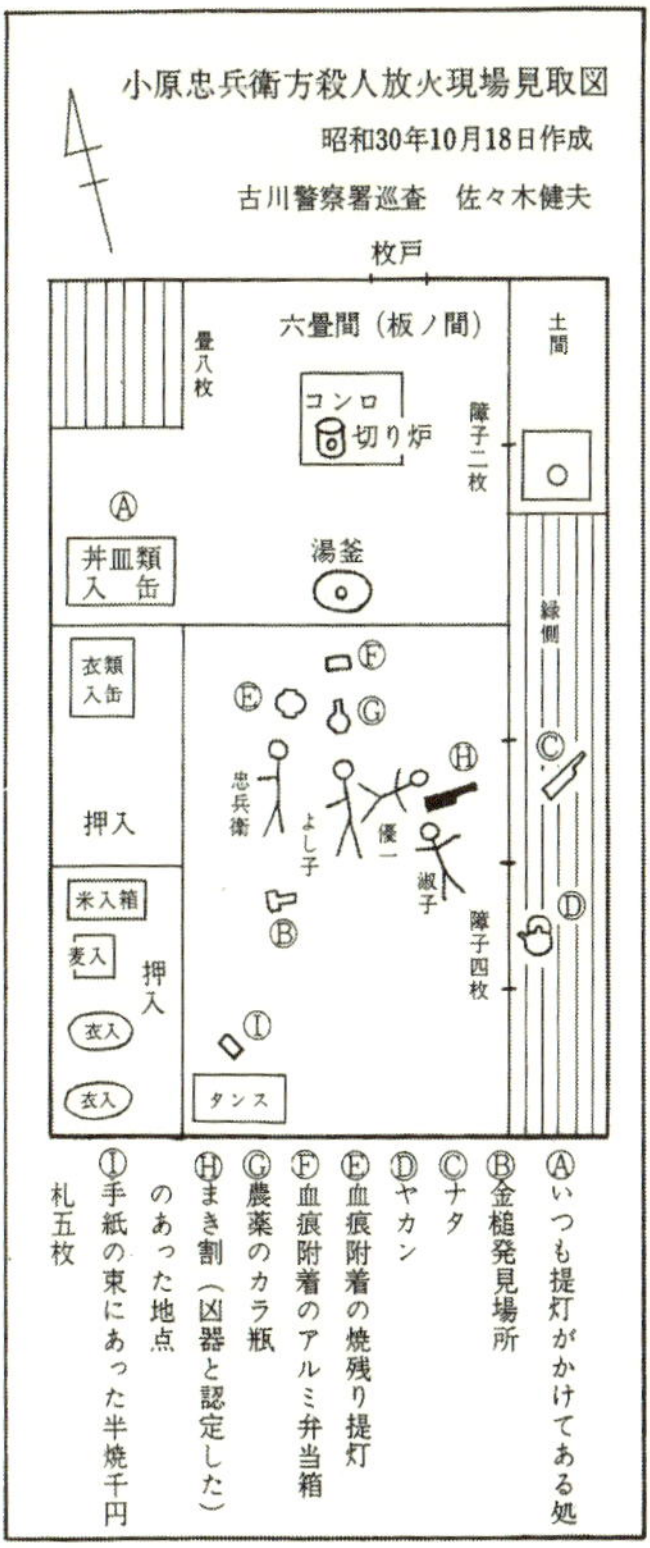

事件現場の見取り図

いために、外の小屋から焚き付け用の杉の葉を持ってきて、火を付けた。外に出て、火がつくかどうか二〇分くらい見届けてから自宅に戻った。午前六時位だった。その日はジャンパーと徳利セーター、ズボンだったが、案外、血痕はつかないようで、途中の用水池で洗い落とした」

筆者はこの供述調書を読んだ時に、袴田事件の自白をすぐに思い出した。袴田事件も、一家四人が惨殺され、その後、放火される事件で、これもまた典型的な冤罪である。二つの事件は非常によく似ている。袴田巌さんの自白では、たった一本のくり小刀で四人を順番に殺害していく、ということになっているのだが、そこでは、一番目の人が殺される間、二番目の人は順番を待っているかのように何もせず、じっとしている。まるで映画の撮影のようだ、と読みながら思った。斎藤さんの自白調書もまったく同じ匂いがする。父親が殺され、次に母親が殺されるのを、子供たちは黙って横になったまま待っていた、そういう自白である。刑事が無理やり作り上げたシナリオにそって、話を進めるからこんなことになるのである。どこが無理やりかと言えば、どちらも、現場を吟味すればすぐに分かることだが、これは「複数犯」による事件である。どちらの事件でも、警察は最初の段階では、それを視野に入れていた。ところが捜査が進まない中で、無理やりに容疑者を絞り込んで行ったから、こんなことになったのである。つまり、何人かの犯行を「単独犯」にして辻褄を合わせようとするから、被害者はじっとして、殺される順番を待っている、というような不自然な自白ができるのである。最初からシナリオは破綻しているのだ。

家の間取り、箪笥などの位置、夜間も施錠はしないこと、家には電燈が一灯しかなく、夜は点灯したままで寝ること、これらはすべて、当時一六歳の小原家の三女（近くの鮮魚商に奉公に出ていて難を逃れた）が警察の取り調べに対して詳細に語っている。この内容と斎藤さんの自白の内容は「ほぼ完全に一致」している。一致し過ぎている、とさえ言える。本当の犯人が、ここは六畳、ここは八畳と考えながら犯行に及ぶだろうか。斎藤さんの自白に、「電燈はあまり明るいものではなく四十燭光位と思います」という部分がある。「燭光」は「ワット」と同じ意味で使ったと思われるが、斎藤さんは別のところでは「四〇ワット」と言っている。だが、三女の事件発生直後の供述調書には「四十燭光の電灯」と書かれている。この記述をそのまま借用したのではないか、その疑いは濃厚だ。

一方、自白には「供述の変遷」も多い。供述がくるくる変わるということは、その供述が信用できないということとほぼ同じ意味である。そのいくつかを紹介する。

①「ぶらぶら歩いて……瓦工場の前を通って……（忠兵衛さんの家に向かった）」（一二月六日）

⬇「そのまま忠兵衛さんの家に行っては早いと思い……（途中の瓦工場に寄り）その釜の中に入り藁の上に腰かけたり、あお（仰向け）になったりして暫く休みました」（一二月八日）

釜の中で三時間、暇つぶしをした、と自白は変遷する。鹿島台から忠兵衛さんの家まで、どんなにゆっくり歩いても一時間以上は掛からない。出火時刻の午前三時半から逆算すると、忠兵衛さんの家にそんなに早く着いたのでは辻褄が合わない。会わない辻褄を無理やり合わせるために「三時間の暇つぶし」を後から付け加えたのである。しかし、「瓦工場の前を通り過ぎて」から「瓦工場の釜に入って」への変更は、記憶違いでは済まされない。

②「血痕は案外つかないようで……」(一二月六日)

➡「……ズボンにさわりましたらヌラヌラとしたのでズボンに血がいっぱいついていたと感じたのであります」(一二月七日)

たった一日で、正反対の供述になった。「ヌラヌラ」というのは手の平の感触である。これが、本当に斎藤さん自身の感触を語ったのだとすれば、最初の自白にあるような「血痕は案外つかないようで」とは決してならない。裁判官が「迫真の供述」といって褒める(自白の信用性の根拠にする)のを捜査員は心得ているのである。

③「(凶器になる物を探していると)玄関のところに置いてある岩くどの後ろの土間のところに(マサカリがあった)」(一二月六日)

➡「マサカリは岩くどのうしろの縁側の続きの板の間のところに置いてありました……」(一二月七日)

➡「よく考えてみますと、間違って御説明したことがありますから申し上げますが、それはマサカリの置いてある場所であります。……本当は(家の外の)風呂場の前の壁に柄を上にして立てかけてあったのを見つけて持っていったのであります」(一二月九日)

マサカリの置いてあった場所に関して、決定的な間違いが露呈する。これによって、自白全体の嘘が「バレタ」と言っても過言ではない。「玄関横の岩くどの後ろ」という自白はなぜ、崩壊したのか。二度までも詳しく述べているのに。実はこの日（一二月九日）、斎藤さんも立ち会って現場検証が行われている。そこで、とんでもないことが分かった。「岩くどの後ろの縁側の続きの板の間」へは、玄関からは行けなかった。もちろん見通すこともできない。何故か、玄関と板の間は壁で仕切られていたのだ。そこに行くには四人が寝ている八畳間を通って、縁側に出なければならなかった。取調室で見取り図を見ながら作文をしている時点では刑事も気が付かなかった。現場に行って見て、そこに壁があったことが判明したのである。斎藤さんが犯人だとしたら「壁抜け」の手品師だと言わざるを得ない。見取り図だけに頼って自白を誘導していた刑事の取り返しのつかないミスだった。しかし、こんなでたらめすら、裁判所は見抜けないのである。

どこから読んでも信用性のない、怪しい供述調書である。真犯人の自白とはとても思えない。だが、一審判決は検察の主張の丸写しである。羽田実裁判長は何も吟味せず、検察の主張に何も加えず、そのまま判決文としている。自白の信用性にも一切触れていないが、この時代にはこの手の判決は珍しくない。さらに、一審の裁判所は、弁護人が重ねて接見禁止の解除を申し立てているにも関わらず、これを無視し続け、死刑判決後にようやく解除した。

控訴審判決は、若干だが「自白の信用性」について吟味している。しかし、それらはすべて

「経験者でなければよく述べ得ないところである」という紋切り型の判決文で締めくくられている。門田実裁判長以下三人の裁判官は、取調室の実態をまったく知らないか、知らないふりをしているとしか考えられない。本当の犯人には、現場が六畳か八畳か、電球が四〇ワットか四十燭光か、そんなことを見ている暇もゆとりもないはずだ。この自白調書の通りに語ることができる人間は、現場検証に立ち会い、遺族から話を聞き、その記録を手元に持っている人物、つまり、取調室で斎藤さんの目の前に座っている刑事しかいない。どうしてこんな簡単なことが分からないのか。

控訴審の中で、斎藤さんの両親は「息子のズボンとジャンパーに血痕が付いているかどうかを調べてもらえば、息子の無実がはっきりする」と裁判所に対して上申書を提出した。これにより、宮城県警の鑑識課が行った鑑定結果が法廷に提出された。ズボンからもジャンパーからも、人の血液は検出されなかった。一度付着した血液は、普通の洗濯では落ちない。目で見ただけでは落ちたように見えても、検査をすれば必ず陽性反応が出る。これは法医学の常識である。しかし、これについても判決は「犯行直後に大沢堤の溜池で土を混ぜてゴッゴッ洗ったばかりでなく……」、その後も洗濯したのであるから「血痕班を発見しなかったとて、必ずしも異とするに足りないのである」と自らの思い込みのまま判決文を書き、弁護人の主張を退けた。

斎藤さんは、「血液は付着していなかった」という鑑定結果などから無罪判決を信じていたが、控訴棄却と知り、裁判長が理由を読み上げている最中に「無実の者をどうして死刑にするのか」と裁判官席に詰め寄った。同時に傍聴席にいた母親のヒデさんらも抗議の声を上げたが、門田裁判長はすぐに彼らを退廷させた。

最高裁が無力であることは既に述べた。一九六〇年一一月、上告が棄却されて、斎藤幸夫さんの死刑が確定した。

疑惑の血痕

掛け布団の襟当てには、八五群（およそ二〇〇個）もの血痕が付いていた。それが初めて法廷に提出されたのは、一審の裁判が始まってから一年以上が過ぎてからだった。東北大学医学部の三木敏行医師の鑑定によれば、これらの血痕はA型、またはA型とO型が混在していて、被害者の血液型と一致しているという。被害者の小原忠兵衛さんはO型、ほかの三人はA型である。一方、斎藤さんはB型、他の家族もB型かO型で、A型はいない。つまり、鑑定が正しいとすれば、「この血痕は、犯行後の斎藤が頭や顔に返り血を付けたまま帰宅し布団に入ったため、この血が擦り付けられ付着したものである」と考える以外にない。控訴審判決は「被告人の自白の大綱は掛け布団襟当ての血痕によって決定的に裏付けられている」と言い切っている。この証拠だけで自白は充分信用できると言うのだ。つまり「襟当て」によって、斎藤さんは死刑を言い渡されたのである。

だが、この「襟当て」は最初から胡散臭かった。警察がこの寝具（襟当てが縫い付けられている掛け布団）を押収した時、斎藤家の人は誰もそんな血痕を確認していない。そもそも、警察が布団を押収した日は事件の発生から五〇日後だ。そんなに血のついている布団だとしたら、家族の者が二か月近くも放置しているはずがない。また、警察が布団を持ち帰った後で帰宅した斎藤さんの弟の彰さんは「どうして俺の布団を持って行ってしまったのだ」と間違いを指摘し、後日、警察は別の布団を再度、押収している（その布団は、なぜか、その日のうちに返却された）。さらに、襟当てにそれほど多くの血痕があるのなら、掛け布団そのものにも、枕にも、血痕があるはずだが、まったくないのはどうしてか。また、血痕は、細い棒の先で点々と押し付けたように付着していて、擦り付けられたようにはどうしても見えない。

弁護人は、第一審から「襟当ての血痕は偽造された疑いがある」と主張した。しかし、一審、控訴審、上告審はこの言葉に耳を貸さなかった。それどころか、前述したように、死刑判決の拠り所にしたのである。捜査機関にとってこの「証拠のねつ造」は確信犯である。ちょっとやそっとで「はい、嘘でした」と認めることは絶対にない。捏造の動かぬ証拠を突きつけて、裁判官の誤謬を正し、検察に騙されていることを気付かせる以外には弁護団に勝機はなかった。

松山事件の再審の長い闘いの歴史は次の通りである。

（第一次請求）

一九六一年三月　再審請求　仙台地裁古川支部
六四年四月　請求棄却
六六年五月　即時抗告棄却　仙台高裁
六九年五月　特別抗告棄却　最高裁

（第二次請求）

六九年六月　第二次再審請求　仙台地裁古川支部
七一年九月　請求棄却
七三年九月　原決定取消し、差戻し　仙台高裁
七九年一二月　再審開始　仙台地裁・確定（八三年二月）
八四年七月　再審無罪　仙台地裁・確定

この再審請求審では、特に「掛け布団の襟当て」についての攻防に絞り込んで見ていく。普通には弁護団と検察の攻防を裁判所が裁く、と思われるかもしれないが、実はまったく違う。この闘いは弁護団VS検察＋裁判所連合というのが実態に近い。

第一次再審でも弁護団は、襟当ての血痕は不自然であり、警察の捏造であると主張した。これに対し、裁判所は「……少なからぬ疑問を感ぜざるを得ない。しかし、逆に、このような血痕付着が絶対にあるいは高度の蓋然性を持ってないとは言えないし……捜査官によって工作されたという事実を認めることはできない」とその主張を退けた。百パーセント「ない」と言い

きれない以上「ある」のだという裁判官の得意の論法で誤魔化した。

抗告審の段階で、弁護団は、布団の押収の際に警察が撮影した写真を詳細に調べた。その結果、襟当て部分の写真には、黒い点のようなシミが一か所あり、それに赤ペンで矢印が付けられ「血痕」と書かれているが、それ以外には血痕のようなものは一切写っていないことが分かった。そこで弁護団は撮影時のネガフィルムを捜査機関に提出させよ、と裁判所に主張した。しかし、裁判所の照会に対し宮城県警本部は「この部分のネガだけ紛失した。現在、探している」と回答した。そして、このネガフィルムは最後まで出てこなかった。弁護団は捏造の疑いがますます濃くなったとして、当時の捜査担当者や県警の鑑識技官の証人調べを裁判所に申請した。ところが、裁判所は、この証人調べを不要とした上で、突如、事実調べを打ち切り、そのまま抗告棄却の決定を出したのである。まさに、検察の番犬としか言いようのない裁判所のふるまいである。もちろん、この時も最高裁は何もせず、特別抗告も棄却され、弁護団はすぐに第二次の再審請求を申し立てた。

第二次再審請求で弁護団は、「襟当て」の捏造と合わせて「ジャンパー、ズボンの血痕」を闘いの大きな柱とした。そして、この衣類の鑑定に関しての法廷での尋問から、「襟当て」に関する、まったく新しい事実が浮かび上がるのである。

斎藤さんのズボンには「最初から血痕はなかった」というのが弁護団の主張である。「ヌラヌラするほどズボンに返り血がついた」という斎藤さんの自白は嘘である、という証明ができれば自白の信用性はなくなり、斎藤さんの無実がはっきりする。弁護団は「フィブリンプレート法という検査法により、自白通りの洗濯をした後でも、血液が付いていたのか、いなかったのか、判定することができる」、そして「この検査法で調べたところ、陰性の反応が出た（＝血液の付着はなかった）」、つまり「衣類には始めから血液は付いていなかった」として、この鑑定をした研究者と、県警の鑑識課技官平塚静夫氏の証人尋問を請求した。

前置きが長くなったが（この件も重要だが）、「襟当て」の話に戻る。この平塚技官に対して、法廷で証人尋問が行われた。そして、弁護人が（ズボンとジャンパーについての質問が終わった後の）補足質問で、「布団を鑑定したことはあるか」と聞いたところ、「ある」と答えた。さらに「敷布団（敷布団は押収されていないので、掛け布団の間違い）を鑑定したが、血痕がどこに付いているか、分からない状態だった」と続けた。これは、弁護団には寝耳に水の話だった。そして、驚愕した。二つの意味がある。第一は、これまで、警察は「布団は押収後、すぐに鑑定を依頼した東北大学医学部、三木敏行医師に手渡した。ほかに鑑定は依頼していない」と言い続けてきた。また、三木医師も、「掛け布団が外部に持ち出されたことは一度もない」と証言していた。しかし、それは嘘で、鑑定書が別にもう一通あることが分かった。そして、第二、その鑑定書は今も検察が隠している、ということだ。「襟当て」捏造の疑いがますます濃くなってきた。

ところが、裁判所（太田実裁判長）はそれ以後の審理をすべて飛ばして、突然、請求棄却の決定書を請求人と弁護人に送りつけて、幕引きを図った。情けない限りだ。検察の番犬という表現すら優しすぎるほどだ。

なぜ、これほど裁判官は「捜査機関の捏造」が発覚することを恐れるのか。なぜ、検察の主張にNOと言えないのか。起訴されて法廷に突き出された被告人は「絶対悪」で、その悪人を捕らえ社会の安寧を図る検察官は「正義の守護者」である、という考え方を崩したら、もう生きていけないということなのか。そんなふうにでも考えなければ、これほどひどい訴訟指揮の理由を説明することができない。但し、これは善意の解釈である。本当は「無罪（再審開始）」を出すのが怖いだけなのかもしれない。最高裁に目を付けられるのが怖いのだ。

しかし、さすがに、このひどさは目に余った。そして、この裁判長のでたらめぶりが、この冤罪事件全体の折り返し点となった。即時抗告審で、裁判所は決定を取り消し、地裁に差し戻した。「……この訴訟手続違反は、再審制度の存在理由ないし目的に反する手続違反で、これは決定に影響を及ぼすことが明らかであり、取消しを免れない」、厳しい調子で地裁の判断を叱った。普通の感覚を持った裁判官もいたのだ。そして、続く差戻しの審理の中で、裁判所は弁護団が請求し続けてきた「不提出記録の開示請求」に対して、初めて動いた。裁判所から検察に、文書による勧告が出され、検察はこれに従って、三六三点の不提出証拠を開示した。この中には、前述した平塚技官の鑑定書も含まれていた。

「襟当て」の捏造について、まとめておこう。

斎藤幸夫さんを逮捕し、嘘の自白を取ったものの、警察は決定的な物的証拠が必要だった。一九五五年一二月六日、斎藤さん自白。一二月八日、布団押収（この日付についても、斎藤さんの家族はもっと早かったと言っている）。一二月九日の供述調書で「（ズボンとジャンパーの）洗濯をする前に、手を洗い、さらに顔にも血が付いたかもしれないと思い、両手を使って顔を洗いました。髪は洗いませんが、或いは血痕が付いていたかもしれません」と斎藤さんに言わせている。さらに「（帰宅後）寝た布団はいつも私が寝ている布団で、木綿物で、布団はのべられていたので布団にもぐりこんだのであります」とも言わせている。①、頭には血が付いたままであること。②、犯行後に自分の布団で寝たこと。重要な二点を自白で押さえ、準備は周到である。

一二月九日に布団は鑑定のため、東北大学の三木医師に交付されたことになっている。これが事実かどうかは分からない。事実だとすれば、布団にも襟当てにも「血痕」はなかった、として一旦返却されたのかもしれない。あるいは、まだ交付されていなかったのかもしれない（事実はこちらだと筆者は考える）。一二月二二日、二三日に鑑識課の平塚技官がこの掛け布団と襟当てを鑑定している（検察はこの鑑定書を二〇年間も隠していた）。鑑定書には「掛け布団の裏側には血痕は付着していない」と書かれている。弁護人が（法廷外で）鑑定経過を尋ねたところ「掛け布団本体のみならず、襟当てについても調べたが、襟当てについては何も調べようがなかったので、特に記載しなかった」と語った。ただし、平塚技官は後に法廷で検察官に質問された時には、「襟当てには一〇個以下しか付いていなかったし……」と言い換えた。だが、この証言はかなり怪しい。なぜなら、血痕が付着している可能性が少しでもあったなら、当然、検査されたはずである。有罪の決め手を見つけることが最優先である鑑識課員であれば、たとえ「一〇個以下」でも、そのまま放置するはずがない。血液は付いていなかった、と考えるべきである。別の可能性として、より詳しく調べるために大学に依頼した、ということは皆無ではないかもしれない。しかし仮にそうだとしても、平塚技官の「一〇個以下」という法廷証言は、三木鑑定に書かれた「八五群(およそ二〇〇個)」とは相容れない。

この平塚鑑定に警察は困ったはずだ。ズボンとジャンパーの鑑定でも血液反応はなかった。これでは、起訴しても公判を維持することはできない。この時に、証拠の捏造が決意された、と考えられる。被害者と同じA型とO型の血液を点々と付着させ、(血液の付いていない襟当てを見ている)平塚技官には頼めないので、東北大学に鑑定を依頼した。これと同時に、無実の有力な証拠とも言える平塚鑑定書は、隠ぺいされることになった。また、押収直後に撮影した襟当て部分の写真も隠された(あるいは秘かに廃棄された)。この捏造と隠ぺいは、当然、極秘で行われた。捜査官とは日頃から付き合いの深い鑑識課技官の平塚氏ですら弁護士から「襟当てに八〇数群の血痕が付いていた」と聞かされた時、心底驚いていたという(法廷でも「思いもよらなかった」と証言した)。

「襟当て」にはほかにも謎は多いが、今となっては、これ以上は解明できない。例えば、東北大学の三木医師は「一二月九日以後、布団を外部に出したことはない」などと、なぜ嘘の証言をしたのか。捏造に加担していなかったとしたら、そのような嘘を言う必要もない。もっと根深い秘密があるのかもしれないが、それも闇の中である。

因みに、東北大の三木敏行医師は法医学鑑定では有名な古畑種基医師（当時東京医科歯科大教授）の後輩である。そして、古畑教授も裁判所からの命令によって、この疑惑の「襟当て」を鑑定している。弁護団が「血痕の付き方が不自然だ」と主張していることに対して、古畑鑑定は「具体的にどのような状況でついたものか明らかにすることは極めて難しい」としながらも「強いて説明すると、血液がある物体、たとえば、人の頭髪などにつき、それが二次的に触れたためできたものと考えられる」と結論付けている。捏造だと分かった上で、現時点から眺めれば「相変わらずの、捜査機関への迎合」と一笑に付すこともできるが、科学鑑定とは名ばかりの杜撰さである。

その後、一九七九年一二月に再審開始決定が出され、八四年七月の再審無罪判決へと続く。しかし、再審開始決定ですら、裁判所は、襟当ての血痕を「捏造」とは断定していない。それを認めずにどうやって、再審を開始できるのかと不審に思われるかも知れないので、その辺りだけを見てみる。

「襟当て」に関する二件の鑑定のうち、鑑識課技官の平塚鑑定について、裁判所は、「押収時の写真に照らしても、一、二の班痕に関する血痕反応の有無ないしは班痕に関する何らかの記述があるべきものと思われ、全くその記述がないことからも、掛け布団本体のみについて鑑定したものと認められる」とし、続いて「押収時に多数の斑痕が存在した事実に疑いを容れることにはならない」とした。平塚技官は、襟当てについて「何も付着していなかったから、何も書かなかった」（法廷では「一〇個以下しか痕がなかったので……」と証言した）と言っているが、裁判所は、「何も書かなかった」のは「調べなかった」ということだ、だから、そこに血痕が「付着していたか、付着していなかったか」は判断できない、とした。この論法で「血痕がなかった」という証拠を潰した上で、さらに「工作がなされたことの疑いを持つべき根拠となる資料はない」ので、「押収時にすでに（東北大の）三木鑑定にいう多数の斑痕があったものと認められ、斑痕の工作の疑いはない」と結論付けた。簡単に言えば、「平塚さんはちゃんと見ていないし、捏造の決定的な証拠もないので、血痕は初めからあった、ということにします」となる。

警察と検察が二〇年以上に亘って「襟当て写真のネガ」や「平塚鑑定」を隠してきた事実、さらに、決定も書いているように、押収写真には「一、二の斑痕」しか写っていないという事実に向き合っていない。ここでも「検察の捏造」とはっきり言えず、逃げ回っている。

では、どのようにして「再審開始」に持っていくのか。ここで、「着衣の血痕」が登場する。裁判所は、新証拠から「ジャンパーとズボンには最初から血痕は付いていなかった」と認め、ここから「ジャンパー、ズボンに血液が付いた」という斎藤さんの自白が疑わしいものとなり、そうすると、ジャンパー、ズボンに血液がついていないのに、頭髪には血液が付着していて、そこから二次的に襟当てに多数の血痕が付いた、ということも疑わしくなってくる、とした。

それなら、やはり「襟当ての血痕」はインチキじゃないか、と言いたくなるが、とにかく、裁判所は「検察の捏造」（決定文は捏造と言わずに工作という）から迂回しながら、「再審開始」を決定した。

八四年七月の再審無罪判決で、はじめて裁判所は「捏造」を認める。

「（三木鑑定は）その付着状況の点から、血痕群が被告人の行動を介して生じたとするにはあまりにも不自然、不合理な付着状況が認められるのである。そして、右物証については、押収、保管、移動並びに鑑定経過に若干の疑義がみとめられ、そのことが押収当時果たして襟当てに右の血痕群が付着していたであろうかにつき払拭できない疑問と、押収以後に血痕群が付着したとの推論を証拠上容れる余地とが残されているのであり、これらにかんがみると、本物証は、これを持って有罪証明に価値のある証拠とすることはできない」

おずおずと控えめに「捏造」だと言っている。「押収以後に付着したとの推論」と回りくどく書いているが、これが、裁判所が検察に対して言える上限なのだろうと思う。それが、検察と裁判所の位置関係を如実に示している。

一九八四年七月、仙台地裁で再審無罪の言い渡しと同時に、被告人の拘置を停止する決定が言い渡された。斎藤幸夫さんは自由の身となった。

巻き込まれる家族

冤罪に巻き込まれた斎藤幸夫さんは、逮捕されたその日から二九年間、獄中に繋がれた。再審を闘わなければ、国家に命さえ奪われるところだった。一方で、娑婆に残された家族にとっても、身内の冤罪は塗炭の苦しみだった。長男の常雄さん、長女のたみ子さんに話を聞いた。

筆者が八王子市内の常雄さんの自宅を訪ねたのは、二〇一四年、旬だった。歩道は雪で埋まり、駅から一五分と聞いていたがその倍以上の時間が掛かり、革靴は中まで水が浸みていた。常雄さんはこの七年前に妻を亡くし、一人暮らしだった。玄関のドアを開けた時にはジャージ姿に裸足で、それを見た時、寒い国の人だなと、何故か思った。

「幸夫ですか。仕事が嫌いで、遊んで出歩いていたからね。だから、(警察に)目を付けられるのも当然のことだと思っていましたけれど」

と言いながらも、顔は懐かしそうに笑っていた。しかし、

「だけどね、やんちゃ坊主というのと、四人を殺すということとは全然違うからね」

穏やかだった声が改まった。

「(事件当日)私は消防団していたもんですから、すぐ、起きたんです。家からは山越えでね、火の手は見えなかったけど、でも、半鐘は聞こえたんです。隣の部落ですね(だから出動はない)。寝る前に小便に行って、弟たち三人は奥の八畳間で寝ていました、縁側を通って行きながら見

たんですよね。だから私は、弟がそんな事件の犯人ではないと分かっているんです」

「でも、逮捕されました」

「あの頃、何度も警官が家に来てね、来たら酒を飲んでいったりして、おふくろも警察とは仲がいいし、そういうあれ（関係）があったので、ね。私もまさか警察が犯人をでっちあげるというようなことは分からなかったし。まあ、家族全員がそうだった」

「自白をした、と聞いた時は？」

「なんて馬鹿なことを言い出すんだろうとみんなで言ってました。そういうこと（無理やり嘘の自白をさせる、ということ）もその頃は分からなかった」

「裁判については？」

「いやー。何でやっていない者が犯人にされるのかな、そればっかりです。私の言うことがまったく認められなかった」

警察に対する素朴な信頼、裁判所に対する素朴な信頼、時代と土地柄を考えれば、長男を始め、家族全員がそのように考えていたことを呑気過ぎると言うことはできない。だが、常雄さんは弟の裁判を闘っているうちに、この国に冤罪があまりに多いことに気付き、ほかの冤罪の支援活動にも積極的に参加するようになった。

「人の事件、他の事件というのは、まだやり易いです。でも自分の事件はやっぱり違うんですね。弟が死刑判決を受けているというのは……」

当時を思い出して、込み上げるものがあるのか。

「やっぱりね。思い出したくないというのが本音です。思い出してもプラスになることはないんだもの。でも、忘れたくても、ね……」

そして最後にこう言った。

「何も起きなければ、一番よかった」

常雄さんは多分、弟の逮捕以来半世紀余り、口に出しても甲斐のないこの言葉を、ずっと胸の内でつぶやき続けてきたのだと思う。


長女のたみ子さん（一九二九年二月生まれ）とは山手線の高田馬場駅で待ち合わせた。この事件によって兄弟の誰もが語り尽くせぬ苦しみを舐めたが、弟の救援活動に何もかも捨てて専念したたみ子さんの行動は壮絶だ。事件当時、たみ子さんはすでに嫁いで釜石に住んでいた。夫は富士製鉄・釜石製鉄所（後の新日鉄釜石）の社員だった。

「その頃は子供がもう三人いて、一番下の子はまだ一歳だったと思います。子供を昼寝させて、新聞を読んでいたら、『一家四人殺しの犯人自供』と出ていました。誰だろう、と思って読むと、鹿島台の斎藤虎治と、まず父の名が目に入った。まさか、あれっと思いながら読み進むと、次男幸夫と書いてある。弟だ。そんな馬鹿なと思ったが、夜になっても寝付けず、主人に言うと『心配だろ、実家に行ってみろ』と言ってくれたので、翌朝すぐに鹿島台に駆け付けた。ところが、実家はのんびりしたもんで、母が割烹着を着て玄関の前で仕事をしている。家の道に入ったところで母が『あら、あんた何しに来たの』って言うから、私は訳が分からなくなっちゃった。そしたらお母さんが『ああ、あんた新聞読んだのか。あれは間違いだから』と落ち着いている。『幸夫はあの日、うちで寝てたんだから』。そういう調子で、だれも本気にしていないので、私も翌日には釜石に帰りました」

斎藤幸雄さんの姉、たみ子さん

しかし、事態は悪い方に転がり続ける。勾留延長、起訴、長い裁判、そして死刑判決。家族は打ちのめされた。悪夢を見ているようだが、これは夢ではない。一年や二年で終わることもない。事件から五年後、最高裁が上告を棄却して幸夫さんの死刑が確定した。弁護人から「再審」があると教えられ、つかの間、ほっと息をつくが、この闘いを止めたら、そこで幸夫さんは処刑される。出口の見えない裁判闘争が延々と続くことになった。

「この事件が離婚の原因ですね」

「それを聞かれると、また泣いちゃいそうですね。でも、そうなんです」

話は再審請求を申し立てたばかりの一九六一年の夏に飛ぶ。

「その日、東京に引っ越していた妹（三女）が釜石に来たんです。（釜石製鉄所内の）地区労主催の集会で、訴えの時間（斎藤幸夫の無実を訴えて、支援を求める）を貰ったので来た、と言いました。夕方になって、妹が家を出ようとしたら、主人が『行くな』と止めたんです。妹が『どうして、お兄さん』と聞くと『話がだんだん広まると、俺の立場が悪くなる』と言いました。妹と私が『そうやって運動が広まれば、幸夫が助かることになる』と言ったけど、『駄目だ』と言って聞きませんでした」

たみ子さんも妹に加勢して、三人で言い合いになったが、どちらも譲る気配がなかった。とうとうたみ子さんが、

「貴方にとったら、血のつながりのない弟でしょうけど、もし、自分の本当の弟だったら、助けてくれるという人がいる時、どうする?」

と言った時に、初めて夫がたみ子さんに手を出した。妹がそれを見て、

「お兄さんの気持ちも分かります。でも、幸夫さんもお兄さん。私にとったら血を分けた兄ですから、殺されそうになっている兄を助けたいです」

と言い残し、一人で家を出て行った。夫婦二人がその場に残された。気まずい沈黙が続いた後に、夫が口を開いた。

「そこまでやるなら、出て行ってくれ」

この一言で、二人とも後戻りできなくなったという。

「その時まで、兄弟の中で、嫁いでいる私だけが幸夫のために何もしていなかったんですね」

そういう後ろめたさがどこかにあったのだろうか。それ以後、たみ子さんは母親のヒデさんと共に救援活動一筋の日々に飛び込んだ。

離婚にあたって、三人の子供をどうするかというのが大きな問題だった。たみ子さんは、この先、収入もなく実家に身を寄せなければならない。そういう状況から、末っ子だけ引き取りたいと考えた。しかし、三人の子供を離れ離れにするのは忍びないという夫の考えに押し切られて、たみ子さんは一人で実家に戻った。

「事件のことはこれまで子供たちにはずっと隠してきたんです。だから、『お母さんにはどうしてもやらなきゃならない仕事がある。三年したら迎えに来るからね』と言って別れました」

斎藤幸夫さんが無罪判決を得るのはそれから二〇年以上先のことである。離婚した翌年、夫は再婚して、子供と共に名古屋に引っ越した。一方、たみ子さんは、支援闘争が本格的になってくると、住まいを東京に移した。東京を拠点にして文字通り日本中を廻り、弟の無実を訴えた。実家に残った母のヒデさんもまた長女と手分けをして、各地の集会に出ては息子の支援を訴え、署名を集めた。

そんな活動漬けのある日、名古屋大学構内での集りに出掛けたことがある。

「何年ころかもはっきりしないんですけど、冤罪の映画の鑑賞会があって、その合間に訴えの時間を取ってもらったんです。『こういうところに出掛けてくる人は意識が高いからやりがいがあるよ』って、私を呼んでくれた人が言っていました。話を聞いてもらって、会場の外に出た時に、後ろから若い女の人が追いかけてきたんです。事件の話だと思ったら、『結婚していますか』と聞くんです。続けて『お子さんはいませんか』と。はい、と答えたら『じゃあ、釜石の人ですね。お子さんは斎藤コウイチ君と言いませんか。私は、高校の担任です』とおっしゃいました。私はびっくりして、でもすぐに『元気ですか』と聞きました」

署名活動も忘れて、子供の消息を尋ねた。長男は元気に学校に出ているという。しかし、よくない話ももたらされた。父親が多額の借金を抱えて自宅は大変な状況だという。その後、たみ子さんが再度名古屋を訪れた際に、この先生が長男と会える機会をつくってくれたが、結局、長男は現れなかった。今のお母さんに悪いから、と言って遠慮したそうだ。

しかし、それから数年後、今度は息子の方から訪ねてきた。ある年の現地調査（支援者らが集まって、事件現場を見たり弁護士から説明を聞いて勉強する）の前日、息子が突然、実家に顔を出した。現地調査を明日に控えて、たみ子さんもヒデさんも準備に忙しくしている時だった。

「驚きました。顔を見たのは八年ぶりでした。二〇歳になっていました」

翌日、息子は現地調査にも参加し、夕方から公民館で交流会が開かれた。

「家族の者が挨拶をするんですね。私は『わが子を捨てて、この運動を続けてきましたが、今日ここに、息子が来ています』と言って息子を紹介したんです。私もみんなも一緒に泣きました」

帰りの電車内で二人だけになって、これまでのことを聞いた。父親は、競艇で借金を作り、取り立て屋から逃げるように家を出て行ってしまった。その後まもなく後妻の女性も子供たちを置いて出て行った。今は、長男が働いて兄弟三人で暮らしているという。

「それで、どんな仕事をしているのって聞いたら、競艇の選手だって、ねえ」

凄まじい話の連続だが、たみ子さんの口から思い出話として語られると、なぜか重苦しくはならない。語り口のせいなのか。どこかでいい方向に変わるのだろうという予感があるからだろうか。しかし、この再会も短いものだった。再審の闘いはまだ終わっていなかった。再審無罪までは自分を捨てて闘うというたみ子さんの意志は固かった。

その後のことを短くお伝えする。高校を中退していた長男は、父親の借金を返済した後、大学検定試験で資格を取って大学に進み、中学校の教師になった。次男は大阪に出て就職したが、五二歳で病死した。三男は東北大学を出て今は技術者として働いている。

「斎藤の家は九人兄弟でしたけど、みな、故郷から出て、ばらばらになりました」

捜査機関のでっちあげによって人生を狂わされたのは斉藤幸夫さんだけではない。両親も兄弟も誰も彼もが、翻弄され、その後の人生を捻じ曲げられた。

「法事で揃うことはあっても、誰も、事件の話は一切しませんよ」

インタビューが終わり、高田馬場駅でご挨拶をして別れた。実際の年齢よりは随分若く見えるし、歩く様子もしっかりしていた。今聞いたばかりの波乱に満ちた人生を、階段を下りていく後ろ姿に重ねて見ようとしたが、そんな影は見当たらなかった。たみ子さんは今、長男の家族と共に都内で暮らしている。重い歯車が何十年もかかってごろっと一回転した後で、ようやく平穏な日々が帰ってきた。

母ヒデさんと幸夫さん

「次男の幸夫はお母さんに甘えてばかりいた」。たみ子さんによれば、斎藤家では、長男常雄はおばあちゃん子、長女たみ子はお父さん子、そして次男幸夫はお母さん子だったそうだ。斎藤幸夫さんが逮捕され、やがて起訴され、事態の深刻さが身内の人々に遅ればせながら理解された時から、雪冤を果たす瞬間まで、誰よりも心配して動き回ったのは、母ヒデさんだったという。長女のたみ子さんと共に、支援活動のために全国を行脚し、労働組合を廻り、集会に参加して息子の無実を訴え続けた。そして、ある時から、地元の支援が弱いと分かると、仙台市の一番賑やかな交差点に立ち、「無実の息子を助けてください」と書いたタスキをかけて署名を訴え続けた。この姿は、街を歩く人々の事件への関心を集めた。寒い日も暑い日も街頭に立ち続ける母の姿は新聞にも紹介され、今も松山事件史の語り草の一つになっている。

斎藤幸夫さんが「無罪判決」を受けて、その場で釈放された時、真っ先に駆け寄り抱きしめたのが年老いた母親だった。斎藤さんは、その後、一人で実家を守っていたヒデさんと共に故郷で第二の人生を始めるのだが、その前に二年ほど、仙台市内の弁護士事務所の一室を間借りして、そこで暮した。その頃のことを松山事件弁護団の青木正芳弁護士に聞いた。

斎藤幸夫さんと母ヒデさん（無罪判決当日）

「釈放後、すぐにお母さんと暮らすつもりだったけど、（田舎には）仕事もないし、どうしようかということになって、この事務所の四階に部屋があるので、ここで暮らしながら事務所の手伝いでもしたら、ということになったのです。正直に言えば、嫁さん探しです。結婚したかったのね、幸夫さんは。それには仙台がよかった」

青木正芳弁護士（一九三五年五月生まれ）は、再審弁護団の中心的な存在だった。釈放後は自分の事務所に斎藤さんを住まわせ、お見合いの世話のようなことまでした。なぜ、そこまで関わったのか。

「無罪を取った後、どうするのか、それをずっと考えていました」

雪冤を果たした人の市民権をどのように回復させていくのか、それが大きな課題だったと言う。青木弁護士は、こ

左から青木正芳弁護士、斎藤幸夫さん、母ヒデさん（無罪判決当日）

の「松山事件」とほぼ並行して「弘前事件」にも関わっていた。そして、斎藤さんより先に「再審無罪判決」を取った。この時の経験が役に立ったそうだ。

「（弘前事件で犯人とされた）那須さんの御兄弟も本当に大変だった。看護婦をしていて、患者さんから殺人者の身内の看護は受けたくないと言われたり、学校の先生をしていたけど辞めてしまった人もいた。そこで、無罪が決まった後、弘前の市長さんにお願いして冤罪の座談会を開いてもらった。さらに、那須さんの冤罪を市政だよりに掲載して、それを市民に配ってもらいました。あとで、街を歩いている時に『那須さん、おめでとう』って言われたそうです。町を堂々と歩くことができました、と言われました」

青木弁護士は、斎藤さんが無罪判決を得た時にも、地元の町長に面会して、どういう形でもいいので、町の住民に、これは冤罪であるということを伝えてほしいと頼んだ。斎藤さんが故郷の鹿島台駅に着いた時、町役場の庁舎に斎藤さんの無罪を祝う横断幕が掛かっていたという。

斎藤さんは、弁護士事務所に間借りしながら、事務所の近くの寿司屋さんで働いたりもしたが、結局、嫁さがしはうまくいかず、故郷に帰ることになった。

免田栄さんや島田事件の赤堀政夫さんが、第二の人生を故郷ではなく、新しい土地で一から築かざるを得なかったのに対し、斎藤幸夫さんは故郷に戻ることができた。その点では、順調な船出のようにも見える。しかし、経済的な面では、生来の浪費好きが災いした。

「お金はぱっぱっと使ってしまうタイプですか」

「そうですね。斎藤さんは捕まる前にも街のお兄ちゃんたちの間では中心メンバーだった。お金を使うことが大好きだったんですね」

と言って、青木弁護士は苦笑した。

斎藤さんは、無罪の確定後、刑事補償金としておよそ七五〇〇万円を交付されている。そこから、弁護費用三〇〇万円、また、青木弁護士の助言で母親のヒデさんに五〇〇万円を渡している。さらに、斎藤さんは兄弟八人全員に対して、長い間のお詫びとお礼を兼ねて五〇万円ずつ配って回った。そのほかにもいろいろな出費があったかもしれないが、それにしても、かなりの金額が手元に残ったはずである。しかし、

「結婚したいということで、付き合っている女性と気前よく食事に行ったり、お金をあげたりしていました。それはやめなさいよ、と言ったこともありますけど。でも、本人のお金ですからね」

浪費好きの性格は、長い獄中生活を挟んでも変わらなかった。むしろ、酒代にも汲々として

いた青年時代に比べれば、この頃は、自由に使えるお金が有り余るほどあった。斎藤さんにしてみれば、突然奪われた青春時代をやり直していたのかもしれない。

二〇一四年の二月末、斎藤さんの故郷を訪ねた。仙台から東北本線の各駅停車に乗って四〇分くらいで鹿島台駅に着く。二〇〇六年に斎藤さんが七五歳で、そしてその二年後にはヒデさんが一〇二歳で亡くなっている。二人が住んでいた自宅はすでに取り壊され、斎藤家の敷地は薄い雪で覆われていた。

「毎日のように、うちさ来てたよ」

すぐ近所に、斎藤さんが毎日のように訪ねていた知人宅がある。吉村利記さんは同級生だった。

「幸夫さんのお父さんは会長さんだったの。今で言えば区長さんだね。私がお父さんの世話でここに家を建てたもんだから、行ったり来たりしてたね。その時に事件がおきたの」

雪冤を果たした後、再び昔と変わらない付き合いが始まり、斎藤さんは吉村家の孫たちともよく遊んだという。吉村さんの奥さんは、

「へっへっへと笑いながら入ってきた。家中が楽しくなったよ。温泉も一緒に行ったりしたね」

そして、やはりここでもお金を使うことが好きだったようだ。

「焼肉さ行こ、と言って皆で食べに行ったり、孫を連れて、塩釜で一番高い寿司屋さんに出かけて行ったり」

ただし、日常生活は真面目で几帳面だったという。ビル清掃の仕事に就き、毎朝五時に起きて自分で弁当を作り、自宅から仙台まで電車で通勤した。正社員ではなかったが、勤務先の評判もよく、体を壊して働けなくなるまで続いた。

「あの人は、頭がいいの。クラスで三番だった。本も読んだし、字だって上手だよ」

「お母さんはどんな方でしたか」

「気丈。気丈の一言だね。庭に草一本ない、ゴミひとつない。幸夫さんもそうだよ、台所なんかピカピカにしてた」

「斎藤さんは、事件や裁判について何か言いませんでしたか」

「それは聞いたことないけどね。刑務所で風呂さ入ってね、みんなの顔ぶれを見て、あーあいつ居ねえなー、この前はいたから死刑になったのかなー、それが一番つらいって、俺もいつかは殺されるって、そんな話は聞いたね」

「亡くなる前の一時期、生活保護を受けていた、と聞きましたが」

「(晩年は)生活は楽ではなかったね、気前はいいけど。銭、使い果たしたんでないの」

「だから、本当の社会復帰というのではなかったんだね。努力はしたけど。若い時の気持ちそのままだもの。大人になれなかった。免田さんなんか、ここに来たことあるけど、落ち着いてたよ。ああいうふうにはなれないべ、あの人は。気の毒だったな」

「最期は?」

「よく知らないけど、玄関叩いても開かないから、無理やり開けて入ったら倒れていたって」

その頃は、母のヒデさんはすでに入院中だった。斎藤さんは一人で暮らしていたが、酒好きで肝臓の状態も良くなかったようだ。母親より先に一族の墓に入ることになった。入院中の母親には幸夫さんの死は伝えられなかった。誰よりも幸夫さんを案じ、先頭に立って裁判を闘い抜いた母親だったが、最期はボケの症状が進み、息子の死を知らないまま、その二年後に亡くなった。闘病中は、しばしば、支援行動の一コマがよみがえるのか、「行かなきゃ」と突然大きな声を出すことがあったという。

国賠訴訟

斎藤幸夫さんと母のヒデさんは、再審無罪判決を受けた翌年、宮城県と国に対して、総額一億四三〇〇万円の支払いを求める国家賠償請求をした。警察（宮城県）と検察（国）の違法な捜査、証拠の捏造、隠ぺいがなければ逮捕されることもなく、裁判所（国）が嘘の自白や、偽の鑑定を認めなければ死刑判決を受けることもなかったはずだ、というごく当たり前の訴えである。しかし、裁判所はこの「当たり前の請求」に対して、他の冤罪事件も含めてこれまでほとんど認めたことがない。この事件では、再審無罪判決の中で、「でっちあげがあった」ことが認定されている。ところがこの国賠訴訟の岩井康倶裁判長は、その判断を覆し「でっちあげはなかった」ことにしてしまった。この判決のでたらめさのいくつかを紹介する。

一、ジャンパーとズボンには、初めから血痕は付着していなかった。

検察は「二回の洗濯によって血痕が落ちたために、血液反応がなかったのだ」と主張した。弁護人は「洗濯では血痕は落ちない。血液反応がないのは、最初から血痕がなかった証拠だ」と主張し、再審の判決は弁護人の主張を認めた。この国賠訴訟で原告（斎藤幸夫さんら）は「血液反応がないと分かった時点で、自白の矛盾が明らかになり、犯人ではないと分かったはずだ。それにも関わらず検察は間違った主張を続け、それが間違った判決を生んだのだ」と主張した。これに対して岩井裁判長は、

「ジャンパー、ズボンが事件当時の着衣であるとは特定できないのであり、したがって、鑑定の結果が原告（斎藤幸夫さん）の無罪をただちに推測させるものとはいえないのである」

と言って被告（＝県と国）の主張をそのまま認めた。被告の主張とは、分かり易く言えば「鑑定したズボンが本当に犯行着衣かどうかはわからないでしょ、捜査員が適当に押収して持ってきたんだから。斎藤が犯行着衣を隠して、別のズボンを差し出した可能性だってあるし。だから、血が付いていなかったくらいで、犯人じゃない、と決まったわけじゃない。検察がそこで、斎藤への追及を止める必要もない」と言っている。この国賠訴訟の裁判官はこれに乗った。たちの悪い詭弁だ。

刑事裁判での検察の主張は、「犯行時には大量の血が付いていたはずだ」「でも洗濯した」

「だから、鑑定しても血液反応がない」という順序だ。この主張は、実は、もう一つのベースとなる主張、つまり「今、調べているジャンパーとズボンは犯行時に着ていたものである」という主張を大前提として成立している。その主張をくつがえすために弁護団は必死に法廷で闘ったのである。これがもし、「犯行時の着衣ではないかもしれない」などと検察官がその時点で口にしていたら、どうなるか。着衣の血痕の有無は争点にもならないし、さらに犯行着衣も発見できない事件なら、公判すら維持できないことになる。だから、捜査段階ではそんなことは口が裂けても言えなかったはずだ。捜査機関は日々、大勢の公務員と巨額の公費を掛けて証拠を集めている。「これは犯行着衣じゃないかも知れない」などと気の抜けたことを捜査員が告白したとすれば、それは、誤認逮捕と同義なのである。犯行着衣が見つからないのは、斎藤さんが隠しているからではない。斎藤さんが犯人ではないからである。

無罪判決が出て、確定してしまった後になったら何を言ってもいいということにはならない。この事件で、検察が本気でそのように考えていたとしたら、それこそ、裁判所を欺いていたことになり、検察の違法性はさらに大きくなる。

岩井裁判長は馬鹿げた県や国の主張に乗って、恥の上塗りをしている。

二、襟当ての血痕は捏造である。

東北大学の鑑定では襟当てに八五群の血液が付着していた。しかし、二〇年以上たって、検察の隠していた「平塚鑑定」が開示され、押収時には血痕はなかったことが分かった。「襟当ての血痕」は捏造だった。再審無罪を出した裁判所も捏造を認めた。これに対し今回の岩井裁判長は、「工作＝捏造はない」とした。「捏造」は、捜査機関の行った捜査と起訴が違法であったということの決定的な証拠であり、この国賠訴訟の勝敗の分岐点でもあった。だから、裁判長はどうしても捏造を認めるわけにはいかなかった。審理を尽くして出した結論ではなく、結論が先にあったのである。

平塚技官が法廷で「（襟当ての）斑痕の数は一〇個以下のような感じがする」と答えたことに関して、判決は「三木鑑定（東北大・医師）にいう八十数個の血痕の存在と大きく異なるかのような供述をしている。しかし……」と前置きした上で、「綿密に観察したのではなく」「正確な記憶に基づくものとは言い難い」などと理由を並べ、「平塚の記憶していた斑痕の数に関する印象が三木鑑定の結果と特に矛盾するとは言えない」と結論付けている。裁判官がここで決定的に間違っているのは、三木鑑定に出てくる血痕は「八十数個」ではない。正確には「八五群」で、およそ「二〇〇個の血痕」である。きちんと記録を読んでいないのか、わざと間違ったのか、それは分からない。だが、「一〇個以下だった」という供述と「およそ二〇〇個」とは大いに矛盾する。どんな人間が見ても、二〇〇個は一〇個以下にはならない。しかし、そうすることでしか「捏造」を否定することができなかった。だから岩井裁判長は「二〇〇＝一〇」という有り得ない算数を判決に持ち込んだのである。この判決は完全に間違っている。

再審裁判で無罪判決を出すのと同様、国賠訴訟で国側敗訴の判決を出すのは、裁判官にとっては出世に響く辛い仕事らしい。岩井裁判長の判決は屁理屈以下で、どこから見ても間違いだらけの判決だが、それでも背に腹は代えられないということなのだろう。

この国賠訴訟の判決文の中で、どうしても許せない一文がある。「語るに落ちる」と言うべきか、岩井裁判長は、冤罪を晴らし、その上で国賠訴訟に臨んでいる斎藤幸夫さんを、未だに犯人だと思い込んでいる。「検察が起訴した人間は一〇〇パーセント犯人である」という呪縛の中で生きている裁判官は、永遠にそこから逃げられない。前述した着衣の血痕に関する判決文の中にそれが如実に現れている。

「しかしながら、重大犯罪の犯人は証拠を隠滅しようとするのが普通であり、犯行により着衣に血痕が付着したなら、もったいないと思ってもこれを廃棄隠匿する場合が多いと思われ、原告幸夫にはそうするための機会はいくらでもあった……」

この裁判長は「齊藤が犯行着衣を隠した」という思い込み＝前提に立って自分の論を展開している。すでに無罪判決を受けた斎藤さんを愚弄していると言わざるを得ない。岩井裁判長の無礼な言葉は、裁判官の品格の無さの証明である。

雪冤を果たした人が冤罪をつくった国家へ向けて抗議の刃を放っても、こういう裁判官たちが立ちはだかって阻止する。考えて見れば、裁判官こそ冤罪をつくった張本人であるから、当然と言えば当然である。自分たちの間違いの尻拭いは自分たちでする、ということだろうか。

このようにして、国はいつも逃げ回り、検察の「捏造」も暴かれることはない。裁判所はその盾としてよく働き、そして、日々冤罪を生み続けるのである。

雪冤後の国家賠償訴訟について、松山事件や那須事件に関わった青木正芳弁護士は、

「冤罪があった、そして無罪判決が出た、それを一つの条件として補償を認める、そういう発想が必要だ」

と言う。冤罪があった＝国家（捜査機関と裁判所）が間違って無実の人を罪に陥れた、それが判明したなら、それだけで国には補償の義務が発生する、そういう考え方だ。しかし、勿論、現状では有り得ない。

「それが、だめだと言うなら、我々はどうしても捜査当局の過失（故意も含めて）を問うことになりますね。それなら、最低限、検察の手元にある記録を全面開示させて、それに基づいて、我々が『ここが間違っていましたね』と言える仕組みにしないと、だめだと思います。今までのように証拠を隠しておいて、『さあ、過失を証明しろ』というのは公平ではないですね」

雪冤後の国賠訴訟は、冤罪がある限り、今後も増え続けるだろう。

終わりに

事件発生から半世紀以上が立ち、事件関係者の多くが亡くなった。冤罪に巻き込まれた斎藤

幸夫さんももう他界していない。真犯人は今頃どうしているのだろう、と考えることがある。まだ、どこかで生きているのだろうか。現場の見取り図を見ていると今もいろいろなことを考えて、真犯人が生きているのなら聞いてみたいことがいくつかある。第一の謎、現金五千円が残されている。半分焦げていたが、手紙の束と共に箪笥の前の床に焼け残っていた。事件と無関係だとは考えにくい。では、どうして、犯人はこのお金に手を付けずに出て行ったのか。第二、枕もとに提灯があった。と言うことは、犯行時は暗かったのか。三女は「夜も点灯したまま寝る」と言っていたが……。第三、凶器と思われるナタとまき割り＝マサカリ、さらに金槌が残されていた。凶器の数からみても、複数犯だと誰もが思うのに、捜査員はなぜ、斎藤さんを逮捕した時に「共犯者がいるはずだ」と問い詰めなかったのか。始めから斎藤さんが犯人ではないと分かった上で、「単独犯行」での決着を図ったのではないか。第四、薬缶やアルミの弁当箱が居間にあるのはまだしも、農薬の空瓶というのはどう見ても怪しい。警察はいろいろ調べたらしいが、結局何も分からなかったそうだ。第五、普段は忠兵衛さんと男の子が一つの布団で、もう一つの布団に母親と娘が寝ていたと言うが、遺体の状況は違う。犯人一味と夫婦との間で殺害される前に口論や悶着があったのだろうか。

どの謎も謎のまま残っている。しかし、この見取り図を見ただけでも、「お金目当て」も「単独犯」も有り得ないと分かるはずだ。斎藤さんの逮捕にほとんどの捜査員が消極的だったのは当然だったと言える。さらに、斎藤さんの自白の中にこれらの謎についての説明が一つもないという事実が、いっそう斎藤さんの無実を明らかにしている。「秘密の暴露」がないのである。捜査員に分からないことは、自白調書の中でも分からないまま、謎として残された。

最後に一件だけ、推理小説の好きな人に伝えたい情報がある。この事件で、奉公に出ていたために、事件に巻き込まれずに済んだ三女がいる、ということは既に書いた。しかし、実は、真犯人はこの三女をも事件に巻き込もうとしていたことが分かっている。火災が発生する前日、この三女は奉公先の鮮魚商の家で、封筒に入った一通の手紙を受け取っている。

「十月十七日はしろこさまのおまつりだ。どうか　ひまさいただいて　かえってこ」

白狐明神の御祭りに、一日だけでも休みをもらって帰ってきなさい、という母からの手紙だった。奉公している鮮魚商と自宅とは三キロしか離れていない。店主も、だめだと言うような人ではない。三女がこの手紙の誘いに乗らなかったのは、その日、鮮魚商の御夫婦に映画に連れて行ってもらい、疲れてそのまま自分の部屋で寝込んでしまったからである。事件はその夜、起きた。一度に家族を失うことにはなったが、とにかく自分一人だけは命拾いした。後

左から斎藤幸夫さん、赤堀政夫さん、免田栄さん

に警察の事情聴取に対して、この手紙のことを伝えたが、その時三女は、自宅には万年筆もないし、筆跡も母のものではないような気がすると供述している。これらの事実は何を意味するのか。真犯人がこの家族全員の殺害を目論んでいたということではないのか。これに関連して、県警本部長が事件後に書いた報告書の中には、「犯人は〇〇〇に違いない」と小原家の親族から訴えがあった、との記載がある。その人物については、直接の捜査は行われなかったことも分かっている。不可解と言うほかない。この事件では、手掛かりも、噂もあふれるほどあるのに、実際の捜査は、いつも枯れ枝のように途中でぽきっと折れる。そして、最後には全く筋違いの斎藤さんの逮捕で幕が下ろされた。半世紀以上が経っても、真相は闇の底に沈んだままである。

斎藤幸夫さんは上告審の時に、最高裁に対して

「自分の手で真犯人を探し、身の潔白を証明したいので、保釈を特に許可されたい」

と請求している。何日か出してくれたら犯人を捕まえて戻ってきますから、と言いたげなそんな勢いである。斎藤さんにとっても、この事件には解き明したい謎が、手を伸ばせば届くかもしれない謎が見えていたのである。斎藤さんは真剣だったが、無論、裁判所は取り合わなかった。

第4章

冤罪警察の罠

赤堀政夫さんと大野萌子さん

はじめに

二〇一三年の夏、梅雨が明けた七月の暑い日に赤堀政夫さん（一九二九年五月生まれ）のご自宅を訪ねた。当時は名古屋市内で、お母さんと二人で暮らしていた。高層住宅の七階の角部屋で、玄関のドアを開け放って風を入れていた。ドアの横に車いすが置かれていた。

「お母さん」と冒頭に書いたが、この人は実の母親ではない。実際には大野萌子さんは赤堀さんより七歳下である。しかし、赤堀さんが大野さんを「お母さん」と呼ぶようになったのは、四〇年近く前、赤堀さんが死刑確定囚として仙台拘置所にいたころからで、それ以来ずっと大野さんは赤堀さんの「お母さん」である。それには理由がある。

「『私でよければ、お母さんの代わりに、なんでも言ってください』と手紙に書いたのです」

それが始まりだったと、大野さんが言う。

大野萌子さんは、当時、電電公社（NTTの前身）の社員であると同時に「精神障害者の差別」をなくすための活動もしていた。そんな中で、冤罪を主張していた赤堀さんの支援活動に加わってほしいと要請された。すでに死刑判決が確定し、再審請求を申し立てていた赤堀さんは、裁判中の精神鑑定で「軽度ないし中程度の精神薄弱に相当する」と鑑定されていた。これに対し弁護団は、この鑑定は担当医師の先入観に基づいていて間違っていると主張した。一審判決は「かかる行為（犯行）はおそらく通常の人間にはよくなし得ない悪虐非道・鬼畜にも等しいものであると言わざるを得ないであろう」として、知能の低い者の犯行に違いないと断定し、一方で、「知能低格（遅滞の程度）はいずれも軽度」であるから「責任能力はある」として、赤堀さんに「死刑」を言い渡した。

死刑判決の確定後、大野さんが仙台拘置所で初めて赤堀さんと面会したのは一九七五年の三月だった。このころ赤堀さんは精神的に不安定な状態が続いていた。

「僕は動物園のサルじゃない」

と大野さんに言ったこともあった。次々に面会に来る支援者の視線にさらされて、見世物になったような気分に陥ったのである。とうとう赤堀さんは過激な行動に出た。

「死刑におびえてね。こんなに苦しいのなら、早くお母さんのところに行きたいと思った」

この「お母さん」とは、実の母親のことである。すでに亡くなっている母親に会いたい、だから早く死んだ方が苦しみから解放されると考えた赤堀さんは法務大臣に宛てて死刑執行の嘆願書を出したという。これには弁護団も支援者も慌てた。再審請求中の死刑囚に対しては慣例として死刑は執行されないことになっている。それにも関わらず、死刑を執行してください、と本人が申し出たのだ。これを知った大野さんはすぐに赤堀さんに手紙を書いた。

「私は、赤堀さんに手紙で『死んでもいいわよ』と書いたのです。『ただし、あなたが天国のお母さんに会いに行っても、会ってもらえませんよ。人の罪を被って殺されてくるような人間に育てた覚えはないと言って、会って下さらないはずです』。それから続けて『赤堀さん、私は、年は貴方より若いけど、お母さんの代わりができるかも知れない。何でも言ってください』と書きました。便箋で一六枚にもなりました」

「そうしたら、次に面会に行った時に、赤堀さんから『お母さん』と言われたのです。その時から私はずうっと『お母さん』なんです」

大野萌子さん

面会は仙台拘置所の時代には交通費が嵩み思い通りには行けなかったが、再審開始決定が出て、赤堀さんの身柄が静岡に移送されてきてからは、手紙のやり取りは一五〇〇〇通にもなった。

大野さん自身も名古屋から静岡市内に引っ越して、毎日面会に出掛けたという。その時以来今日までずっと、大野さんは赤堀さんの年下のお母さんである。

ところで、赤堀さんの書いた嘆願書はどうなったのか。赤堀さんに聞いてみた。

「赤堀、君はやってないんだろ、やってないなら預かっておくって、所長さんが言ったんだよ」

書面を受け取った所長は赤堀さんの弁護団が再審請求中であることを知っていた。結局嘆願書は法務大臣には届けられなかった。

事件

事件は一九五四年（昭和二九年）三月一〇日、静岡県島田市で発生した。島田は江戸時代には大井川の渡し場として栄えた。安藤広重の浮世絵にも登場する宿場町である。東海道線が開通してからは、大井川を下ってくる木材の集散地として発展してきた。事件当日、島田市の快林寺の境内にある島田中央幼稚園では卒業演芸会が行われていた。このため境内には菓子やおでんの屋台も出て、遊び回る子供やその親たちで賑わっていた。そして昼ごろ、七歳の女の子が、舞台に上がる時刻になっても姿を見せないことから大騒ぎになった。職員たちが手を尽くして捜索にあたったが発見できず、夕方警察に捜索願が出された。

警察は付近一帯で大掛かりな捜索を開始した。この結果、目撃者の証言などから女の子が若い男に連れられて大井川に掛かる蓬萊橋を渡ったことを突き止め、その一帯の山狩りを行った。そして、発生から三日後の三月一三日の朝、蓬萊橋に近い通称地獄沢と言われる山の中で死亡している女の子が発見された。

辺り一帯は一面に熊笹が生い茂り、女の子は下着姿で、手で首を絞められた痕があった。また下腹部に裂傷を負っていた。警察は変質者の犯行と断定し、誘拐殺人事件として捜査陣を増強した。その日の午後、近くの河原で法医解剖が行われ、また死体を中心とした半径六メートルの内側で徹底した現場検証が行われたが、犯人像に結びつくような物は発見されなかった。もう一点、当時の新聞記事によれば、事件のあった一〇日夜半よりかなり強い雨が降ったにもかかわらず、女の子の衣類が濡れていないことからみて、殺害されたのは一二日の朝と（警察は）見ている、とのことである。女の子の死亡推定時刻は後に、赤堀さんのアリバイとの関係で非常に重要になってくる。

この事件ではかなりの目撃証言がある。女の子が連れ去られた快林寺の境内から大井川に掛かる蓬莱橋まで、警察は合計九人の目撃者から話を聞いている。子供を除く七人の証言は以下の通りである。

一、中井ナツさん（当時六五歳）。快林寺の近くに住む中井さんは畑仕事に出掛けようとして自宅を出た途端、一間（一・八メートル）ほど前を可愛い女の子が背のあまり高くない二五、六歳の男と歩いているのを見た。中井さんはさらに畑に歩いていく途中で一回、畑仕事をしながら一回、この二人を見ている。三回目に見た時には男が女の子を背負っていたという。丈は五尺二寸（一五八センチ）くらい、鼠色の背広に黒のズボン、労働をする人ではなく勤め人のように見えたという。

二、長谷川睦さん（当時一七歳）。豆腐屋の店員で女の子とは面識があった。配達の帰り道で女の子と男を見た。嫌がったりしている様子はなく、親戚の人とどこかに行くという感じだったと証言している。二五、六歳で五尺二、三寸、服装の小ざっぱりした身ぎれいな男だったという。
三、小林和夫さん（当時二一歳）。駅通りを自転車で走っている時に女の子と出会った。女の子が「パン屋さん」と声をかけ、小林さんは「どこへ行くの」と聞いた。親戚の人とどこかへ行くんだなと思ったという。
四、五、六、河原の工事現場で砂利の採取をしていた男女三人。若い男が女の子の手を引いたり、おぶったりして大井川の河原を歩き蓬莱橋の方へ向かうのを見た。一五〇メートルほど離れているので人相は分からなかったが、この人たちの証言に基づいて後に河原から犯人の靴跡が発見されることになる。
七、鈴木鉄蔵さん（当時六九歳）。最後の目撃者となる人で、蓬莱橋の番人である。当時は橋を渡るのに五円を支払わなければならなかった。午後一時頃、橋番をしながら鋸の目立てをしていると橋を渡っていく男がいたので「おい、橋銭を置いていけ」と言うと、若い男が振り返って、「向こう岸に行ってから親父にもらって、帰りにおいてくる」と言って女の子を連れて行ってしまったという。男の特徴について「労働者のように感じた」「その時の印象で、これは土地の人間ではないと感じた」と証言している。この人だけが「労働者風」だったと言っている。
この事件で、唯一の物的証拠とも言えるのが犯人の残した靴跡である。大井川の河原の砂の上にゴム長靴らしい靴の跡と駒下駄の跡が点々と残っていた。駒下駄の跡は、死体発見現場にあった女の子の下駄と一致したため、靴跡は犯人のものと断定された。警察はかかと部分が馬蹄形になった珍しい形から、神戸の丸熊印のゴム長靴で、大きさは一〇文か一〇文半であると特定した。

拷問王、紅林警部の登場

漫画じみた呼び名だが静岡県下で当時発生した有名な冤罪事件の多くに関わり、「拷問王」のあだ名を持つ警察官がいる。紅林《くればやし》麻雄《あさお》警部はこの島田事件でも捜査に加わっている。紅林警部の捜査手法は拷問によって自白を強要し、次にはその嘘の自白に見合った証拠を捏造するという、手の込んだものだった。

例えば「幸浦事件」（一九四八年）では、一家四人がある日突然行方不明になり「死体なき殺人事件」とも言われたが、迷宮入りかと思われたころに「別件逮捕」で取り調べを受けていた男性が自白を始めた。さらにこの男性の自白通りに砂浜を掘ったところ、死体が発見された。犯人しか知り得ない「秘密の暴露」があったことになり、その自白は極めて信用性が高いと見なされた。しかし実は、警察は自白を得るより先にすでに遺体を見つけ出し、埋め戻してから鉄棒で印をつけ、その後に、被疑者に無理やり案内させていたことが判明した。これらの捏造を指揮していたのが紅林警部だった。

また「二俣事件」（一九五〇年）では、紅林警部の厳しすぎる拷問で「ひぃひぃ」という声が警察署の横を歩く人にまで聞こえたという。それを法廷で告発したのは警察官だったが、裁判所がこの証言を無視して死刑判決を出すと、その直後、この警察官は偽証罪で逮捕された。この裁判は控訴審でも棄却されたが、最高裁が差し戻し、五六年に無罪判決が出ている。

「赤堀さん、紅林警部、憶えていますか」

クレバヤシの名前が出た途端、それまでにこにことしていた赤堀さんの表情が硬くなった。

「憶えているよ。悪い奴だよ。あんな憎いやつはいない。絶対忘れない」

六〇年も前の話である。しかし、赤堀さんは言い終わった後もしばし怒りが収まらない様子だった。思い出したくない顔を思い出させてしまった。

紅林警部やその捜査手法を受け継いだ刑事たちによって島田事件の捜査が始まった。そこでは徹底した「見込み捜査」が展開された。島田市周辺に住む前科者、ヒロポン中毒者、精神障害者、浮浪者、被差別部落民を調べ上げ、強引な取り調べを行った。「何人も自白する人が出る」と言われるほど過酷なものだった。実際に複数の人が自白に追い込まれたが、アリバイが成立するなどして解決には至らず、捜査は難航した。

赤堀政夫さんは事件当時二四歳。警察が作った二〇〇人を超える参考人のリストに入っていたが、そのころ赤堀さんは家を出て放浪生活を送っていたので、地元で大騒ぎとなっていたのに事件があったことも知らなかった。

事件発生から二か月半後の五月二四日早朝、赤堀さんは岐阜県下の鉄道の検問所で警察官の尋問を受けた。名前を聞かれて「本籍静岡県島田の赤堀政夫」と答えたところ、警察官は驚き、「お前が赤堀か」と言ってすぐに派出所に連行し、その場で拘束した。その後、島田署から刑事二人が到着して、赤堀さんは窃盗の疑いで逮捕されたが、逮捕状も示されないままの別件逮捕だった。さらに島田へ連行される途中、赤堀さんは浜松駅で電車を乗り換えることになったが、深夜にもかかわらず、そこにはすでに新聞記者やカメラマンが待ち構えていた。翌日の朝刊には「犯人捕まる」の大見出しが載った。その時点では「容疑者」ですらないはずの赤堀さんが一度の取り調べも受けないまま「犯人」に仕立て上げられていた。

「新聞記者は留置場の中も写真を撮ったんだよ」

赤堀さんは半ば怒りながら、半ばあきれて当時を振り返った。島田署の留置場には高い所に小さな窓があった。外から梯子をかけて、その窓から中にいる赤堀さんの写真を撮ろうとしたのだという。警察署が協力するか、見て見ぬふりをしなければできないことだ。

「怖くてね、ずうっと壁に張り付いていた」

赤堀さんは事件について何も知らなかった。また事件と赤堀さんを結びつける証拠も一切なかった。逮捕の翌日に赤堀さんはいったん釈放された。しかしその三日後、別の窃盗事件で再び別件逮捕された。そして、ここから殺人事件についての取り調べと拷問が開始された。

赤堀さんは二〇歳の時に窃盗事件で逮捕され、懲役刑を受けている。服役後はなかなか定職に就くことができず、浮浪者として廃品を集めながら旅をしたり、島田市内の兄のいる実家に帰ってきて居候をしたりしていた。事件発生の前後については、赤堀さんは三月三日（事件発生の一週間前）に兄の一雄さんから「東京方面に行って、どこか住み込みで働けるところを探すように」と言われ、五〇〇円を貰って実家を出たという。徒歩や電車で東京まで行き、事件のあった三月一〇日は品川、横浜と歩き、保土ヶ谷の神社で野宿をした。その後、再び西に向かい、一二日には大磯の神社で誤ってボヤを出し、警察の取り調べを受けた……などのことを赤堀さんは憶えていた。しかし、大磯でのボヤ騒ぎについては、勘違いをして「平塚警察署です」と、捜査員に答えてしまった。このために、関東地方で放浪していたことを客観的に証明する証拠を自分で潰してしまう結果となり、嫌疑を余計に深めることになった。後に、赤堀さんの兄、一雄さんは三月一二日に赤堀さんが（平塚署ではなく）大磯署で、失火容疑で逮捕されていた事実を突き止めている。

嘘のアリバイを語ったと捜査員から決めつけられ、別件逮捕から二日後、赤堀さんは「自白」に追い込まれた。拷問を受け、トイレにも行かせてもらえず、その場で小便を漏らすような屈辱の中で、自白調書が作られていった。まったく知らない事件について、なぜ、自白ができるのか。後に、上申書の中で赤堀さんが述べている。

「調べ官の人が私に言いましたのです。今ワレワレが事件の話を君にわかるようにクワシク話してやったのだぞ。今度は君がワレワレカラキイタ事件の話をクリカヘシテ話すのだよいいな、君が話していることをワレワレが用シニカキトルカラユックリ言えと言いましたのです」。

裁判

一九五四年七月、静岡地裁で裁判が始まった。赤堀さんは無実を訴えた。この時、裁判長が起訴内容の認否を問い質した際に、赤堀さんが検事から起訴状を取り上げて床に投げ捨てた、という逸話が残っている。日頃大人しい赤堀さんにとっては、思うことも上手く言えず、湧き上がる怒りを表現する唯一の方法だったのではないか。

自白調書の内容は以下の通りである。

「五四年三月一〇日、昼ごろ、快林寺から女の子を連れ出し、蓬莱橋を渡って山の中に入った。午後二時頃、(後の死体発見現場で)いたずらをしようと思い、自分のズボンを下げて、女の子の上になり、自分の陰茎を女の子の下腹部に半分くらい差し入れた。しかし、女の子が泣いたり暴れたりするので、近くにあった握り拳一つ半位の石を拾って、女の子の左胸の辺りを二、三回力いっぱい叩いた。女の子はふーふーと息をしながら目を瞑った。私は、いっそ殺してしまおうと思い、両手を首にあてて力いっぱい押さえつけた」

この自白には多くの矛盾がある。その矛盾が後に赤堀さんの無実を証明してくれることになるのだが、一審の静岡地裁はそうした矛盾を放置したまま、五八年五月、赤堀さんに「死刑」

を言い渡した。以後の裁判の流れは次の通りである。
六〇年　二月　控訴棄却（東京高裁）
六〇年一二月　上告棄却、死刑確定（最高裁）
六二年　二月　第一次再審請求、棄却（静岡地裁）
六四年一〇月　第二次再審請求、棄却（静岡地裁）
（即時抗告、特別抗告とも棄却）
六六年　六月　第三次再審請求、棄却（静岡地裁）
七七年　三月　第四次再審請求、棄却（静岡地裁）
八三年　五月　棄却決定を破棄し、差し戻し（東京高裁）
八六年　五月　再審開始決定（静岡地裁）
八九年　一月　再審無罪（静岡地裁）
八三年に東京高裁が第四次再審請求の棄却決定を取り消して裁判の流れが逆転する。それまで、第一審から第四次請求まで二九年という長い年月が費やされた。この間、赤堀さんはずっと獄中で死刑におびえ続けた。この二九年間に地裁、高裁、最高裁で合計九回審理が繰り返されたが、裁判官たちはことごとく間違い続けたのである。合計で三〇人近い裁判官がこの事件に関わったが、誰一人として真相にたどり着けなかった。職務怠慢の極みである。
この冤罪も特に難しい事件ではない。自白の矛盾さえ解き明かしていけば、赤堀さんが事件に関係がないことはすぐに突き止められたはずである。弁護団の三〇年を越える闘いは、他の冤罪事件と同様、誰にでも分かるはずのことを分かろうとしない裁判官に分かってもらうための時間だった、と言わざるを得ない。

矛盾だらけの自白

赤堀さんの自白の中にある重大な矛盾をいくつか紹介する。これ等はすでに一審段階で弁護人によって指摘されていたものもあるが、その多くは、長期間の弁護活動の中で徐々に解き明かされていった。

一、死亡想定時刻

警察の嘱託を受けて解剖を行った鈴木医師によれば「解剖時点で死後三日」、つまり、遺体は一三日に発見され、解剖されているので、殺害されたのは三月一〇日（女の子が連れ去られた当日）ということになり、自白との不整合はない。しかし、新聞記事にもあるように、一〇日夜半より強い雨が降っていたにも関わらず、被害者の衣服は濡れていなかった。さらに地元の消防団員も、現場一帯ははじめに捜索した場所だが、その時には何もなかったと証言している。一〇日に殺害されたのだとしたら、犯人は遺体を雨に濡れないところに何日か隠していたことになるが、赤堀さんの自白にはそんな話は出てこない。

後に、複数の法医学者が鈴木医師の解剖所見の杜撰さを指摘し、死亡推定時刻は一一日か一二日（解剖時点で死後一一－一二日）だろうと鑑定している。赤堀さんが三月一二日には大磯警察署で取り調べを受けたことは動かし難い事実なので、アリバイが成立することになるはずだ。二、犯行に使われた「石」は本当にあったのか

この事件で静岡県警がでっちあげた一番大きな「捏造証拠」と言っていいだろう。まさに、紅林警部の捏造手法がここに凝縮している。自白をさせて、次にその自白に合う証拠を用意する。裁判所もすっかり騙されて、この石こそ「秘密の暴露」であり、赤堀が犯人であることは間違いない、と言い切っている。

赤堀さんが「石で女の子の胸を殴った」と自白をしたのが五月三一日、翌日六月一日の実況見分の際、死体発見現場でその「石」が見つかった。赤堀さんの自白通りの「こぶし一個半」の大きさの石だった。その二か月半前、遺体が発見された三月一三日に、半径六メートルの範囲内で綿密な現場検証が行われ、何も発見されなかったにも関わらず、今度はそこに「石」があった、というのである。

この石については、その後、弁護団がさまざまな証言を集めている。

（当時の実況見分に立ち会った付近の住人）

「赤堀が捕まった後のこと。警察の人が来て、（犯人が被害者を）たたいた石があり確認したいから立ち会ってくれ、民間の人が一人立ち会わないと困るからということで、その時初めて現

場に行ったのです。現場に着くとあまり探すこともなく捨てた石が見つかりました。それはこぶし大の先のとがった石で落葉の上にありました。……現在考えてみて、そこに石があったのは私としてはおかしいと思います」

弁護団は、この事件の取材に当たっていた新聞記者にも話を聞いている。

「死体発見後間もなく、島田署刑事室で机の上にこぶし大の河原石が置かれてあるのを見たことがあります。石の色は黒味がかったもので、聞くと、それで殴ったのだと警察の人は言っておりました。そのことは当時記事に書いたと思います。河原石か山石かということは、山石は肌が荒いが河原石はむずむずしているので見ると分かります。死体発見の現場には石はありませんでした。小さな石は二つ三つあったと思いますが、それは手の中に握れる程度のものでした」

この記者の言う通り、三月一四日（遺体発見の翌日）の「静岡民報」には以下の記事が掲載されている。

「犯人は暴行を目的とした変質者の犯行とみられ、ヒタイと胸部の打撲傷は石で打たれたもの、顔の傷は野ネズミにかじられたものであることが判明した」

刑事から聞いた話をそのまま記事にしている。そしてこの記事は赤堀さんが逮捕され、自白するより二か月半も前に書かれている。つまり「自白によって初めて凶器が石と判明したもので、犯人による『秘密の暴露』である」（第四次請求棄却決定）という裁判官の判断はまったく間違っていたことになる。さらにこの記者は、その石は「河原石」だったと言っている。赤堀さんの自白では「近くにあった石を拾って」となっている。普通ならそれは「山石」であるはずだ。なぜ、島田署にあったのは「河原石」だったのか。それは本当に現場にあった石だったのか、犯行に使われた石だったのか、という疑いが生じる。

ほかの新聞記者も「石」について、弁護団に語っている。

「死体発見後、多分三日ほど経ってから、蓬莱橋傍の茶店付近で警察の人が手袋をはめた手で、石を紙に包んでいるところを見たことがあります。私が近寄って見ると『だめだ、だめだ』と言われましたので、その時の様子を写真に撮ったことがありました。その石はそれほど大きくなく、角のある三角形の石で色はちょっと茶色味を帯びていました。その石の写真は新聞に出しました。

石は、山にある石とは思いましたが、事件の現場には落葉があっただけで石はなかったと思います。

警察の人はその石が凶器だとはっきり言いませんでした。今考えてみますと、その石は現場にあった石とは考えられず、どこからか持ってきて現場に置いたものか、掘り出してでも現場に持ってきたもののように見えます。ほかの新聞社からも記者が現場へ来ましたが、当時その石に気付いた記者は誰もおりませんでした」

前出の記者は「河原石」で「黒味がかっている」といい、この記者は「山石」で「茶色味を帯びていた」という。明らかに違う石だ。しかし、どちらも「現場にあったものではないと思う」という点では一致している。偽の証拠をでっちあげるために、それに見合う石を捜していた、ということなのか。そうだとすれば「捏造の現場」を記者は目撃したことになる。

だが、「捏造の現場」に居合わせたのは記者だけでない。ほかならぬ赤堀さんが、取調室での刑事たちの「捏造の相談」を聞いている。赤堀さんが提出した上申書の一部を紹介する（本文の多くはカタカナで書かれているが、ここでは漢字と平仮名に変更させていただいた）。

「男は片方の手で女の子の口をふさぎ、近くに落ちていた棒切れを拾って、その棒切れで女の子の胸の辺りを力いっぱい殴ったのだ。女の子は痛さのために苦しがってうんうんと唸ったのだ。生きているので体の上にまたがって女の子の喉首を、両手で絞めつけて殺したのだと言いましたのです。

別の人が横から口を出したのです。君、棒切れで女の子の胸を殴っても死にはしないぞと言いましたのです。何か石のようなもので殴ったのではないかと僕は思うと、前の人が言いましたのです。僕は現場へ行ったが、あの現場には石は一つも落ちてはいなかったぞ、石は落ちてはいなかったよと、言いましたのです。他の人が言いましたのです。君たち、もっと頭を働かせよ。大井川へ行って手頃な大きな石一つ拾ってくるのだよ。それを現場へ持ち帰って女の子の死体の近くに石を置いとくのだよ。裁判官の人たち、弁護士の人たちが実地検査に来た時に、我々の方から石を見せてやって訳を話すのだよ、とこのように話し合ったのです。本署に石を持ち帰ったのです」

この石については、後に法医学鑑定によって「この石で叩いても、被害者の胸にあるような傷にはならない」という鑑定結果が出ている。遺体の解剖の結果、肋骨には傷はなく、一方、肋間筋は挫滅していた。鑑定では、こぶし大の石で七歳の子供の胸部をたたいても肋骨のすき間が小さいため、肋骨に傷を付けずに肋間筋を挫滅させることはできないことが分かった。

三、犯行の順序

赤堀さんの自白では犯行の順序は次の通りである。

①下腹部に傷を負わせた。
②胸を石で叩いた。
③首を締めた。

（死亡）

しかし、警察の嘱託による鈴木医師の鑑定では、被害者の下腹部、胸部の傷の生活反応などから、犯行の順序を次のように推定している（生活反応＝生きている時に傷を負うと出血するが、死亡後の受傷はほとんど出血しない。受傷時の出血の有無で生前か死後かを判断することができる）。

①首を締めた。

（半死状態）

②下腹部に傷を負わせた。

（死亡）
③胸を石で叩いた。
鑑定結果と自白が矛盾したままでは有罪判決は下せない。さすがに一審の裁判長は困り果て、一旦は結審したにも関わらず、弁論の再開を決定した。その上で、東京大学の古畑種基名誉教授に再鑑定を委嘱した。そして、これに応じて提出された古畑鑑定は正に法医学の中立性に泥を塗る「御用鑑定」だった。古畑鑑定は、犯行の順序を「自白通り」であるとした上で、さらに、問題の「石」についても「先端が鈍円をなして突出していることは、本件被害者の胸部の傷を生ずるのに適合するように思われる」として、「凶器である」と結論付けた。第一審の静岡地裁はこの鑑定を受けて（おそらく胸をなでおろし）、赤堀さんに「死刑」を言い渡したのである。

赤堀さんの死刑判決を支えたとも言えるこの古畑鑑定が、いい加減ででたらめであることが証明されたのは第四次再審請求の時である。ただただ検察の主張に合わせただけの偽物だった。複数の法医学者が、古畑鑑定を「でたらめ」であると判定し、犯行の順序については、

（死戦期）
①首を締めた。
②下腹部に傷を負わせた。
③胸に傷を負わせた。

（死亡）

と鑑定した。死亡の時期については二と三の間であるとする鑑定もあったが、いずれにしても、赤堀さんの自白は鑑定結果とは大きく食い違った。また「石」についても、いずれの法医学者も「証拠とされた石では胸の傷はできない」と鑑定した。

靴跡

自白の矛盾を解き明かすだけで、赤堀さんの無実は十分解明されるはずだ。そして、繰り返すが、この冤罪には難しいところはひとつもない。ただ、裁判官がそれを見ようとしなかっただけだ。そして、もう一つ、すぐに「赤堀さんは犯人ではない」と分かる証拠があったのだが、これについても裁判官はきちんと見届けようとしなかった。それどころか故意に無視しようとした。現場に残されていた「靴跡」である。

現場に近い大井川の河原に犯人の靴跡が残っていた。捜査の結果、「丸熊印」のゴム長靴と判定された。一方、赤堀さんはどんな靴を履いていたのか。三月三日に実家を出たその日に、由良町で民家の外に干してあった黒のゴム半長靴を盗み、それを履いていたという。

警察は赤堀さんの逮捕後、半長靴が盗まれた家を割り出し、その半長靴の製造元を確かめた。それは国鉄の指定販売店で購入されたもので「三つ馬印」であると分かった。踵の形はまったく違う。つまり、この時点で赤堀さんの嫌疑はほとんど晴れたはずである。しかし警察はこの捜査結果を隠した。一方、一審の弁護人はアリバイの立証に力点を置いていたため、法廷では「靴跡」の問題はあまり大きな争点にならなかった。

靴跡が争点となったのは控訴審である。検察は当初、裏付け捜査にあたった警察官を証言台に立たせ「現場の靴跡と由良町で盗まれた靴とは同じものだった」と答えさせて、ごまかそうとした。しかし、弁護人の追及が厳しくなると逃げ腰になり、足跡の石膏を開示せよと言う弁護人に対し「紛失した」として開示を拒んだ。裁判所もこれに追従し、弁護人が出した靴跡についての鑑定申請を却下して、靴跡に関して何も解き明かされないまま控訴を棄却した。判決では靴跡については一言も触れなかった。検察と裁判所が結託して事実を隠し、二人三脚で一審の死刑判決を守った。

しかし、靴跡に関しては後にもっと重大な事実が判明した。第四次再審請求の頃である。現場に残っていた靴跡はそもそも「ゴム長靴ではなく、普通の皮靴だった」ということが分かった。東京工業大学の平沢彌一郎教授の鑑定書によれば、現場の靴跡には長靴にあるはずの波型の滑り止めがなかった。かつ、踵の馬蹄形については、普通の皮靴をはき古して、踵の真ん中の空洞部分が露出した場合にはよくあることだと判明した。さらに決定的なのは、赤堀さんの足裏は、長さは二二センチと短いが、足幅は九・七センチ（左）、一〇センチ（右）で、横に広がった珍しい形をしていた。一方、現場に残っていた靴跡は、長さは二五・五センチで幅は八センチ、ごく普通の靴跡だった。横幅が一〇センチもある赤堀さんにはそんな靴は到底履くことができない。現場の靴跡は赤堀さんのものではなかったのだ。

目撃証人

警察が捜査段階で見つけ出した多くの目撃者は、法廷で何と証言したか。犯人と女の子を三度も見たと言う中野さんは「赤堀さんの横顔と似ている」と証言し、橋番をしていた鈴木さんも「似ている」と証言している。鈴木さんはさらに「赤堀さんとは以前から面識があるが、目撃した当時はその男が誰か思い付かなかった。近くの土地の者だと思っていた」と証言した。この証言は、捜査段階で警察官に語った話とはかなりかけ離れている。

当時の供述調書によれば「男は初めて見た人で、どこの人か知らない。口のきき方、態度からして土方でないかと思った。橋銭を払うことを知らない人ではないかと思う、従って土地の人ではないと考えられる」と語っている。

赤堀さんの身柄が岐阜県で確保されて以後、すべてが「犯人は赤堀」に向けて捻じ曲げられていった。報道機関もそれに加担し、未だ被疑者でもなく取り調べすら受けていない赤堀さんの顔写真を、「犯人捕まる」の見出しと共に一面に載せた。その後、嘘の自白が取られ、偽の証拠が作られ、目撃証言すら警察の都合に合わせて変化していった。

八三年五月、東京高裁は第四次再審請求を棄却した静岡地裁の決定を取り消して、差し戻す決定を出した。この時初めて、裁判所によって古畑鑑定のでたらめさが指摘され、「石」についての疑念が指摘され、靴の矛盾が指摘され、目撃証言の不自然な変遷が指摘された。それ以前の裁判官たちが、目の前にあったのに見ようとしなかった、そして、ひたすら抑え込んできた、そういう嘘や矛盾が一気に噴き出した、そんな決定だった。

一九八九年一月、静岡地裁で無罪が言い渡された。その後、検察が控訴を断念して、赤堀さんの無罪が確定した。

無罪判決から四半世紀

二〇一三年の夏、名古屋市内に住む赤堀政夫さんを訪ねた。マンションの玄関先でまず、お母さんの大野萌子さんに御挨拶をした。当時七七歳というお年にも関わらず、背筋の伸びた長身の女性だった。自らの入院経験から、精神障害者の人権問題に深く関わるようになり、保安処分の反対闘争などでは先頭に立って闘った。美貌の論客として知られ、医者や政治家との論争で負けたことがなかったと聞いていたが、そんな活動家のイメージはどこにもなかった（インタビュー中に、その片鱗は拝見したのだが）。靴を脱ぎながら、玄関横の車いすは、赤堀さんではなく大野さんのものだと教えられた。大野さんは去年、骨髄性白血病を発症し、週に一回ずつ、名古屋市内の病院まで輸血に通っている。

「おととい病院に行ってきましたから、今日は比較的状態はいいんです」

輸血から日が経つにつれて体がだるくなり、次の輸血の二日くらい前からは一日中横になっているのだそうだ。

台所の横を通ってリビングに入ると、そこで赤掘政夫さんが迎えてくれた。大野さんとは対照的に、小柄で、かつて積極的に冤罪の集会に出ていたころに比べると随分体重が増えているように見えた。

大野萌子さん赤堀政夫さん

「遠い所から、来てくれたんですね」
にこにこと笑う顔から、私は一瞬、七福神の恵比寿様を連想した。
かなり暑い日で、スイカやらアイスキャンディーが次から次へとテーブルに並び、私もそれを遠慮せず片っ端から頂きながら、夕方近くまでインタビューが続いた。多くは大野さんが語り、時々赤堀さんが相槌を打ったり、補足のように言い足したりして会話は進んだ。
「赤堀さんは無実ですよ。無罪じゃないんです、分かっていますか」

話の口火を切ったのは大野さんだった。こちらが質問するより先に言葉が飛んできた。

「冤罪の取材を重ねてきましたので、それは理解しているつもりです」

「でも、裁判長は『無罪』と言ったんです。それで、その瞬間、赤堀さんは意味が分からなかったんです。毎日毎日『ぼくは無実だ』と言い続けてきたんですから」

その日、法廷で判決を聞いた瞬間、赤堀さんは意味がよく分からずにまごついたのだそうだ。一緒に来ていた刑務官が「もう、拘置所に帰らなくてもいい」と言って教えてくれたという。

「たしかに裁判所は無実とはいいませんね」

裁判所の仕事は「無罪」までである。「貴方に罪は問わない」とまでは言うが、「貴方はやっていない」とは言わない。冤罪をつくった張本人のくせに、いつも大事なことから逃げている。長い冤罪取材の中で、逃げ続けるのが裁判所だと私は割り切っているが、大野さんは直球だ。それを許さない。間違って「お前は犯人だ」と言ったのだから、今度は「貴方は犯人ではありません」といって謝るべきだ。確かにそうだ。でも裁判所はそんなことはしない。

冒頭から根源的な話になったが、インタビューはその日、二五年前の無罪判決から始まる。一九八九年一月三一日、静岡地裁で赤堀政夫さんに無罪判決が言い渡され、その場で釈放になった。その時、赤堀さんは五九歳。三五年ぶりの自由である。

「怖かったよ」

裁判所の玄関を出た所で、あまりの報道陣の多さに足がすくんでしまったという。

「僕はね、お母さんを捜したの」

しかし、娑婆に帰った途端から、赤堀さんは忙しかった。休む間もなく次々に四か所の集会を廻って挨拶を繰り返した。支援者の団体がいくつかあり、また弁護団の報告集会にも顔を出した。その日は静岡市内の公共の宿泊施設で泊まったが、体調を崩した赤堀さんは次の日から市内の病院に入院した。

二週間後、退院した赤堀さんは兄（赤堀家の長男）のいる島田市内の実家に帰った。これらの段取りはすべて支援者の団体が進めたのだが、大野さんは、

「赤堀さんは、ご本人の意思とは関係なく拉致されたのです。私は赤堀さんを盗まれたのです。当時の二人の気持ちとしてそういうことですよ、これは」

表情は非常に穏やかだが、言葉は穏やかではない。怒りがこもっている。横に座っている赤堀さんもうんうんと頷いている。

「毎日赤堀さんに面会に行く、私の役目はただ、会うだけではないのです。カウンセラーでもあったんですから」

「赤堀さんは精神薄弱などではありません、鑑定書はでたらめです。教育障害があったことは事実でしょう。でも、感性は非常に濃やかで、それだけに付き合うのに難しい人ではありました」

赤堀さんの無罪、釈放が迫ってきた時点で、大野さんは精神科医らに助言を仰いでいる。

「一九七二年に横井庄一さんがジャングルから出てきて大騒ぎになったでしょ。あの方は帰国して名古屋に住んでいらっしゃったんです。あの方と同じなんです、赤堀さんは」

横井庄一氏は太平洋戦争で兵士としてグアム島に従軍し、そこで敗戦を迎えた。しかし、それを知らず、決して捕虜にならないという日本兵士の教えを忠実に守り、二六年以上、一人でジャングルに隠れて生き続けた。グアム島の漁師に発見されて保護され、帰国したが、日本中がその事実に衝撃を受け、大きなニュースになった。大野さんは赤堀さんの釈放に当たって、その事件を思い出したと言う。

「高名な精神科医に話を聞きました。『それはね、深い海から突然浮き上がったら人は死んでしまう。それと同じだよ』と言われました。気圧がまったく違うところからいきなり浮き上がったら、肺が壊れてしまうんです。だから、ゆっくりゆっくり少しずつ浮き上がって来なくちゃダメなんです。赤堀さんが釈放されて、この現代社会で暮らすということはそういうことなんだと教えられました」

「再審の判決が迫っていたある日、赤堀さんに言われたんです。『僕は荷物が多いからね、釈放されてもたいへんだ。お母さん、大八車を用意してください』と。分かります？　彼の日常生活は逮捕された日で止まっているんですね」

大八車とは車輪の付いた荷台のことで、それを人が引っ張ったり自転車につないで運んだ。

赤堀さんにはトラックという概念がなかったのだ。

「私は驚いて、悲しくなって、説明する気も失せて『いいわよ、荷物はわたしが取りに来るから』って言ったんです。一事が万事ですよ。この人をいきなりこの社会に放り出したらとんでもないことになる、と思ったのです。第一、お札や硬貨を見たって分からなかったんですよ」

実家に帰ってから半年後、赤堀さんは一人で家を出た。そして静岡市内の大野さんの家に移り住んだ。

「赤堀さん、それは家出ですか」

「家出だね」

「島田から静岡まで歩いて？」

「箪笥の中にお金を隠しておいてね、それで電車に乗った」

赤堀さんにとっては、重大決心で、かつ大冒険だった。

免田栄さんの場合と酷似している。裁判中は兄弟が支援を惜しまず、やっと雪冤を果たした。そして、釈放後すぐに兄弟の待つ実家に戻ったのだが、結局うまくいかず外に出てしまった。その後の生活、という以上にその後の人生を支えたのが一人の女性であるという点も同じだ。刑事補償金に絡んでお金の問題もあった、それも同様である。

大野さんの家に引っ越してきてから、以来今日まで、住むところは幾度か変わったが、赤堀さんはずっと七歳年下のお母さんと二人で暮らしてきた。

「赤堀さんには、とにかくのんびりとした普通の生活をしてもらいたかった、最初はそれに徹しました」

山や野で虫取りをして、川ではザリガニを取って遊ぶ、そういう毎日だったそうだ。

「私がクツワムシを手で取って見せたら大喜びしてくれました」

一五夜の月見をしようと準備をしている時に、赤堀さんが近所で取ってきた花を花瓶に生けたことがあった。

「あまりの鮮やかさにびっくりしました。私はお花の免状もあるんですが、敵わないと思いました」

赤堀さんの描いた絵に舌を巻いた人は大勢いる。冤罪の支援者が赤堀さんのアリバイを調べるために事件発生前後にどんな場所を歩き、どこで野宿をしたのか、獄中の赤堀さんに絵を描いてもらったことがある。その絵を頼りに関東地方を実際に歩いて赤堀さんの足取りを調べた人達は、描かれた絵の写実の正確さと、同時にその記憶力に誰もが驚いたと言う。それは支援者に無実を確信させる大きな力にもなった。

数奇な人生、そして今後のこと

赤堀さんは終始穏やかな表情で大野さんの話を聞いている。

「赤堀さん、どうしても忘れられない出来事というのはありますか」にこにこして黙っている赤堀さんに向かって大野さんが「あの話、してあげたら」と横から口を出した。「あー」と言って赤堀さんは語り出した。「あの話」で分かり合うような話とは何だろう。

「ある日ね、僕が独房にいると、ダッダッダッダッダって刑務官の足音が聞こえたの。一〇人くらいで長い廊下を歩いてきて、その足音がどこかのドアの前で止まると、その房の人がその日、処刑されるんだよ。それでね、その日もダッダッダッダッダって靴音がして、今日は誰だろうなって思っていたら、僕のドアの前で止まった。それから、カチャカチャっていう鍵を開ける音がして、僕の房のドアが開いたんだ。ぼくはびっくりして腰が抜けちゃった。刑務官が僕に『赤堀、お迎えだよ』と言った。その時、保安課長が急いで部屋に入ってきて、その刑務官に何か言った。そしたら、今度はその刑務官が慌てちゃって、それからみんな私を置いて部屋から出て行った。間違えたんだよ、部屋を」

「隣の山本さんという人だったんだ、その日は。でも後で、どこだったか忘れたけど、鏡を見たら、そこに頭の真っ白な人がいるんだよね。『誰』って聞いたら刑務官が『お前だ』って教えてくれた。本当に一日で髪の毛が真っ白になっちゃったんだね」

「ひどい話でしょ。私はすぐに仙台に飛んでいきました。赤堀さんは立ち直れないくらいにおびえていました」

大野さんは和服を三枚持って仙台に行き、毎日着替えて面会に行ったそうだ。それで赤堀さんの気が晴れるのかどうか、そんなことは分からないが、狭い面会室で他にどうやって慰めたらいいのか。さすがの大野さんも気が動転していたのだろう。

死刑の執行についてはもう一つ思い出す話がある、と大野さんが語った。

「再審開始が決まって、赤堀さんの身柄が（刑場のある）仙台から静岡に移されて、最初に面会に行った時のことです。きっと喜んでいるだろうと思ったのですが、そうではありませんでした。面会室に入ってきたかと思うと、赤堀さんはいきなり、男の人の名前を声に出して言うんです、次々に。誰の名前だと思いますか、仙台で死刑を執行された人達です。二八人。全部覚えていたんです。言いながら泣くんです」

仙台に拘置されている時には、死刑執行に関しては面会室で話題にすることすら禁じられていた。心にためていたものが堰を切って溢れ出したのか。

「死刑囚が死刑囚のために泣いているんです」

事件発生から六〇年、再審無罪から四半世紀。もう大昔の話になったと思うが、未だに嫌がらせの手紙は来ると言う。

「名古屋市〇〇区、赤堀政夫だけで手紙が届いちゃうんです」

そんなことを除けば、穏やかな日々だという。

「赤堀さん、毎日どうやって過ごしていらっしゃるんですか」

「手伝い、水汲み、ゴミだし、後片づけ、何でもやるよ」

趣味は連珠（五目並べ）で、ご近所では敵なしだそうである。

赤堀・大野家の経済状況について、大野さんに聞いた。

「このマンションは一〇年以上前ですが、二人が一千万円ずつ出し合って買いました。何もかも二人で折半です。生活費も毎月一〇万円ずつ出し合って、それでひと月暮らすんです。余ったら共同口座に預金します。赤堀さんの刑事補償金はできるだけ減らさないで、二人が死んだら『赤堀基金』を作って、冤罪で苦しむ人たちの支援活動に役立ててもらいたいと思っています」

大野さんは、この前年（＝二〇一二年）に自らの生前葬を行っている。

「これで、私がいつ死んでも、赤堀さんが困ることはありません」

これは、本物のお母さんだな、と納得した。

「赤堀さん、もしお母さんに出会わなかったらどうなっていたと思いますか」

「これだったろうね」

と言いながら、自分の手で首を締める真似をした。

「自殺をしていたと？」

「自殺していたろうね」

赤堀さんの言葉に誇張はないと思った。もし大野さんに出会わなかったら、赤堀さんの人生はどうなっていただろう。それは絶対に考えたくない「もし」である。

追記

この取材の一か月後、二〇一三年八月二七日、大野萌子さんの容体が急変し名古屋市内の病院で亡くなった。七七歳だった。このインタビューの数日後にお電話を頂き、原稿ができたら目を通したいとおっしゃっていた。できた原稿をお送りしたのがその二週間後だったので、その時点では、おそらく長文を読むような体力は残っていなかっただろうと悔やまれる。取材中にも「こんな話をするのもこれが最後」などと笑顔でおっしゃっていたが、その通りになってしまった。

赤堀政夫さんは、しばらくの間この事実を受け入れることができなかった、と彼の近くにいる人から聞いた。外出した折などに、大野さんへのお土産を買っていたという。しかし、その後は落ち着きを取り戻し、静かな日々を送っていらっしゃるとのことである。

第5章

再審開始へ向けて

無実のプロボクサー袴田巖さん

「私の心身は反則によってKOされたまま踏みにじられている。そのKOの底に身を横たえてしまうしかないのか。そして日一日と正義を殺されていくのか。これが私の生である。私の無念とするところである。私の恥ずかしい部分である」（袴田巖さんの獄中からの手紙）

はじめに

元ボクサーの袴田巖さんが強盗、殺人、放火の罪で逮捕、起訴されたのは一九六六年のことだ。以来、被告人として、死刑囚として獄中から出し続けた手紙が姉の秀子さんの家に保管されている。外に向かって開かれた唯一の窓であるこの手紙を通して、袴田さんはずっと無実を訴え続けてきた。

私が秀子さんの家で初めて袴田さんの手紙を見せて頂いたのは、一九九八年の夏。袴田さんの獄中生活はすでに三〇年を超えていた。膨大な数の手紙や葉書は一日や二日で読み切れる量ではなかったが、その一通、一通に私は釘付けになった。一面識もない袴田さんの、怒りを含んだ息遣いがその手紙を通して伝わってくるようでもあり、また、冤罪という不条理に絡め取られた人間の苦渋が行間に滲み出ているようにも感じられた。読んでいるうちにこちらが苦しくなるほどに、その手紙は長い年月を経た今も袴田さんの気迫を放っていた。

当時、私は関西のテレビ局に勤めていて、その年の秋に一時間のドキュメンタリー番組として放送する予定だった。「死刑囚の手紙」というタイトルはその日に決めた。人は、ある日突然、冤罪に巻き込まれる。そして、何かの間違いである、と思いながら待つうち、それが見込みのない希望であることに気付かされる。裁判所すら味方ではない。巻き込まれた渦の大きさと深さに気付いたころにやっと、これは取り返しの付かないところまで来たのかも知れない、と思う。そして死刑判決。袴田さんの手紙が、そのすべてを語っている。冤罪というものに陥れられた人の絶望を、たとえ一端に過ぎないとしても、この手紙を通して理解する事ができるのではないか、そのように考えた。

「調室の壁に絵がかけられていた。警察に来た当初はその絵を見上げると、景色は私の良心に一緒にほほえむものだったが、その景色は以後、悲しげな表情さえあらわした。代用監獄の電灯もすべて輝きを失っていた。物の色はもとのままだったが、以前と違って物すべてのなかに生命が失せていた。食物をみるとむしろ吐き気がした」(一九八一年)

袴田巖さんは一九三六年三月、静岡県で生まれた。六人兄弟の末っ子で、中学校を卒業後、町工場に就職した。小柄で内気な少年は趣味で始めたボクシングで才能を発揮し、国体の選手にも選ばれた。その後、東京に出て、一時期プロボクサーとして活躍し、フェザー級の全日本六位にランクされたこともあった。しかし足の故障から引退し、静岡県に帰ってきた。

プロボクサー当時の袴田巌さん

その後、結婚して子供も誕生したが、経営していた飲食店が倒産し、やがて妻と別居することになった。幾度か仕事も変えた。順風とは言えないが、いつか安定した収入を得て、母や子供と一緒に暮らしたいと考えていた。

しかし、三〇歳の夏、人生を一変させる事件に巻き込まれた。

事件

「神様。僕は犯人ではありません。僕は毎日叫んでいます。ここ静岡の風に乗って、世間の人々の耳に届くことを、ただひたすらに祈って僕は叫ぶ」（一九六七年）

六六年六月三〇日、午前二時頃、清水市（現在・静岡市）の味噌製造会社の専務の住宅から出火し、その焼け跡から一家四人の死体が発見された。専務（四一歳）、その妻（三八歳）、次女（一七歳）、長男（一四歳）の四人で、長女と祖母は別棟にいて助かった。四人の遺体には合せて四〇箇所以上の刺し傷があり、警察は強盗、殺人、放火事件として捜査を始めた。

そして、事件から二ヵ月半後の八月一八日、この味噌製造会社の従業員で、当時、専務宅の近くにある社員寮に住んでいた袴田巌さん（当時三〇歳）が逮捕された。袴田さんの部屋から押収したパジャマから袴田さん以外の人の血と、放火に使われたものとよく似た混合油が検出されたと、警察はマスコミに発表した。専務の家の裏口は東海道本線の線路に面しており、線路を渡ったところにある味噌工場兼社員寮までは、三〇メートルしかない。こうした地理的な関係のほか、袴田さんがもとボクサーであったこと、妻と別居をしていたことなどから、素行不良者とみなされ、警察に疑念を抱かせるきっかけになった。

警察の取り調べに対し、袴田さんは「自分は事件とは無関係だ」と主張し続けたが、逮捕から二〇日後、勾留期限間際になって、とうとう「自白」した。この間の取調べについては、後に裁判でも認定されるが、長い日には一六時間を超え、一日の平均一二時間、水も与えず、トイレにも行かせないという異常なものだったことが分かっている。

「代用監獄の拷問場は、黒のカーテンが引かれて昼なお薄暗く、ムシ風呂の如く暑い。突き飛ばされて窓辺のカーテンに触れた。わずかな隙間から外を見た。確かに明るいと思った。よく見ると視界全体が真っ赤だ。非常なはげしさでなにかが私の頭と体を打つが、しかし感じは薄い。麻痺したのならこの際有難い。並みの激しさではなくて、身体が無闇にそれて不意に飛ぶのだ。こわれたグライダーを一瞬連想させた。舞い上がるが直ちに落下する。その間にも罵声が響いている。デスクにしがみつくとそこの顔が泣いていた。権力を持った無能な暴力団がいつものように凄んでいる」（一九八一年）

裁判

「お母さんへ。
昨日の出廷はお母さんも雨で大変でした。私も今年は風邪一つひかず元気でおります。今日は日本平に雪が降り積もり美しい。お母さん、元気を出して弾圧に負けるな。正義に頑張ってください。さようなら」（一九六六年）

裁判が始まった時点で検察が手にしていた証拠は、四五通の自白調書と、血と油が付着している（と検察が主張している）袴田さんのパジャマだけだった。そこから警察と検察が組み立てた犯行のストーリーは以下のようなものだった。

「事件当夜、午前一時過ぎ頃、袴田は、くり小刀を一本持ち、パジャマ姿で寮の部屋を出た。途中で、白っぽいパジャマでは目立つと思い、外務員用の雨合羽を上にまとい、線路を渡って専務の家の裏口から屋根伝いに中庭に侵入した。そこから屋内に忍び込んで物色を始めたが、雨合羽が音を立てるので、その場で脱ぎ捨てた。さらに物色を続けるうち、物音に気付いて起きてきた専務に見つかり、裏木戸近くで格闘となり、そこで胸や背中など一〇数箇所を刺して殺害した。次に異変に気付いて起きてきた妻を殺そうとして追いかけるうち、次女が目に入り、やはり殺そうと思い胸など一二箇所を刺した。再び妻に襲い掛かり『金を出せ』と脅しているとき、長男が母親を守ろうと近づいてきたため胸など九箇所を刺し、次に、妻に対して背中など六箇所を刺した。その後、現金の入った布製の袋三個を手に持ち、裏木戸から外に出て、工場に戻った。その際、三個の袋のうち二個は途中で線路脇に落とした。

一旦工場に戻ったものの『四人を家もろとも焼いてしまう以外にない』と考えて、工場内にあった混合油を持って、再び裏木戸から家の中に侵入した。そして倒れている四人に油をかけ、表口のほうから順次マッチで点火し、燃え上がるのを確認してから、裏木戸を通って工場に逃げ帰った」（静岡県警の内部報告書より）

しかし、このストーリーには多くの疑問がある。

一、これから犯罪を行おうとする人間が、パジャマで現場に向かうだろうか。

二、犯人と専務が格闘になった時点で、ほかの三人は目を覚まし、異変に気付いたはずだ。それにも拘わらず、逃げもせず、助けもせず、まるで映画か芝居の立ち回りのように自分が殺される順番をおとなしく待っていたのだろうか。

三、くり小刀は刃渡り一三センチ、刃巾二センチ、このような小型の刃物一本で、四〇箇所を超える刺し傷を、刃こぼれもせずに与えることが可能だろうか。また被害者の体には、深さも幅もこのくり小刀ではできないと考えられる刺し傷がいくつかある。凶器となった刃物はほかにもあったのではないか。

四、被害者四人のうち、次女はブラジャーをつけたまま、長男はワイシャツを着て胸にペンをさした状態で殺されていた。また携帯ラジオのスイッチが入ったままになっていた。犯人が入ってきたとき、家の人たちはまだ起きていたのではないか。犯行時刻は、本当はもっと早いのではないか。

五、家の中には、多額の現金が手付かずのまま残されていた。さらに犯人は奪った現金入りの袋を途中で落とした、と言う。本当にお金を狙っての犯行なのか。

六、裏木戸は、内側から留め金が掛かっていた（消火作業にあたった多くの人が外からは開かなかったと証言している）。そこで、犯人は逃げる際、木でできた観音開きの二枚の扉を無理やり押し広げてその隙間から外に出た、ということになっている。しかし、外に出たいのなら（犯人は内側にいたのだから）、留め金を外せばいいはずだ。犯人は本当にそこから逃げたのか。

七、表の玄関は、消火作業に駆けつけた人々によれば、シャッターは閉まっていたものも、鍵は掛かっていなかったと言う。犯人は表から逃げた、と考えるのが普通ではないのか。

二と三を吟味すれば、犯人は複数だった可能性が高い。警察の考え出したこのストーリーは、犯行の動機、犯行の時刻と手順、犯人の数、犯人がどこから入り、どこから出て行ったのか、あらゆる点で現場の状況と合わず、矛盾が多い。

「前の公判で、私のパジャマに油、血が付いていた、ということでしたが、事実は絶対に付いてはいません。公判で弁護人が『再鑑定できるか』と質問したら、検察側は『できない』と言いましたが、確かに付いているなら今日でも分かるわけです。血液型は一年でも、二年たっても分かるそうです。分からないということは付いていないわけです。確かに付いていたら、何故、物の半分を残しておかないのか。当然とっておくわけです。血液のことは重大なので、私は、もちろん再鑑定の申請をします」(一九六六年)

裁判は一九六六年の一一月から始まったが、このころの袴田さんは気力も充実していて、裁判の行方に期待を抱いている。「裁判官は分かってくれる」という素朴な信頼からか、文面は落ち着いている。いつも「お母さん」という書き出しではじまり、裁判のこと、息子や家族の安否の問い合わせ、獄中の生活などについて、思いつくまま書き綴っている。

「血染めのパジャマ」は嘘だった

袴田さんの部屋から押収されたパジャマについて、当時の新聞は「血染めのパジャマ」と報道したが、実際には「肉眼的には血痕らしきものの付着は認められなかった」と警察は内部の報告書で明らかにしている。それにも拘わらず、警察は「通常の数倍の時間をかけて」やっと血液鑑定に成功し、その結果、パジャマからA型（専務）とAB型（長男）の血液を検出した、という。しかし、静岡県警から依頼を受けた科学警察研究所がもう一度鑑定をしたところ、その結果は「判定不可能」だった。

これに対し、弁護団は再鑑定を主張したが、既に二度も鑑定が行われたためにパジャマは原形を留めないほどに切り刻まれ、鑑定をするための試料（血液が付いている、と警察が主張する部分の布地）が残っていなかった。

また、警察は、パジャマから放火に使われたものと同じ種類の油が検出されたとも主張しているが、これも再鑑定をすることはできなかった。

先にも引用したが、事件発生から一年半以上経った六八年二月に、静岡県警は内部向けの報告書として「事件捜査記録」を作った。この中に次のような一文がある

「……油質の鑑定についても全国にその例を見ない画期的な鑑定に成功したもので……」

血液鑑定に続き、油の鑑定についても自画自賛している。しかし、当時も今も静岡県警の鑑定技術が科学警察研究所を陵駕していたという話は聞いたことがない。パジャマからA型とAB型の血液が検出されたという鑑定も、放火に使われたものと同種の油が検出されたという鑑定も、再鑑定ができない以上、証拠とはなり得ないし、間違いやねつ造の可能性を払拭できない。静岡県警は、証拠のねつ造に関しては過去にたくさん実例がある。つまりねつ造の常習犯である。内部報告書でうそぶくのも、ねつ造の後ろめたさを隠すために煙幕を張っているのだと見ることができる。

因みに「事件捜査記録」には取り調べに当った捜査員の報告や反省も載せられているが、なかなか興味深い。

「取調官は確固たる信念を持って、犯人は袴田以外にはない、犯人は袴田に絶対間違いないということを強く袴田に印象づけることにつとめる」

「調官がうっかりコップに水を一杯やったところ、それまでしおれていた袴田は生気を取り戻し、それ以後は平常に戻ってしまった」

こうした捜査手法が内輪の文書として残され、代々受け継がれていくのである。

「裏木戸実験」のねつ造

袴田さんの自白によれば「裏口の戸の、下の方についていた留め金を開けて戸を引っ張ったところ、上の方は開かなかったが、下の方は体が出入りできる位まで開いたので、そこから外に出て、その後石油缶の混合油を持って、再びそこから侵入し、放火ののち、同じところから脱出した」ということになっている。

裏木戸は、左右二枚の木製の扉が観音開きで内側に開くようになっている。上と下に二か所、留め金が取り付けてあり、真ん中にかんぬきが通してある。家の中から外に出るには、かんぬきを外し、留め金を二か所とも外さなければならない。それ以外に外に出る方法はない。

鎮火後、この裏木戸は、下の留め金は外れていたが、上の留め金は掛かっていたことが分かっている。かんぬきについては焼けて折れていたため、外れていたのか、掛かっていたのか分からない。ところで、袴田さんは、朝夕の食事は専務宅で取っていたので、日常的にここを通っていた。だから、いくら急いでいようと、手間取ることも迷うことも絶対にない。外に出たければ、二つの留め金を外し、かんぬきを外せばいいのだ。自白のような不自然な行動を取る理由はない。

ところが警察は「自白に基づき、同じ材質、同じ形で裏木戸を作り、実験をしたところ、上の留め金が掛かっていても、戸の隙間から外に出ることが可能だった」として、その際の写真を裁判所に提出した。しかし、実験台になった警察官が二枚の戸の間からすり抜けようとしているその写真には、肝心の上の留め金のところが写っていなかった。

その後、弁護団と支援者グループが、同じ実験を繰り返したが、上の留め金を外さずに外に出ることは不可能だった。さらに、写真工学の専門家に、警察の実験写真をコンピュータ解析してもらったところ「人の身体が入るくらいの隙間がある状態では、上の留め金が掛かっていることはあり得ない」ということが分かった。つまり、警察の写真は、上の留め金を外しておきながら、その部分が写らないようにして撮影していたのだ。完全なねつ造だった。

では何故、警察はこんなねつ造をしなければならなかったのか。

弁護団による再現実験

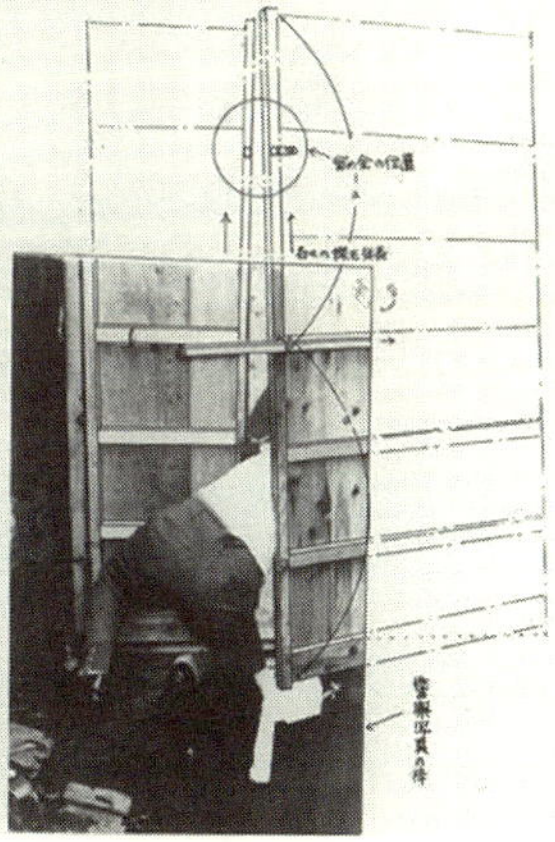
警察の実験写真

警察の実験写真は捏造だった。

裏木戸は留め金が掛かっていた。一方、表の玄関は鍵が掛かっていなかった。犯人は表から逃げた、と考えるのが自然である。当初は警察もそう考えたはずである。しかし、そうすると袴田さんを容疑者のリストから外さなければならない。なぜなら、袴田さんが本当に犯人なら、絶対に裏木戸から出て行くからである。裏木戸を出て、東海道線の線路を渡れば、そこが従業員寮である。表の玄関から出た場合には、ずっと遠回りをしなければならず、夜とはいえ表通りの何軒もの家の前を通ることになる。そんな危険を冒すはずがない。

一方で、警察が早い時点から従業員に目をつけていたのも事実である。ひとつは事件現場に落ちていた雨合羽で、これは従業員に支給されていたものである。そしてもうひとつは裏木戸の外に落ちていた現金の入った布袋である。

そんな状況の中で、警察は最終的に「ボクサーくずれ」(と内部報告書は書いている)の袴田さんに的を絞った。しかし、袴田さんを犯人とするにはどうしても「逃げ道の問題」を解決しなければならなかった。そこで考案されたのが「留め金の掛かった裏木戸を通り抜ける」という奇術まがいの脱出方法だった。

しかし、どう考えてもこれには無理がある。実際にそんなことが出来るかどうかを論ずる以前に、留め金を外せばすぐ出られるのに、あえて留め金を掛けたまま、苦労して、時間をかけて出て行こうとする人間などいない、ということである。だが、そういうことにしなければ、袴田さんを犯人にすることができなかったのだ。

パジャマと裏木戸、袴田さんと犯行を結びつける二つの証拠は二つとも証拠と言えるようなものではなかった。

「五点の衣類」のねつ造

従業員寮に隣接する味噌工場の、醸造用の味噌タンクの底に近い所から、味噌にまみれた麻袋が発見されたのは、事件発生から一年二か月後の六七年八月三一日のことだった。従業員の一人が工場の一号タンクで味噌の搬出作業中に異物に気付き、警察に届け出た。

醸造用タンクは、タンクとは言うものの密閉されたものではなく、縦と横が二メートル、深さ一・六メートルのコンクリート製の桶のようなものである。

麻袋の中には、べっとりと血のついたズボン、ステテコ、ブリーフ、スポーツシャツ、半袖シャツの五点の男物の衣類が入っていた。この五点の衣類の出現が、その後の裁判の様相を一変させる。

「去る十三日に、ご存知の通り急に公判が開かれました。検事より血染めの着衣が、被告の持っていたものではないかと問われました。僕のに少し似ていましたが、しかし着衣は、世の中に似たものはたくさんありますが、あの血染めの着衣が絶対に僕のものではないという証拠は、ネームがないことです。ぼくの着物はクリーニング屋に出すので「ハカマタ」と入っています。血染めの着衣にはネームが入っていません。型も大きく、僕のものとは異なっています。

事件後一年二か月過ぎた今日、しかも（パジャマの）再鑑定の申請をしたら、こういうものが出ましたが、これは真犯人が動き出した証拠です。これでますます有利になりました」（一九六七年）

袴田さんが指摘するとおり、この五点の衣類が発見された時期は、裁判の流れと無関係ではない、というより、裁判の進行状況と非常に深く関わっている。だから怪しい。袴田弁護団の小川秀世弁護士が解説してくれた。

「五点の衣類が発見された時期がどういう段階かと言いますと、検察側の立証がだいたい終わって、弁護側の立証に入ると、そういう段階だったんですね。それで、弁護側が立証の主眼に置いていたのは、パジャマなんです。パジャマに血痕が付いていた、というのはおかしい。血液鑑定はおかしい。あるいは油の鑑定もおかしいと。そこを集中的に弁護団が攻めようとしていた時期だったんです。そして、警察、検察は鑑定自体が脆弱だということを一番よく知っている訳です。そこで、公判を維持するためには、これをなんとかしなければいけないという危機感から、あの時点で五点の衣類を作ったと、私は思っています」

小川弁護士は「捜査機関が作った」、つまりねつ造だと断言するが、弁護団がねつ造を前面に押し立てて闘うのは、ずっと後になってからで、当時の弁護団は、すぐにはそのようには考えなかった。むしろ、それらの衣類は（犯行着衣かどうかは別にして）袴田さんのものではない、という主張を展開した。

一方、五点の衣類が発見されてからの警察、検察の動きは非常に素早い。

六七年八月三一日に五点の衣類が発見されると、九月一〇日に警察は袴田さんの実家の捜索差押許可状を裁判所から受けている。捜索目的は「手袋、バンド」となっていて、一見、五点の衣類とは関係がないように見えるが、この捜索目的はごまかしで、実は大いに関係のあることが後で分かる。

九月一一日に検察官が五点の衣類の証拠調べを請求した。立証趣旨は「被告人が五点の衣類を着て犯行に及んだこと」だと言う。この時点で、五点の衣類が犯行着衣であり、かつ、袴田さんの物である、と言い切っている。なぜ、そこまで言い切る自信があるのか。

その翌日九月一二日には、袴田さんの実家で捜索が行われ、この時、刑事が箪笥の中から一枚の布切れを発見し、押収している。この刑事は「同布片は……タンク内より発見された黒色様ズボンと同一生地、同一色と認められ、前記ズボンの寸をつめて切り取った残り布と認められた」と報告している。これが後に、五点の衣類と袴田さんを結びつける証拠になる。

そして九月一三日、検察は「犯行着衣はパジャマである」という冒頭陳述を撤回して「犯行着衣は五点の衣類である」とした。

さらに九月一八日、検察は端布（袴田さんの実家から押収した布切れ）を裁判所に提出すると同時に、鑑定を申請した。

これら一連の捜査機関の動きは非常に怪しい。例えば、端布が押収されるより前に、五点の衣類を袴田さんの物であると断定している点や、端布の鑑定結果が出る前に（鑑定結果が出るのは三か月後だが）味噌タンクから発見されたズボンの残り布である、として裁判所に提出するなど、袴田さんの実家からズボンの端布が発見されるのをあらかじめ見通していたかのような行動である。あらゆる点で手回しが良過ぎるのだ。

弁護団が「端布は捜索の際に刑事によって持ち込まれた物だ」と主張するのも頷ける。

後に弁護団が「五点の衣類はねつ造である」という主張を展開することになる根拠を、ここで紹介しておく。

一、五点の衣類のうち、ズボンは袴田さんには小さすぎて穿くことができなかった。

二、五点の衣類の血の付き方がおかしい。例えば、ズボンよりもステテコの方に大量の血が付いている。また、ブリーフにはB型（妻）の血液が付着していたが、ステテコ、ズボンにはB型の血液は一切付いていなかった。これでは、四人を殺害している最中にズボンを脱いだり、さらにステテコまで脱いでブリーフ一枚になった、ということになってしまう。

三、事件発生から間もない時期に、警察は工場内を隈なく捜索している。一号タンクはその頃、仕込み前で、ほとんど空に近い状態だったので、犯人がこの時期に衣類を隠したのであれば、警察が見逃すはずがない。一号タンクはその後、味噌の仕込みが行われて満杯になり、タンクが再び空に近い状態になるのはおよそ一年後である。こうした状況から、五点の衣類は、事件から一年以上経ってから、つまり警察が発見する直前に、何者かによって（つまり警察によって）タンクに投げ込まれた、と考えるほかない。

四、五点の衣類のうち、緑色のブリーフについては従業員が「袴田さんが緑色のブリーフを穿いていた」と言っている。しかし、袴田さんの逮捕後、社員寮にあった私物が実家に送り返されたが、その中に緑色のブリーフがあった。これは家族だけでなく弁護人も確認している。一枚しかなかったはずの緑色のブリーフが何故二枚になったのか。

五、事件直後、袴田さんは右腕上部に怪我をしていた。五点の衣類のうち、スポーツシャツと白の半そでシャツにはそれに符合するように、右袖の上のほうに穴が開いていた。ところが袴田さんは、消火作業を手伝っている時にできた傷だと言っており、その時着ていたパジャマにも右肩の部分に鉤裂きの穴ができている。一度の怪我でそんなにいくつもの穴が開くはずがない。どちらかが偽物だ。

ほかにも、ねつ造の根拠はいろいろあるが、何よりも奇妙なのは、もし五点の衣類を犯行着衣だとするなら、被害者の血が付いていた（と警察が主張する）パジャマは、一体何だったのか。警察も検察もこれを合理的に説明することはできない。ねつ造の上にねつ造を重ねたために、とんでもない矛盾が生じて収拾がつかなくなってしまった、としか言いようがない。

「お母さんへ
拝啓、お母さん右手が悪いようでお見舞い申します。
私の公判も三〇回を重ねてすべて終わり、ひたすら判決を待っているわけですが、裁判を省みて、警察の偽証が強く目立ち、遺憾にも、まったく庶民を裏切る不当な行為というより言いようがありません。この不当が通るならば、庶民には世の中は真暗です。結果について、私は多くは言いませんが、裁判長が事実を見あやまらないかぎり、私は無罪と確信しつつ七月一八日の判決を待つこの頃です」（一九六八年）

判決

六八年九月一一日、静岡地方裁判所は袴田さんに対して死刑を言い渡した。
この判決は後に述べる一点を除いては検察側の主張を鵜呑みにし、その主張の中にある明白な矛盾にも目をつぶった、杜撰な判決だといえる。これまで述べてきたいくつかの争点のうち、「五点の衣類」と「裏木戸からの脱出」の二点について、裁判所の判断を見てみる。

「五点の衣類」について

裁判所は、五点の衣類は犯行着衣であり、袴田さんの物である、と何の疑念もなく認めている。弁護団は「警察が事件後すぐに捜索をしたはずの場所から、一年以上経って、衣類が発見されるのはおかしい」と主張したが、裁判所はこれを否定するのに「……捜査官は七月四日に令状に基づいて工場内の捜索を行ったが、その際は右一号タンク内の捜索はしなかった等の事実が認められるからである……」と言っている。つまり、事件後すぐに、犯人である袴田が五点の衣類をタンクの中に捨てたのに、捜査員が見過ごしたのだ、と裁判所は認めてしまっている。しかし、これは捜査員がそのように言っただけであり、実際にそうだったかどうかは分からない。むしろ、工場内を捜索したのであれば、その中心的な施設である味噌タンクに目がいかないはずがない。さらに、当時ほとんど味噌の残っていなかったタンク内を当然、調べたはずである。そして、もし五点の衣類があったのなら、見つけたはずである。見つからなかったということは、なかったということである。この判決は、捜査員が「そこはきちんと調べませんでした」と言ったのに対し、裁判官が「じゃあ見落としたんですね。あったのに」と助け舟を出して、あったことにしてしまう、そういう判決である。こうした認定が延々と続く。

これに対し、五点の衣類と袴田さんを結び付けている「端布」については、袴田さんのお母さんが法廷で「そんなものはなかった」と証言したが、裁判所は「その供述態度はあいまいかつ作為的で信用しがたい」として認めなかった。証拠で判断するのではなく、発言した人が弁護側であれば「否＝NO」、検察側であれば「是＝YES」という、それだけのことだ。

こうして、五点の衣類は犯行着衣になった。

それにしても、五点の衣類を犯行着衣だとすると、パジャマは一体なんだったのか、という問題は最後まで残る。警察は、付いていないはずの血を「付いていた」ことにしてここまでやってきたが、ここにきて、そのねつ造によって自らの首を絞めることになったのである。捜査機関の言うことには全て「YES」と言う裁判所であるから、パジャマについても「……人血が付着し、そのうち上衣の左胸ポケットの人血はAB型（長男）……下衣の右膝の人血はA型（専務）……であることが認められる」として認定してしまった。このパジャマの血液については、再鑑定をすることができないので、証拠とはなり得ないが、とにかく裁判所は「捜査機関が主張すれば、なんでも認める」式をここでもやってしまった。その結果、犯行着衣が二つになってしまい、困り果てているかと思いきや、判決は、「犯行の途中で、五点の衣類からパジャマに着替えた」ということにして、この矛盾の辻褄合わせをした。しかし、袴田さんの自白調書にもそんなデタラメは書いてないし、真犯人もきっとびっくりしているに違いない。

警察の作った偽の鑑定にほころびが出ると、今度は裁判所がそのほころびを縫うのである。このデタラメなストーリーは、困り果てた検察が論告の際に破れかぶれに作り出したものだが、裁判所はこのストーリーを鵜呑みにして便乗した。しかし、後ろめたさがあったのか、判決では「どこで、どうして着替えたかは不明だが……」と言い訳めいた一言を入れている。

「犯行の途中でパジャマに着替える」、こんなデタラメは裁判の世界では有り得るかも知れないが、現実にはどう考えても有り得ない。

「裏木戸からの脱出」について

起こり得ないことが、この判決では簡単に起きる。裏木戸からの脱出である。弁護側の主張は「留め金を掛けたままでは出られない。警察の実験はねつ造である」というものである。さらに付け加えるなら「出るのなら、留め金を外すはずだ」(それが普通の人間のする合理的な行動である)ということになる。ところが判決は「実験したところ、脱出が可能であったことが認められる」とだけ言って、袴田さんが閉まったままの裏木戸をこじ開けて出て行ったことにしてしまった。ここでも、警察が「やってみたら出来ました」と言ったのに対して「分かりました。じゃあ犯人はそこから出たということで」と言って裁判所が鵜呑みにしてしまう図式である。ねつ造の可能性も一切吟味せず、普通の人間なら絶対にしないようなことを、判決の中の犯人は理由もなくしてしまうのである。

判決文の中でしか有り得ない手品がここでも行われた。

この判決を出したのは、石見勝四裁判長、高井吉夫裁判官、そして熊本典道裁判官である。

「御母サン

私ノコトデ　無用ナ心配ナドシナイヨウ
早ク全快シテ下サイ　巌より
お母さんえ」（一九六八年・判決直後）

判決直後のカタカナによる短い手紙。読む方が息苦しくなってくるようなこの手紙について、袴田弁護団の秋山賢三弁護士は次のように語っている。

「もっと彼はいっぱい書きたいんですよ。裁判に対する幻想だった訳ですからね。裁判所は俺のことを分かってくれると。あんな嘘の自白なんか見抜いてくれるんだと。裁判所は神様だからと。それがガタガタと崩れているんですよ。だから書けないんですよ。お母さん、心配しないでね、としか書けないんですよ。これに彼の万感がこもっていますよ」

判決の奇妙な不整合

この判決には一部分、ほかの部分とは全く論調の異なるところがある。その不整合について触れておく。

この事件では、起訴の時点で四五通の自白調書があり、裁判所はこれを証拠として採用した。しかし、判決では四五通のうち四四通を職権で排除した。その理由を判決は次のように述べている。まず、捜査員によって作成された二八通については、自白までの取調べ時間が、最長で一日一六時間二〇分、平均一二時間という異常な長さだったこと、弁護人との接見も、二〇日間の間にたった三回で、その合計時間が三七分に過ぎないことなどを指摘した上で、

「……被告人が自白をするまでの取調べは、……外部と遮断された密室での取調べ自体の持つ雰囲気の特殊性をもあわせて考慮すると……被告人の自由な意思決定に対して強制的・威圧的な影響を与える性質のものであるといわざるをえない。……」

と警察の取り調べ方法を厳しく糾弾し、このような状況下で作成された二八通には証拠能力がない、とした。

次に、起訴後に作成された一六通については、起訴後の取調べは任意捜査の場合にのみ許され、強制捜査としての被告人の取調べは許されない、と前置きした上で、

「……本件検察官が起訴後に行った被告人に対する取調べは、すべて『任意捜査としての被告人の取調べ』ということはできず、……」

として、これも排除した。

「悪い裁判官」がここだけは「いい裁判官」になっているので、驚くほかない。しかし、この二八通と一六通の間に挟まれた一通（起訴当日、検察官によって作成された自白調書）だけは、任意性がある、として証拠として採用してしまう。その理由は、

「証人吉村英三（検察官）の当公判廷の供述によっても、被告人のいうごとく同人が被告人を

取り調べる際大声でどなったり、机の上を叩きつけたり等したり、また、『自供しない限り二年でも三年でも勾留するぞ』とか、『警察で認めたのに、なぜ検事に対して認めないのか』等と言った事実も認められない。……」

と言うのだが、ここで再び悪癖が出て、検察官が法廷でそう言っただけで、そのまま認定してしまうのである。いつもの「悪い裁判官」に逆戻りしてしまった。

しかし、がっかりして読み進むと、そのあともう一度だけ「いい裁判官」に変身する部分がある。それは、当初パジャマを犯行着衣としておきながら、公判の途中で、犯行着衣を五点の衣類に変更するという、異常ともいえる捜査の進め方について「付言」という形で苦言を述べている部分である。

「……このような捜査のあり方は、『実体真実の発見』という見地からはむろん、『適正手続の保障』という見地からも、厳しく批判され、反省されなければならない。本件のごとき事態が二度とくり返されないことを希念する余り敢えてここに付言する」

たまに裁判官が正論をきちんと述べると、なぜか感動してしまう。しかし「いい裁判官」もここまで。これだけ言い切るなら無罪を言い渡すのが筋だが、実際には、すぐ次の行に「有罪の理由」と続き、瞬時に「悪い裁判官」に逆戻りして、以後はずっと悪いまま、死刑判決に突き進むのである。

この不整合はいったい何なのか。「悪い裁判官」が一瞬だけ憑依したように「いい裁判官」

に変わる。判決文の中のこの二重人格はどこから来るのか。

元裁判官で、袴田事件の弁護人の一人でもある秋山賢三弁護士が『季刊・刑事弁護』（10号、九七年四月刊）の中で、次のように書いている。

「判決を読めば誰もが気のつくことであるが、原一審判決の論述のうち、自白の任意性を否定する論理と、任意性を肯定する論理の双方を比較してみると、そこにははっきりした格調の相違と、刑訴法に対する解釈態度の相違というものが明白に読み取れることである。また同時に、両者の間には、内容的にも明白な齟齬が存在することである。

われわれは、当時の静岡地裁刑事部の構成等、裁判所の諸要素を種々分析の結果、結局、右の『付言』や判示相互間の齟齬は、原一審判決における『合議の分裂』の表れであり、無罪心証を抱く者と有罪への予断・偏見を抱く者との凄まじい相剋の産物としてのみ理解しうる、との結論に到達した。

『合議の分裂』という意味は、請求人に対して死刑判決が言い渡されているけれども、三人の裁判官のうちの一人の裁判官は無罪の意見であったことを意味している」

九七年の時点では、秋山弁護士のこの論旨は推測でしかなかったが、これが正しかったことが、後に明らかになる。

〇七年の三月に、元裁判官の熊本典道氏（袴田事件の一審の裁判官）が支援者らとの面談の中で、「私は無罪の心証を持っていた」と告白し、テレビや新聞で取り上げられた。新聞記事によれば、熊本氏は、裁判官は判決に至るまでの評議の内容を漏らしてはならない、と裁判所法で定められていることを知った上で「一日も事件のことを忘れたことはなかった」と涙ながらに語った。さらに、三人の合議体で行われた第一審の審理で「無罪を主張したものの、二対一で自分の主張は通らなかった」とも語った。

袴田さんは、多数決によって「死刑」を言い渡されていたのである。

控訴そして上告

「……端布等、私の物ではない。したがって私の荷物の中に存在するわけは、また絶対無い。それなのに、刑事は実家にあったと偽って法廷に端布を持ち出している。……本件の刑事等はここらで反省し、一般国民の前に真実ありのままを述べ、問題の血染のズボン等端布など、警察は何処で手に入れたか等を明らかにすると同時に……仮に血染の衣類が警察の偽証でないなら、なんでズボン等の衣類が誰の物か徹底捜査をしないのか」(一九七〇年)

控訴審では、「五点の衣類」についての弁護側と検察との攻防が続いていたが、袴田さんも手紙の中で幾度もこの件について自らの主張を述べている。当初は「五点の衣類が自分の物ではないことが明らかになれば」すぐにでも「無実が証明される」という強い自信が伺えたが、日が経つうちに懐疑的になり、端布の出現をきっかけに、自分は警察に嵌められたのではないか、と考え始める。

やがて、ねつ造ではないかという「疑念」は「確信」に変わる。袴田さんは捜査機関の底知れない悪意に気付いて打ちのめされると同時に、裁判所があてにならないことも痛感するようになった。自信を持っていた裁判の行方がだんだん不透明になり出した。

「……私も冤罪ながら死刑囚。全身にしみわたって来る悲しみにたえつつ、生きなければならない。そして死刑執行という未知のものに対するはてしない恐怖が、私の心をたとえようもなく冷たくする時がある。そして全身が冬の木枯におそわれたように、身をふるわせるのである。自分の五感さえ信じられないほどの恐ろしい瞬間があるのだ」（一九七三年）

死刑というものに初めて言及した手紙である。しかし、文章に乱れはなく落ち着いている。この頃から、裁判についての主張と、こうした思弁的な内容が交錯し始める。裁判について語る時には、前向きで意気軒昂だが、それ以外のことを書くときには、しだいに陰鬱になっていく。しかし、いずれにしても、書くことだけが袴田さんと外の世界を繋ぐ唯一の糸であり、その細い糸に必死にしがみついている切実さが、どの手紙にも溢れている。文字は書きなれて達筆になり、一方、文章は少しずつ理屈っぽくなり、長文になっていく。

次の手紙は、袴田さんが両親の死を知った時のものである。一審判決の二か月後に母のともさんが、そしてさらにその五ヵ月後に父の庄市さんが亡くなったが、家族はそのことを長い間、獄中の袴田さんには伝えず、隠していた。ショックが大きすぎると考えたのだ。しかしある日、袴田さんが手紙で「今朝、お母さんの夢を見た。夢の中ではとても元気そうだった。元気でいるといいですが」と書いてきた。家族は隠しきれず、事実を伝えた。袴田さんは、お母さんからの手紙が途絶えたことから、すでに察していたのである。

「さて、私の拘留中、昭和四三年母からの便りが突然途絶えた。私はこの時自分の人生で最も悲しい時が迫るのを感じ、体中一気に凍るような衝撃を受けた。そして私の手がわななくのを、唯呆然と見る以外すべを知らなかった。総身に黒いさざ波のような戦慄が渡るのを感じながら、私は浮世の全てを呪いたい狂暴な気持ちの中で、またしだいに絶望状態に陥ったものであった。その頃、獄中で両親の死を知った。私はこの事実が何かの間違いであることを神に祈った。しかしながら、真実は誰にもこばむことはできないのである」
(一九七四年)

「……さて肩から胸のあたりを、私は愛撫するように何度も掌で這わせて見た。するとその自分の肩に、ずっしりと重い災厄の荷を背負わされた自分がいとおしくて、思わず目頭が熱くうるんでくる。法を犯した捜査陣は、当審で全敗するだろう。万一敗訴。私の脳裏にはすぐさま生と死への二つの姿が浮かびあがり、ごく短い時間の間を私は私なりに苦しく、切なく思いなやむのである。しかしながらこれは妄想である。本件においては、私の勝利は、もはや不動である」(一九七五年)

控訴審の判決が近づくと、袴田さんの心は乱れ、しばしば冷静さを失う。「大丈夫だ」と思う次の瞬間に「駄目だ」という絶望が襲う。激しい感情の揺れが、袴田さんの心の平安を乱し、蝕み、しだいに壊していく。

一九七六年五月一八日、東京高等裁判所は控訴を棄却した。

「確定囚は口をそろえて言う、死刑はとても怖いと。だが、実は死刑そのものが怖いのではなく、怖いと恐怖する心がたまらなく恐ろしいのだ」(一九八〇年)

一九八〇年一一月一九日、最高裁判所は上告を棄却した。袴田さんの死刑判決が確定した。翌年四月二〇日、弁護団は静岡地裁に再審請求の申し立てをした。

信仰

「良心は無実の人間のいのちを守る唯一の声である。暗く苦しい夜が長ければ長いほど、ひときわ声高く響く良心の声よ。暗鬱と悲痛と憤怒の錯綜した獄中一四年有余、私を支えたのはその声だ。鶏よ、鳴け、私の闇夜は明るくなった。鶏よ、早く鳴け、夜がゆっくり明け始めている」(一九八一年)

手紙の内容が大きく変わってくる。この頃から袴田さんは聖書を読むようになった。

「『そこで、あなたがたに言うが、なんでも祈り求めることは、すでにかなえられたと信じなさい。そうすれば、そのとおりになるであろう』」(一九八一年)

マルコによる福音書の一一章二四節を手紙の中で引用している。自分の心情を言い当てている言葉や、希望を抱かせる言葉を聖書の中に求めるようになった。信仰を深め、この頃には日課の中に必ず聖書を読む時間を入れている。しかし、死刑の恐怖は片時も心から離れることがない。

「ドアに付いた染みが死を意味したり、壁の色が何か異様に見えて人間の姿に固まり、その顔は大分前に処刑された者であったりする。私が独房内を歩くと、その度に蛍光灯がチカチカするように感ずる。電灯が無数の硝子に反射している。そして私を見つめている。私に向かってすべて反射しているように見える。風も私に向かって吹いている。本や新聞を開くと悪いことがその中にひそんでいる」(一九八一年)

浜松市内に住む、袴田さんの姉の秀子さんは、一審判決が出て袴田さんが東京拘置所に移って以後、毎月一回の面接をこれまで欠かさず続けてきた。

袴田さんの心に変調が生じ、しだいに内側に閉じていく頃の様子を、秀子さんはよく憶えている。

「やっぱり、死刑が確定してからだね、ひどくなったのは。はじめのうちは『電気が走る、電気が走る』って言うの。『電気を出すやつがいる、かなわんぞ』って言うの。看守のなんとかという人となんとかという人が電気を出すと。

それで私たちも、そんな電気を出す人なんていてる訳がないと思いながらも、あれ、おかしなことを言うなと思いながらも、電気も体にいいだよ、電気風呂というのもあるだからね、と初めのうちは(弟に合わせて)言っていたの」

「今夜は雨で月は見られない。私の心身は苦しんでいる。あせりと不眠。それから一種の恐怖。健全への渇望。それらが魂を圧倒し、時にとらえてはなさない。私には能力も、ましな思想もない。これ以上に記すこともできない。ああ神よ、生きるとは何という辛いことでしょう。人生は暮れにいたるまでの長い苦闘なのか、この名状しがたい権力の恐ろしさは、これから何年続くか分からない。私に罪はない。主なる神よ祝福を」（一九八二年）

「午後五時文化放送ニュースが流れた。再審開始決定という快い音波が独房に満ちた。支援団体の歓声が流れた、手を取り合って喜び感謝しているのがよく分かった。

松山事件で仙台高裁が再審開始決定を出したのだ。斉藤幸夫被告と支援各位の長い暗い苦痛の闘いにも、やっと光が当たることになった。『本当にお目出とう』」（一九八三年）

「息子よ、お前が正しい事に力を注ぎ、苦労の多く冷たい社会を反面教師として生きていれば、遠くない将来にきっとチャンは、懐しいお前の所に健康な姿で帰っていくであろう。そして必ず証明してあげよう。お前のチャンは決して人を殺していないし、一番それをよく知っているのが警察であって、一番申し訳なく思っているのが裁判官であることを。チャンはこの鉄鎖を断ち切ってお前のいる所に帰っていくよ」（一九八三年）

息子に力強く語りかける父親。袴田さんは何度か息子に宛てて手紙を書いている。殺人犯人の息子、という境遇に陥れてしまったすまない気持ちと、父としての威厳がいつも綯い交ぜになっている。

この頃の袴田さんは読書三昧の日々だったに違いない。恐怖にがたがたと震える日がある一方で、達観して穏やかな時間もあった。そんな時の手紙は、独房の周りにある小さな自然の営みに目を凝らし、鋭い観察眼で描写している。

「獄庭のたんぽぽが昨日の雨を嫌っていっせいに花弁を閉じてしまった。私は見ていて不気味さを覚えた。自然の摂理にこれほどはっきりした行動をもって挑むものが雑草の中にあるのか。これほどの対処性は動物のものと思えてならない。普通花というものは雨に打たれて術なく、その生を散らすものである。このたんぽぽは、自分をよりよい花として完成させる目的を持っているようだ。今朝は閉じていたが、日が当ったら昨日より今日は、パッと咲いた。自ら理想に向かっていた」（一九八三年）

「居房の天井に蜘蛛が巣を張った。どこから入って来たのか、小指の爪ほどの蜘蛛である。一〇日も経つが糸には虫はかからない。

独房内では所詮無理だ、私は見かねて外に出してやろうと思った。しかし、この房には爪ほどの物を外に出す隙間もないのである。仕方ないので、お茶の配当の際、食品口が開けられるので、その時そっと廊下に出した。餌にあり付いたか」(一九八三年)

八四年のクリスマスイブに袴田さんは東京拘置所内でカトリックの洗礼を受けた。八一年に再審請求をして以後、裁判の動きは非常にゆっくりとしていたが、袴田さんの周辺では、地元に新しく支援組織が結成されたり、日本ボクシング協会が再審の支援をアピールするなど、様々な動きがあった。

「死刑囚がどんなに一人ずつか、ということを執行間際まで誰も考えないものである。身の回りには活気のある仲間がいっぱいいる。死ぬ相談よりも、生き残るための相談の方が多い。しかし、どんなに仲のよい無二の友人関係になっていても、殺される時は一人なのである」(一九八四年)

拘置所や刑務所、自由のない狭い場所に長く閉じ込められていることによって、心に生じる様々な障害を拘禁症、拘禁性精神病という。

九〇年代になると、袴田さんからの手紙は文字が荒れて判読が難しくなり、内容も支離滅裂なものが多くなってくる。そして、この頃から家族や弁護士との面会を断るようになってきた。たまに面会室に来ることがあっても、姉の秀子さんとの会話すらちぐはぐで、意思の疎通はむずかしいという。

九五年以降は手紙も葉書もほとんど途絶えた。

再審への長い道

一九九四年八月、静岡地裁は袴田さんの再審請求を棄却した。弁護団はその三日後、東京高裁に対して即時抗告を行った。

即時抗告以後、袴田弁護団は捜査機関による証拠のねつ造を前面に打ち出し、五点の衣類に付いている血液のDNA鑑定を裁判所に申請した。つまり、この衣類に付いている血液が本当に殺害された家族四人のものかどうかは、従来の血液型の判定だけでは分からないが、DNA鑑定をすれば明らかになるはずだ。もし、五点の衣類についている血液のDNAが被害者家族のDNAと合わなければ、これはねつ造の証拠になる。裁判所もその意義を認め、重い腰を上げたが、結局、試料が古い上に、味噌が付着していたため、DNA鑑定は成功しなかった。

二〇〇四年八月、東京高裁は即時抗告を棄却した。弁護団は直ちに最高裁判所に特別抗告の申し立てをしたが、〇八年三月に最高裁がこれを棄却し、第一次再審請求は終わった。

二〇〇八年四月、弁護団は静岡地裁に第二次再審請求の申し立てをした。そして、結論から先にいえば、この六年後に静岡地裁で再審開始決定が出されるのだが、これは大きな意味を持つ六年間だった。DNA鑑定の国内での鑑定技術が飛躍的に向上する時期でもあったのだ。つまり、九〇年代の終わりに袴田事件のDNA鑑定が行われ、それは不成功に終わるのだが、その後二〇〇〇年代に入ると、DNA鑑定は、親子鑑定などのビジネスとしても注目されるようになり、その精度も格段に向上した。第一次請求時には不可能だった鑑定が最新のDNA鑑定技術によって可能になったのである。

二〇一四年三月、静岡地裁は再審開始を決定した。

八一年四月に第一次再審請求を申し立ててから再審開始まで、三三年を超える年月が費やされた。あまりに長い道のりと言える。しかし、裁判官に有無を言わせぬ「無実」を突き付けるためには、どうしても最新の科学鑑定の威力を借りる必要があったのかも知れない。この背景にはもちろん二〇〇九年の足利事件の再審開始決定、そして一二年六月の東電OL殺人事件の再審開始決定がある。いずれもDNA鑑定が再審開始＝無実の決定的な証拠になった。かつて未熟なDNA鑑定技術が足利事件や飯塚事件で冤罪を生んだ時代に比べれば隔世の感がある。しかし、もちろん油断はできない。科学鑑定といえども「ねつ造」の余地はいつも残されている。だから正しい使い方が求められる。その意味でDNA鑑定はかつても、そしてこれからも劇薬である。

静岡地裁の再審開始決定

再審開始決定は、ＤＮＡ鑑定などによって「五点の衣類」を「ねつ造」であると断定した。そして、そこからもう一度すべての証拠を読み解き、「袴田さんは犯人ではない」という結論を導き出した。決定が辿った道筋を簡潔になぞってみる。

・「五点の衣類」がなぜ重要なのか。

決定は、（袴田さんを犯人であると断定した）確定判決について、

「袴田の犯人性を肯定するについて、五点の衣類が犯行に用いられた着衣であり、かつ、袴田のものであると認められることを証拠上最大の根拠とし、その他複数の客観的状況も併せると、袴田が犯人であると断定することができるとしている」

そして、自白調書は補充的に使われているにすぎない、と述べている。つまり「五点の衣類」こそが袴田さんの有罪の根拠である、と明言した。

続いて決定は、

「弁護人が提出した証拠等を検討した結果、袴田の犯人性を肯定した確定判決の事実認定に合

理的な疑いが生じたと判断した。以下、その理由を説明するが、その判断を大きく左右したのは、確定判決の証拠構造上最も有力な証拠であった五点の衣類に関する新証拠である①DNA鑑定関係の証拠及び　②五点の衣類の色に関する新証拠であるから、まず、それらについて論じる」

と述べている。つまり、有罪判決は間違っている、なぜそう判断したのか、次の二つの新証拠を吟味すれば分かる、という。

一、DNA鑑定

二、五点の衣類の色に関する新証拠＝衣類の味噌漬け実験

そして、以下、この二つの新証拠について評価している。

・「五点の衣類」はなぜ「ねつ造」なのか。

一、「DNA鑑定」

鑑定は、検察官推薦の山田鑑定人と弁護人推薦の本田鑑定人の二人が行った。二人ともSTR型検査という鑑定法を採用した（他にミトコンドリア型検査も補助的に行われた）。DNA鑑定法については、次の第6章で説明するのでここでは割愛するが、MCT118検査法（足利、飯塚両事件で使われた検査法）が無限ともいえるDNAの塩基配列のうちの一か所だけを調べるのに対して、STR検査法は複数の場所（今回は一六か所）でその塩基配列を検査する。その分、

精度が増し、仮に一六か所全部でDNA型が一致すれば、それは「同一人物」であるとほぼ断定することができる。逆に、一か所でも違えば「別人」だということになる。但し、試料となる血液に味噌が付着していたり、また長期間常温の下で保管されていたことなどから、一六か所のすべての場所（＝座位）の検査結果が出るとは限らない。さらに、過去において検察官や警察官、弁護人などが触ったりしていたら、それらが混入し、別のDNA型が検出される可能性も排除できない。これらを考慮に入れると、検査結果を見た瞬間に黒白が付くという単純なものではない。その判断にも専門的な知識が必要になる。ここに人間的な要素が入り込む余地が生まれる。つまり、鑑定人の思惑が反映される可能性がゼロではないということだ。しかし、このことはあらゆる科学鑑定について言えることであり、DNA鑑定もそこから逃れることはできない。やや横道にそれたが、今回の鑑定でも検査の結果をどのように判定するについてその相克があったので付言しておく。

次に、今回のDNA鑑定では、「五点の衣類」の何を調べたのか。第一は、衣類の色々な部位についている血痕のDNA型が、被害者家族（殺害された四人）のうちの誰かの型と一致するかどうか、である。一致すれば、それは確かに犯行着衣である、という確率が高くなる。第二は、白半袖シャツの右肩に付着した血痕のDNA型が袴田さんのDNA型と一致するかどうか、である（検察は袴田さんが右肩にけがをした際に付着した血痕だと主張している）。一致すれば、それは確かに袴田さんが来ていたシャツだという可能性が高くなる。第一の鑑定でも、第二の鑑定でもＤＮＡ型が一致しなければ、それは犯行着衣ではなく、また袴田さんの物でもない、ということになる。

因みに、これまでの裁判で分かっているのは、白半袖シャツの右肩に付着した血痕はＢ型で、袴田さんの血液型もＢ型であった。また、衣類についていた血痕から検出された血液型は、Ａ型、Ｂ型、ＡＢ型で、殺された専務（Ａ型）、妻（Ｂ型）、長男（ＡＢ型）に対応しているとされたが、次女のＯ型に対応する血液型は検出されなかった。

決定はまず、本田鑑定（弁護側推薦）について説明する。

「……白半袖シャツ右肩の試料から検出されたアレル（＝型）と袴田のものを比較し、一致しないアレルが複数あることから、同部分の血痕は、袴田のものではないと判断した。また、五点の衣類から検出されたアレルが四種類を超えており、かつ被害者着衣から検出されたアレルとの一致が少ないことなどを理由に、五点の衣類には、被害者以外の者の血液が付着していると結論づけた」

本田鑑定はまず、白半袖シャツの右肩の血痕について、一六の座位のすべてが判明したわけではないが、袴田さんのＤＮＡ型と一致しない型が複数あるので、これは袴田さんの血痕ではない、と判定した（一か所でも型が違えば別人である）。また衣類についても、型の一致が少なく、被害者以外の別人の血痕であると判定した。

この本田鑑定を受けて、決定は、検査の条件も悪く全面的に信用できるわけではない、と前

置きしながら、

「白半袖シャツ右肩の血痕が袴田のものではない疑いは相当に濃厚であり、五点の衣類の他の部分の血痕が被害者四人のものでない疑いも相当程度認められる……」

と述べた。その理由として、決定は、対照試料（血痕がついていないところ）の検査ではDNA型がまったく検出されなかったという事実から、他の人のDNA型が混在する可能性がほとんどなく、検査によって検出されたDNA型はその血痕に由来すると考えられる、とした。

次に、山田鑑定（検察官推薦）について見てみる。この鑑定では、ミトコンドリア型検査を実施したところ、白半袖シャツの血痕は袴田さんのものと一致しなかった。しかし、山田鑑定人は、このミトコンドリア型検査もSTR型検査も、検出されたDNA型はすべて外来のDNAによる汚染の疑いがある、として異動識別はできないとした。つまり、外部の人が触れるなどして、そのDNAが混入した可能性が皆無ではないので、検査はできないと言ったのだ。

また、検察官も、「判定不能」とした山田鑑定人の意見こそ正しく、本田鑑定人は山田鑑定と同様に判定不能と結論付けるべきである、と主張した。

一方、弁護人は、本田鑑定はもちろんだが山田鑑定においても、ミトコンドリア型検査によって白半袖シャツが袴田さんのものではないということが裏付けられた、と主張した。

これらの主張に対して、決定は、「本田鑑定」についての検察側の疑義を受け入れる形で、外部から混入した恐れのあるDNA型をすべて排除したうえでもう一度検討する、として論を進めた。そして、白半袖シャツの右肩の血痕については、他から汚染を受けている可能性の少しでもあるDNA型についてはすべて排除し、残った七種類のDNA型に絞り込んで調べた。その結果、それでもなお五種類は袴田さんのDNA型と不一致である、との結論に達した。また、そのほかの五点の衣類の血痕についても、同じように再検討してみても、四人の被害者の血痕とは考えられないと結論付けた。

「この不一致は、極めて重要な事実である。確定判決によれば、白半袖シャツ右肩の試料は袴田の血液が付着した部位とされるから、そこから検出されたDNA型は、袴田のDNA型と原則として一致するのが当然であるのに、これほどまでに一致しないというのは、矛盾、または不整合である」

「この結論は、これだけをとっても、五点の衣類が犯行着衣であり、袴田が着用していたものであるという確定判決の認定に相当程度疑いを生じさせるものであり、特に袴田の犯人性については、大きな疑問を抱かせるものである」

二、「五点の衣類の色に関する証拠」

味噌漬け実験は支援者の一人山崎俊樹さんが、コツコツと積み上げてきた実験だ。その結果がようやく裁判所に認められたわけだが、支援者のこうした活動が新証拠として取り上げられること自体、非常に珍しいのではないか。

実験そのものは、非常に単純な動機から始まった。「五点の衣類は一年以上も味噌漬けにされていたはずだ。それにしては、色が薄すぎる」。だれもが気付くことだが、じゃあ、これを証明してみろ、と言われても簡単にできることではない。この疑念（色が薄いのはねつ造の証拠ではないのか）を確かめるために、山崎さんはバカ正直（失礼）に実験を開始した。支援集会で会場の片隅に実験の様子を展示したこともあった。皆、それを見て「本当だ、本当だ」と言いながら笑っていた。山崎さんも「そうでしょ」と言いたげににこにこしていた。この素朴な実験が裁判官の心を動かした。

決定は、「五点の衣類の色は、長期間味噌の中に入れられたことをうかがわせるものではない」と認めた上で、次のように言っている。

「このような検討は、厳密に数量化できるようなものではないが、大まかな傾向を把握するには十分である。観察方法が主として肉眼によるとはいえ、証明力が必ずしも小さいということにはならない。肉眼で見て明らかに色合いが違えば、誰が見てもそのような判定になるのであり、観察者によって結論が異なることもない。……本件においては袴田の犯人性に直結する事情に関する重要な証拠である以上、このような違いを看過することは許されない」

これは、最大限の褒め言葉ではないだろうか。科学鑑定などという大げさなものでなくても、誰が見ても素直に納得できる、そういう説得力のある証拠だというのである。

このようにして、五点の衣類は「有罪の証拠」から「無実の証拠」に変わったのである。

決定は次のように言う。

「五点の衣類は、ＤＮＡ鑑定という科学的な証拠によって、袴田の着衣でない蓋然性が高く、犯行着衣でもない可能性が十分あることが判明した。

また、五点の衣類が発見された際の、衣類の色合いや、血痕の色は、各味噌漬け実験の結果、一年以上味噌に漬かっていたとするには不自然で、かえって極く短時間でも、発見された当時と同じ状況になる可能性が明らかになった。

端的に言えば、確定判決のうち袴田が本件の犯人であるとする最も有力な証拠が、袴田の着用していたものでもなく、犯行に供された着衣でもなく、事件から相当期間経過した後、味噌漬けにされた可能性があるということである」

そして、決定は、この事件の核心に至る。

「この事実の意味するところは極めて重い。……このような証拠が事件と関係なく事後に作成されたとすれば、証拠が後日ねつ造されたと考えるのが最も合理的であり、現実的にはほかに考えようがない」

「ねつ造」とはっきり言い切った判決文や決定文を目にしたのは、長い間冤罪の取材をしてきたが、この時が初めてだった。どの冤罪も実際には「ねつ造」が満載だが、裁判官がそれをきちんと認めたことは一度もなかった。これまでは、たとえ弁護団が「ねつ造」という言葉を使って書面を提出しても、裁判官はその主張を否定する際ですら「そのような工作はなかった」などと言い換えていた。それほどに「ねつ造」という言葉は裁判所では忌み嫌われていた。

・「ねつ造」の見地からもう一度、証拠を読み直す。

一、「五点の衣類」の発見の経緯

事件発生のころ、味噌タンクは空に近い状態だった。警察がタンク内を捜索した際にも何も発見できなかった。その後、この一号タンクに味噌の仕込みが行われ、その際従業員が中に入ったが、その時も何も発見されなかった。ところが一年以上たって（味噌が出荷されて、再びタンクが空に近くなった時）一号タンクの底近くから五点の衣類が発見された。この発見経緯について、確定判決は「不自然ではない」と評価した。が、この決定は、

「やはり不自然と判断するのが相当である。……袴田が犯人であるとした場合、袴田は橋本商店の従業員であり、……犯行着衣を一号タンク内に隠匿したら、出荷、清掃、仕込みの際等に発見されてしまう危険があることは容易に認識できたはずである。……一般に、可燃物であれば、燃やしてしまうことが最も有効な証拠隠滅と考えられていることからも、そのような行動をとる方が自然である。他方、五点の衣類がねつ造されたものだと理解すると、捜索や味噌の仕込みの際に発見されなかったのは、至極当然ということになって、全く証拠上の矛盾がない」

として、発見の経緯は、ねつ造の疑いをさらに深めると述べた。

二、「鉄紺色のズボン」のサイズ

五点の衣類のうち、ズボンについては、袴田さんは穿くことができなかった。しかし、検察は、ズボンは味噌漬けになっていたために縮んだのだと主張した。これについて決定は、「Oの供述調書写し、同人の供述録取書、Fの供述調書写し（検察はこれらの供述調書を隠し、ズボンについている『B』の印はサイズの表示だと主張し続けてきた）の内容によれば、寸法札『B』という記載は色を示すものであって、サイズを示すものではなく、鉄紺色ズボンのサイズは『Y体四号』であることは明らかだから、確定控訴審のこの点に関する認定は明らかに誤りである」

としたうえで、

「鉄紺色のズボンは、それが袴田のものではなかったとの疑いに整合するものである」

と結論付けた。

三、「ズボンの端布」

五点の衣類が味噌タンクから見つかった一二日後、警察は袴田さんの実家を捜索して、そこでズボンの裾を詰めた際に出る端布を押収した。それが、五点の衣類のうちのズボンの生地と一致し、犯行着衣（＝五点の衣類）は袴田のものである、と断定された。

これについて、決定は「端布は普通、二枚を一組としているはずだ」として、その不自然さを指摘した上で、さらに、

「最も疑問の余地があるのは、端布が押収された経緯についてである。端布が押収された際の捜索差押許可状の目的物は、バンドと手袋であった。そして、実際に捜索がなされた際には、かなりいろいろな箇所が捜索され、現にバンドと端布が出てきた箇所は異なっている。……捜査実務においては、関連性があると思われるものについてはかなり広範に差し押さえるのが通常であろう（特に、本件のような重大事犯にあっては、そのような扱いがなされるであろう）。しかし、この捜索差し押さえに関与した警察官が、目的物であったバンドのほかには、一見しただけで関連性が明白とは考えにくい端布を、目的物とされてもいないのに押収し、それ以外には何も差し押さえていないのは不自然である」

と述べた。そして、次のように結論付けた。

「五点の衣類についてのねつ造の疑いが現実化している以上、この端布は、五点の衣類といわばセットの証拠といえるから、ねつ造の疑いをも視野に入れて検討せざるを得ない。そうすると、その収集過程等に生じる疑いを払拭できないのであれば、五点の衣類についてのねつ造の疑いを受けて、端布についてのねつ造の疑いも強まったと判断すべきである。袴田の実家から端布が出てきたことを装うために、捜索差押えを行ったとすれば、収集過程の不自然さも容易に説明がつく」

有罪の決め手であり、最重要の証拠とされていた「五点の衣類」は「ねつ造」されたものである、裁判官はまず、そう判断した。そこから先はオセロゲームと似ている。あらゆる駒＝証拠が、裏返っていく。これまで「有罪の証拠」だったものが、今度は逆に「無実を証明する証拠」になっていくのである。

捜査機関は「五点の衣類」という犯行着衣をねつ造した。それまで犯行着衣は「パジャマ」だとしてきたが、それでは勝ち目が見えない。つまり、無罪判決が出る可能性がある。そんなことになったら大変だ。「ねつ造」は、そう判断した捜査機関の逆転のための重要な策略だった。そして、犯行着衣を作った。作ったら、つぎには「それは袴田のものである」という証拠を作らなければならない。「犯行着衣と袴田を結ぶ線」がいるのだ。それが「端布」だった。端布のねつ造でこの嘘のシナリオは完成した。

確定判決までは、裁判官は警察、検察の作った通りの物語を信じてくれた、あるいは信じたふりをしてくれた。最高裁もこの嘘の物語に乗った。しかし、嘘は、いつかはばれる。どこかに綻びがあるからだ。DNA鑑定が今回はその綻びを切り裂いた。最初の大きな嘘が暴かれると後は雪崩のように崩れていく。この決定を読み進めばそれがよく分かる。

決定は、このほかにも「白半袖シャツとスポーツシャツの右肩の穴」、また「郵便局で発見された記号番号の焼け焦げた紙幣一八枚」についても「不自然」であり、「ねつ造」の疑いがあると述べている。このようにして、決定はこれまで有罪の根拠とされてきた証拠のほとんどを「ねつ造」だと判断して、捜査機関を厳しく糾弾した。裁判官がこの決定の中で捜査機関へ向けた疑いの眼差しには容赦がない。なぜ、そういう視線で臨まざるを得なかったのか、その理由を述べている部分があるので、最後にそれを紹介しておく。

「警察は、袴田を逮捕した後、連日、深夜にまで及ぶ長期間にわたる取調べを行って自白を獲得しており、その捜査手法は、袴田を有罪と認定した確定判決すら、『適正手続の保障という見地からも、厳しく批判され、反省されなければならない』と評価するほどである。そこには、人権を顧みることなく、袴田を犯人として厳しく追及する姿勢が顕著であるから、五点の衣類のねつ造が行われたとしても、特段不自然とはいえない。公判において袴田が否認に転じたことを受けて、新たに証拠を作り上げたとしても、全く想像できないことではなく、もはや可能性としては否定できないものといえる。この後の総合判断の際にも、この可能性を考慮して検討することが求められるのは当然である」

こうして袴田さんの再審請求は認められ、再審の開始が決定された。「主文」では、「本件について再審を開始する」という一行に続いて、「有罪の言渡を受けた者に対する死刑及び拘置の執行を停止する」という一行がある。重要な決定である。しかし、弁護団はこの日のうちに袴田さんが釈放されるとは、決定を受け取った時点では考えていなかった。検察が当然激しく抵抗するだろうと予想出来たからだ。身柄を確保し続けるための手続きを取ってくるだろうと。

だが、裁判所は検察の抵抗をはねつけた。袴田さんは決定の出たその日の夕方、東京拘置所から釈放されたのである。

「監獄の狭い運動場では十分に走れないので、せめて、百メートル位の距離でよいからめいっぱい走りたい。私が自由を勝ち取ったならば最初に叶えるのがこの果て無い夢であるに違いない。肩と股で風を切って走る。想像しただけで全身がうずくのである。私は果たして、走り続けることでチャンピオンになり得たのか。若い時には、できると思っていた。しかし、今、私は別の答えを用意している」獄中からの手紙・一九八四年

四八年前、古いニュース映像の中で、袴田さんは護送車から降りるとカメラの放列をよけながら裁判所の階段を駆け上がり、建物の中に消えていった。手錠は掛かっていたが、無実の青年の足取りは軽やかだった。そして、この日、七八歳の老人は姉に支えられながら、迎えの車に乗り込んだ。

待ち構えるカメラマンたちの中から「おめでとう」の声が掛かった。確かにそうだ、自由の世界に戻ってきたのだから。しかし、四八年はいくら何でも長すぎる、残酷だ。

袴田さんは静かに流れ過ぎる街並を眺めていたという。半世紀ぶりの娑婆である。

袴田弁護団・小川秀世弁護士インタビュー

袴田事件の長い裁判の闘いの中で、検察が犯行着衣だと主張した「五点の衣類」を、最初に「ねつ造」だと言ったのは、実は袴田巖さん自身だった。刑事が袴田さんの実家の箪笥の中からズボンの端布を見つけた、という話を獄中で聞いた袴田さんは、秀子さんに宛てた手紙の中で、「でっちあげの権力犯罪」だと書いてきた。一方、弁護団の中でねつ造説を展開し、そこが闘いの本丸だと主張し続けたのが、小川秀世弁護士だった。

静岡市内の事務所で話を聞いた。

「小川弁護士の採点では、この決定は何点くらいですか」

「『ねつ造』とはっきり言っていますしね。それに『拘置の執行停止』まで行くとは思っていなかった。だから一〇〇点を越えますね」

「ねつ造という言葉は、普通は出てきませんね。でもこの決定では何度も出てくる」

「やはり、二者択一なんですね。『犯行着衣ではない』という可能性が出てくれば、当然にねつ造の可能性が出てくるということで、論理必然、だと思います」

「小川さんは、ずっとねつ造説を主張していらっしゃった。その同じ舟に裁判官も乗ってきた、ということですね」

「裁判官も本当にそう思ったんでしょうね。だから、袴田さんの『拘置の執行停止』も認めたんでしょう。書いていることは（裁判官の）本心だと思います」

袴田事件弁護団に加わって今年で三一年になるという。弁護士になった翌年には、もうこの大型冤罪裁判に関わっていたことになる。

「静岡で弁護士をやるのに『袴田』に入らんでどうする、と大学のゼミの先生に言われました」

「若い弁護士さんには大変だったでしょう」

「当時は記録さえ貰えない。自分で六万円七万円かけてコピーを取るんですね」

小川弁護士は最初から「五点の衣類」の担当になった。

「当時、弁護団がメインにしていたのは『裏木戸の実験』とかの問題でした。自白の信用性ですね。で、『五点の衣類』は取っ掛かりがないために軽視されていました。それで、入ったばかりの僕がその担当ということになっちゃった」

検察の主張では「犯行後、袴田は裏木戸から逃走した」ということになっている。しかし、裏木戸には鍵が掛かっていた。「掛かったままでも、二枚の戸の隙間から出られる」と警察は言い、一方、弁護団は「鍵の掛かった裏木戸からは、外に出ることはできない」として「自白は信用できない」と主張し続けてきた。

「今度の決定では『裏木戸実験』については一言も触れていませんね」

「あのころは、証拠構造の分析がきちんとできていなかった、ということですね。自分たちが扱い易い証拠が裏木戸だったから、それに合わせて、証拠構造を考えていった。当時、みんなが言っていたのは『自白と五点の衣類が二本の柱』だと。つまり、自白を崩せば（＝裏木戸実験によって証拠の信用性を崩せば）、この事件は崩せるんだと」

「五点の衣類」は重要な争点だが、しかし、当時は「ねつ造説」からの観点では検討されていなかった。「たとえ犯行着衣であったとしても、それは（真犯人の物であって）袴田さんの物ではない」というのが弁護団の考え方だった。

小川秀世弁護士

「小川弁護士は、何によって『五点の衣類』をねつ造だと考えたのですか」

「一言で言えば、ブリーフが二枚あるじゃないですか」

袴田さんは当時、珍しい緑色のブリーフをはいていた。五点の衣類が発見された時、その中に緑色のブリーフがあった。しかし、袴田さんの親族は、家族に送り返された袴田さんの私物の中に緑色のブリーフがあった、と言っている。緑色のブリーフが二枚存在することになる。

「どちらかがインチキだということですね。それなら、これはそういう方向で（捜査機関がねつ造したという方向で）考えざるを得ない。そういう意味では割と単純ですよ」

「ほかの弁護士の方々が『ねつ造』という考え方に乗ってこなかったのはなぜですか」

「『ねつ造なんて、本当にあるの』、『ねつ造なんて言ってもいいの』、そういう観念から入るんですね。『品位がない』と言った人もいます」

「本当にねつ造があったかどうかは別にしても、裁判官は絶対にそれには乗らない、ということなのではないでしょうか」

「そうですね。それが一つはあるでしょうね」


今回、これほど劇的な決定に至ったのは、DNA鑑定という動かぬ証拠が提出されたからだ。しかし、袴田さんの再審請求審では一〇年以上前に一度、DNA鑑定が実施されている。だが、その時には技術的な問題から鑑定はうまくいかなかった。そして、請求は棄却された。それは弁護団にとって苦い経験だった。本来、「鑑定ができなかった」という結果は、「ねつ造ではない」という結論には結びつかない。それは「ねつ造かどうか判定できなかった」ということに過ぎない。それにも関わらず、鑑定不能は棄却決定に結びついてしまう。DNA鑑定は両刃の剣なのだ。

もっと大きなリスクもある。それは「鑑定した結果、被害者や袴田さん本人のDNAが検出された」としたら万事休すではないか、という危惧だ。弁護団の中でこの点も議論されたという。しかし、ここでも小川弁護士は強気だ。これも「ねつ造ではなかった」ということを意味するわけではない。警察が「そこまで手の込んだねつ造をした」ということだ。

「そういう議論も確かにあった。でも、(仮にそんな結果が出たとしても)それで闘いがついえるということはないんです。そこからまた出発すればいいいんです。だって、これは『ねつ造』なんですから」

小川弁護士の信念とその軽やかさが弁護団を支えてきた、そういう側面もあっただろうと筆者は想像している。そして、二度目のDNA鑑定は金鉱を掘り当てた。

DNA鑑定と共に、今回、裁判所が「ねつ造」の根拠としたのが支援者の行った「味噌漬け実験」だ。この実験から、裁判所は「五点の衣類が味噌樽に投げ込まれてから一年以上経過しているとは考えられない」と結論付けた。

「支援者の実験が重要な証拠として取り上げられた、これは非常に珍しいですね」

「端的に言えば、分かり易い、ポイントを突いた実験だったと思います。これに関しては、高裁や最高裁が『衣類の状態からすれば、長期間漬かっていたことは明らかだ』と強調した、そういう経緯があります。簡単に言えるはずのないことを、勝手に想像で言っている。これによって、我々は『味噌の色の付き具合』を争点にすることが可能になったんですね。この闘争では支援者の力は本当に大きいと思います」

決定は、DNA鑑定と味噌漬け実験によって、五点の衣類は「ねつ造」された疑いがあると認めた。そして、その視点から俯瞰して、この事件全体が捜査機関のねつ造とその隠蔽によってつくられたものだと断じた。

「今度の決定は、ねつ造を認めて、そしてそれを認めたら、後は何もいらないというような書き方ですね」

「はい。そうですね」

「こういう書き方をされたら、検察としては抗告しない訳にはいかないし、上級審で足をすくわれるというような心配はないですか」

「大丈夫」

小川弁護士は、ここはきっぱりと言い切った。

「なぜ、大丈夫かと言えば、裁判所は事実と証拠をよく見ているからです。で、『五点の衣類が犯行着衣である』ということに一旦疑問が生じたら、あとは『ねつ造』を考える以外にないんです。裁判所は余分なことは言っていない。本当に事実を突き詰めて、言えることだけを順序立てて言うと、そうなる（＝ねつ造である）ということですね」

「いい裁判官と出会った」

「何、それ」

「いやな言い方ですが、変な裁判官に当たっていたら……」

「もちろんそうですね。裁判官は、本当にそう思ったんでしょう。だから袴田さんの拘置の執行停止も認めたんでしょうね」

話は少し飛ぶが、決定が出た日の午後、筆者は東京拘置所まで行き、その待合室で秀子さんが面会を終えて出てくるのを待っていた。袴田弁護団の秋山賢三弁護士もそこにいた。時間つなぎに決定文を鞄から出して筆者に見せてくれた。「……証拠が後日ねつ造されたと考えるのが最も合理的であり、現実的には他に考えようがない」。「ねつ造」という一言は衝撃的だ。しかし、これに続く一文はさらに衝撃である。「そして、このような証拠をねつ造する必要と能力を有するのは、おそらく捜査機関（警察）をおいて外にないと思われる」。「ねつ造」があったと言い、続いて、それをした犯人はお前だろう、と決めつけている。厳しい。思わず隣にいる秋山弁護士の顔を見た。秋山弁護士は元裁判官、有名な冤罪事件である「徳島ラジオ商事件」で再審開始の決定文を起案した、その人である。「こんなこと、書いていいのですかね」、秋山さんは「ん」と言ってその部分を読んだ。それから少し間をおいて、

「裁判官も書いているうちにだんだん興奮してくるんですね。そうすると、筆が走るんです」

その一言は、この異様に熱を帯びた決定書の成り立ちを見事に喝破している、筆者はそう感じた。小川弁護士が「ねつ造説」を唱えて、弁護団の中で孤立無援だった時、「ねつ造なんだったら、ねつ造だと言えばいい」と励ましたのは秋山弁護士だった。

最後に、どうしても確認しておきたかったことを聞いた。

「決定は、このねつ造を行ったのは捜査機関、つまり警察だと書いています。検察が関与して

いない、などということがあるでしょうか」

「僕は、共同してやった、とまでは思っていませんが、うすうすは分かっていた、あるいは、それ以上かも知れないと思います。秋山先生も言っていますが、（ズボンの）端布が見つかってすぐ、その鑑定もしないうちに証拠調べ請求をした。冒頭陳述も変えた（犯行着衣をパジャマから五点の衣類に変更した）。いくらなんでも早すぎますね。これ等の手続きは全部検察ですからね」

五点の衣類が出てきた。それ、犯行着衣だ、それ、袴田のものだ、などとすぐに対応できるのは、初めからそういう意図を持ってでっちあげたものだ、ということを知っているからではないのか。

「そうでしょ、これまでの検察の主張をひっくり返すような証拠なんですから。もっと慎重になるでしょ、普通なら」

「警察のしたことは、検察としては全部分かっていた」

「そうでしょうね」

今回の決定は、ねつ造を行ったのは「捜査機関（警察）」であると言っている。筆者は「警察は実行犯、裏で検察が糸を引いていた、あるいはねつ造を承認していた」と考えている。犯行着衣という核心的な証拠を裁判の途中で変更する、しかもそれはでっち上げたものだ。そんな力業が警察だけの思い付きでできるはずがない。ねつ造のアイデアがどちらから出たかは分からないが、最終的な承認が検察から出ていることは間違いない。その意味で、小川弁護士が一〇〇点以上と評価する決定だが、この部分だけは、いつもながらの「検察への配慮」が滲み出ているように読めて残念でならない。但し、この決定が上級審で審理される際に、「捜査機関（警察）」という記述によって検察官の抵抗を少しだけ緩めることができ、裁判官にも受け入れやすくなる、そのための深慮遠謀だとしたら、まさに一〇〇点以上の決定である。

袴田秀子さんインタビュー

「二人でね、世界一周旅行でもしようかって言ってるの」

「本当ですか」

「そんな気分です、あはは。本当か嘘かはともかく、そうしたいような気分です」

そこでまた、秀子さんは弾けるように笑った。

「再審開始決定」が出てから一〇日後、浜松市内の袴田秀子さんの御自宅を訪ねた。メモした住所を片手に道に迷っていると、上の方から「こっちだよー」と声が聞こえた。前方を見上げると、ビルの三階辺りの窓から秀子さんが顔を出して、手を振っていた。後で知ったが、そのビルは、秀子さんが巌さん（七八歳）と一緒に暮らすために建てたもので、二階までを借家にして、三階部分を自宅にしていた。秀子さんの八〇年余りの人生の後半は、すべて、弟の第二の人生を準備するために費やされた。

この一〇日間は、釈放された巖氏と共にマスコミに追いかけられる日々が続いていた。さぞや、お疲れだと想像したが（実際に非常に疲れていたはずだが）、インタビューの間中、若い女性のように笑い続けた。

「記者会見の席で、どこかの記者が『こんなににこにこしている秀子さんを見るのは初めてだ』と言っていました」

「ははは、本当だね」

弟の逮捕から四八年、心の底から笑ったことは一度もなかったはずだ。

「私は嬉しかったの。涙なんか出なんだよ」

「周りの人たちは泣いていました」

「泣いてくれる人は大勢いたね。でも、私は涙なんか全然出ない。嬉しくて嬉しくて、ね」

この日、秀子さんは拘置所から届いた巖さんの私物を整理していた。重いダンボール箱が一一個あった。

「巖さんはここで暮らすんですね」

「巖のためにこの家を建てたんです」

中央のリビングを挟んで二部屋ずつ配置されている。姉と弟が暮らすことを想定して設計されている。

「（釈放されたら）お金がかかるから。その前に私がどうかなってもいかんから、巌のために資金面を何とかしておかないと、と思ってね。弁護活動もお金は掛かるし」
「自分がいなくなった後で巌さんが出てくることもある、と考えた？」
「そういうこと」

袴田秀子さんと弁護団の記者会見

これまでの裁判闘争の日々についても、秀子さんの強靭さは誰もが認めるところだが、釈放後まで見据えた周到な準備の数々は、闘う女の凄味を感じさせた。

話を決定の日に戻す。「再審開始」の決定書を持って、秀子さんは東京拘置所に向かった。決定は、「死刑及び拘置の執行を停止する」とその主文で言っている。しかし、その日の内に巌さんが拘置所から出てくるとは誰も考えていなかった。弁護団ですら「拘置の執行の停止」が書き込まれたその主文に驚き、さらに当然予想される検察の抵抗や、過去の例を考慮すると、その日に袴田さんが釈放される可能性は少ないと見ていた。

「面会できんと思って行ったけど」

この三年余り、巌さんは秀子さんが面会に行っても会おう

としなかった。しかし、この日は、

「拘置所の方にも（再審開始決定の）連絡がついていて、面会室のところまで巌を連れて来てくれて」

秀子さんと二人の弁護人は巌さんに会うことができた。

「『やあ、再審開始だよ』と言ったけど、本人はきょとんとしているの。『この人、嘘ばっかり言っている』って、ね。『俺はここにいて何の不自由もない。この人たちに帰ってもらってくれ』と言って、本当にしやせんの。私はとにかく巌に会って、いつ出られるか、それは分からんけど、とにかく希望だけ持たせるように『再審開始だから。もう出られるから』と一所懸命言った。それこそアクリル板に顔を押し付けて。弁護士さんも書面を出して『巌さん、これ読んでみて』と言いながら、三人でワーワー言って騒いだの。でも、本人は『この人、嘘ばかり言っている』って」

三人は面会室を出た。そして、拘置所内の待合室まで戻った時、刑務官が後から追いかけてきた。「もう一度、戻ってください」と言われて、秀子さんと弁護人はまた引き返したが、この時には、面会室ではなく応接室に通された。男性職員の一人が、秀子さんに語りかけてきた。

「何と言ったのですか」

「お金を返す、って言うじゃん」

「何のお金ですか」

「差し入れしてあるお金。今までに私が差し入れたお金を返すって言うもんで、まあいいや、返してくれるなら、もらえば、と思って領収書を切って。でも、何が何だか分からないので、その人に聞くと『僕は会計ですから、分かりません』と言うの。次にまた他の人が来て『靴、持ってるか』って。靴？ そんなものあるわけないじゃん」

「その辺で、（今日、釈放されると）気が付いた？」

「気付かなんだよ、全然。『スリッパでもなんですから、靴か何かありませんか』と言うけど、こっちにはそんな用意はないんだもの、私も弁護士さんも」

そうこうするうちに、

「本人が来ます、って言うでしょ。ぽけっとして待ってたの」

「今日、出られるって確信したのは？」

「本人が来てからだね。来ますって言うもんだから、あそこ（面会室）できちんと面会できなかったから、ここでもう一度面会させるんだと思っていたのよ、私達は」

「そしたら」

「巖がひょこひょこ入ってきて、長いデスクにぐでんと座って、『釈放、された』って言った」

秀子さんは「釈放された」というところだけ、消え入るような小声で巖さんの口調をまねた。

「本人がそう言った？」

「うん、本人がそう言った。もぞもぞっと誰に言うともなく言った」

半世紀の間、夢に見、待ち望んだ瞬間が、不意に訪れた。しかし、すぐには信じられなかった。

「まだまだ半信半疑でね、そしたら、男の人が、荷物が一一箱あるで、それをお姉さんのところに送っていいかって言うから、あー送ってくださいと。将来はお姉さんと一緒に暮らすんですかと言うから、そうですよって言ったの。そしたらまた、着払いで送りますって。あはは、私は、着払いでお願いしますと言ってサインをしたの。うちは広いですよって言ってね」

巖さんの手を握り締めて、一緒に応接室を出た。待合室で弁護人と合流し拘置所の玄関を出ると、そこから先は、マスコミのカメラの砲列である。その日は、二人で都内のホテルに宿泊した。翌朝、秀子さんはカーテンを開け、「こっちに来て見てみな」と言って、弟に東京湾を見せた。「昔、裏弁天であさりを取ったの、思い出すだね」と言うと、巖さんは「大井川か」と答えたそうだ。無口な巖さんだが、弁護士が来て「今日は健康診断に行くよ」と言った時には「せっかく自由になったのに、また拘束するのか」とはっきり言った。それから、ホテルを出ると再びカメラの砲列である。

釈放前の袴田巖さんについては「拘禁症」によって、精神的に不安定な状態が続いていると知らされていたが、何日間かを共に過ごした秀子さんは、どのように感じたのか、尋ねてみた。

「マスコミに追いかけられている現在の状況を巖さんは分かっていますか」

「分かっているみたいですねえ。記者が『具合はどうですかー』と聞いた時にも、小さな声で

『いいですよ』と答えていた。私にしか聞こえなかったけど」

「三年以上も会えない状況がありましたね。テレビで拝見する限りでは、自然な感じですが」

この時だけ、秀子さんは少し考えてから、きっぱりとした話し方で答えた。

「あそこ、アクリル板の向こうにいる時には、虚勢を張っていなければ、(生きて)いられなかったのだと思う」

「虚勢?」

「多分、そうだろうと思って、私はほっとした。それで、外に出てきて『釈放、された』と言った時には、(虚勢を捨てて)うんと大人しくていい子だった」

身内の者の直観だが、多分、その通りなのだと思う。

「そうしないと、あそこには居られない、ね」

「そうやって、一日、一日ですね」

「そうそう、そうやって自分に言い聞かせて、ね。(それでも時々)おかしくなって、神様だの、ヘチマだのって言ってたんだと思う」

この半世紀の闘いについて聞いた。

「五〇年と言うけどね、知らないでやっているうちに五〇年過ぎちゃった。今から数えてみたら、そうだったということ。毎日、毎日、勘定してきた訳じゃない」

「支えは何でしたか」

「巌の無実です」

「それは、無実だと分かれば、巌さんが帰ってくるという意味ですか」

「巌のためだけじゃない。自分のためでもあるの。こんなこと言われてたまるかって思って。『殺人犯』と言われて、それを晴らす、という気持ちです」

「この決定で、気持ちが晴れましたか」

「DNA鑑定の結果が出た時に、すーっとした」

「納得できた?」

「これで、本当に巌は無実である、と(証明できた)」

「長い闘いの中で一番苦しかったのは」

「始めの一〇年ですね。支援してくれる人もなくて。夜、眼を開けて、巌のことばかり考えて。そして、アル中みたいになってね、ウィスキーばかり飲んで。こんなことしてたらどうしようもないと思って、酒をぱっとやめて。それからまあ、いろいろあって……。

支援者がいてくれたから、私もできたんです。一人だったら、どうにかなって、潰れていたでしょうね」

「巌さんや私の人生を返せと、警察、検察に言いたくないですか」

「そんな気持ち、全然ない。巌が帰ってきただけで十分。今のところはね。これからどう思うかわからんが、あははは」

どんな苦労話も、今日ばかりは笑いにかき消された。笑い声に始まって笑い声で終わった。

久々の秀子さんの休息日に長居は禁物、と思ったが、ここで「カレーパーティー」をするから食べていきなさい、とお誘いいただいた。夕方、思い思いの食べ物を持ち寄って集まったのはご近所の六人、すべて支援の方々だった。確かに、打ち解けた雰囲気ではあったが、「パーティー」とは名ばかりで、カレーライスを食べながらの打ち合せ会議であった。

巌さんの病状分析、弁護団との連携、マスコミ対策。釈放に浮かれていたのは数日だけで、早くも次を見据えていた。秀子さんが「支援者の存在がいつも救いになった」という意味の重さを納得した。

帰り道、ジャーナリストのIさんと共に、春の夜風に吹かれながら浜松駅まで歩いた。捜査機関のでっちあげに対して、裁判官が「ねつ造」という言葉を使ったのは、これほどの大事件では始めてのことだ。刑事司法に一石を投じる決定になるはずだ。弁護団と秀子さんの長い闘いの末に大きな岩が少し動いた。Iさんも筆者も長く冤罪の取材を続けているが、いいニュースは少なく、落胆する話ばかりが多い。せめてこの夜くらいは浮かれていたい気分だった。

二〇一五年夏。この再審開始の決定に対して検察が即時抗告して、審理は今も続いている。秀子さんと弁護団の長い闘いはまだ終わっていない。

袴田巌さんは、一時は時の人であったが現在は落ち着き、訪ねてくる人と将棋を指したりしながら静かな日々を送っている。最近手合せをしたという小川秀世弁護士は「負けちゃったんですよ、この僕が」とやや本気で悔しさを滲ませていた。

第6章

DNA鑑定の呪縛

飯塚事件と足利事件

はじめに

飯塚事件は死刑冤罪事件である。しかし、死刑判決を受けた久間三千年さんは雪冤を果たせなかった。二〇〇八年一〇月に死刑が執行されたのである。この事件では間違ったDNA鑑定が有罪の決め手になった。この鑑定法のでたらめさをこれから述べたい。ところで、この間違いだらけのDNA鑑定で同じように有罪の認定を受け、無期懲役の判決を受けた人がいる。足利事件の菅家利和さんである。しかし、菅家さんについては、後にその間違いが認められて、再審で無罪判決を受けている。同じ時期に、同じ機関で、同じ鑑定者らによって行われた鑑定で、信じられないことだが結果も全く同じだった（確率では一〇〇〇人に一、二人しか同じ人はいないはずなのに）。

一方は「死刑の執行」、もう一方は「再審無罪」。何が二人を分けたのか。ここでは、DNA鑑定の問題点を浮き彫りにするために、二つの事件を比べながら話を進める。

二〇〇九年六月、足利事件の受刑者、菅家利和《すがやとしかず》さん（当時六二歳）が千葉刑務所から釈放された。DNAの再鑑定の結果が公表されてから一か月も経っていなかった。菅家さんと犯人のDNAは不一致、つまり菅家さんは犯人ではなかった。再審請求中の受刑者が無罪判決どころか、再審開始の決定も出ていないうちに釈放されるのは異例で、過去にもそんな例はない。また東京高裁も、後を追うように鑑定人の証人尋問をすることもなく、その二〇日後には再審開始の決定を出した。これも異例だ。無実の人の人権を速やかに回復するのは無論重要だが、しかし、弁護団はこれに異議を申し立てた。

「なぜ冤罪が起きたのか、その解明もしないまま事件にふたをしてしまうのか」

検察どころか裁判所までが真実の解明に消極的な理由は明らかだ。ずさんなDNA鑑定を四度（地裁、高裁、最高裁、再審の地裁）までも見過ごし、無期懲役を宣告し続けた裁判所の責任は重い。事実をきちんと検証していけば、裁判官の目が「節穴」であったことが明らかになるだろう。それを隠す為に、やるべき審理をやらず、超スピードで疾走し、事実の解明を置き去りにしてしまった。

筆者が足利事件の取材を始めたのは〇八年の一一月に遡る。それは足利事件ではなく、飯塚事件についての一本の電話から始まった。死刑制度廃止に取り組むF氏から「飯塚事件の久間三千年《くまみちとし》さんの死刑が執行されたのを知っていますか」という電話を頂いた。〇八年一〇月二八日、森英介法務大臣（当時）が大臣になって最初の死刑執行を命じた。執行された二人のうちの一人が久間さんだった。

九二年二月、福岡県飯塚市で小学一年の女の子二人が誘拐され、翌日近くの山中で、遺体で発見された。二年七ヵ月後、久間三千年さん（当時五六歳）が逮捕されたが、決め手はDNA鑑定だった。久間さんは逮捕直後から一貫して無実を主張し続け、死刑判決の確定後、弁護団は再審請求の準備を進めていた。死刑の執行は刑の確定から二年しか経っていなかった。

「このDNA鑑定は足利事件の菅家さんと全く同じ鑑定法でした」

F氏の電話の趣旨は明瞭だった。無実の人が国家に殺された可能性がある。冤罪に関心のある記者なら事件を放っておくことはできないだろう、ということだ。東京高裁が足利事件の再審請求審で再鑑定を決定したのは〇八年の一二月だが、それに先立って一〇月の時点で新聞は「足利事件、DNA再鑑定へ」という記事を掲載している。再鑑定とはつまり、有罪の根拠だったDNA鑑定に大きな問題があることを裁判所が認めた、ということだ。ところが、この記事の一〇日後、久間さんの死刑が執行されたのである。科学警察研究所が行ったDNA鑑定法が間違っているかもしれないと（今頃になってやっと）裁判所が気付いた。検察も、そして法務省もこの再審の行方を注視していた。そうであれば当然、再鑑定が行われることになった経緯をよく理解していたはずなのに、何故、同じ鑑定法で死刑判決を受けた久間さんの死刑を止めなかったのか。

飯塚事件と足利事件。この二つの冤罪は同じ根から生えている。DNA鑑定の嘘を暴くことが二つの冤罪事件を解く手掛かりになると考えた。

「MCT118法」。科学警察研究所＝科警研が足利事件と飯塚事件で使ったDNA型鑑定法だ。「型」という理由は後ほど述べる。この「MCT118法」がいかにデタラメなものだったか、そのことについて書くつもりだが、鑑定法そのものについて詳しく書き始めるとこの原稿の何倍ものスペースが必要になるので、これも後ほど簡単にしか触れない。

結論を先に言えば、科警研の行った鑑定は「完全に間違っていた」ということが今でははっきりしている。そして、もし裁判所がもう少しきちんと弁護側の主張に耳を傾けていたら、もっと早い時点で鑑定法の間違いに気付いたはずだ。裁判所は、科学鑑定から逃げ回った。その結果、冤罪の発見が遅れた。これも間違いのない事実だ。

足利事件

九〇年五月、栃木県足利市で四歳の女の子が消えた。

夕方、父親に連れられてパチンコ店に来た女の子が、駐車場で一人で遊んでいるうちに行方が分からなくなった。足利市では、この事件以前にも同じような事件が起きていた。

七九年には五歳の女の子が遊びに出たまま行方不明になり、六日後、河原に捨てられていたリュックの中から遺体で発見された。八四年にはパチンコ店から五歳の女の子が姿を消し、一年以上経ってから、市内の畑に埋められているのが発見された。いずれも未解決だった。

そして、この事件でも行方が分からなくなった翌日、女の子は遺体で発見された。パチンコ店のすぐ横を流れる渡良瀬川の河原で、裸にされて捨てられ、その上に草が被せてあった。

栃木県警挙げての必死の捜査が行われた。当初は、目撃情報もあったがすぐに尻すぼみとなって警察は壁にぶつかった。現場の遺留物から犯人の血液型はB型と特定され、この情報を元に県下全域でローラー作戦が実施された。警察の意気込みもすさまじかったが、市民の警察への期待と批判もそれ以上に大きかった。

手詰まり状況のなかで、発生から半年後、四四歳の独身の男性が捜査線上に浮かんだ。

菅家利和さんは、離婚経験のある独身で当時は幼稚園の運転士をしていた。家族と共に市内に住んでいたが、手狭なためアパートを借り、仕事のない日はそこに一人で住んでいた。アパートを訪ねた刑事が押入れにアダルトビデオと大人のおもちゃが置いてあるのを見つけた。そして菅家さんはB型だった。

尾行をつける積極的な理由はなかったが、ほかの容疑者が次々と消えていく中で、菅家さんだけが残った。そして、その後一年間、張り込みと尾行が続けられた。菅家さん自身は自分が監視されていることにまったく気付かなかった。警察はこの一年間、何の収穫も得られなかった。怪しげな行動もなく、別件逮捕の口実すら見つけられなかった。しかし、膠着状態が続く中で、一年後、事件は全く別の展開を見せ始める。

未解決のまま丁度一年が経った、九一年五月、ある記事が新聞の一面を飾った。

「犯罪捜査にDNA鑑定」

警察庁が来年度からDNA鑑定を正式に導入することを決定したという。ここまで実験段階だったDNA鑑定を、捜査の現場で実際に利用していくことを決めたのだ。だが、大都市の警察で九二年度から、地方の警察では九四年度までに導入する予定だと言う。もう少し先の話だ。しかし……。

この記事が出たちょうど一カ月後、張り込み中の刑事は、菅家さんが出したごみ袋を漁り、その中に、精液の付いたティッシュペーパーを見つけて、それを捜査本部に持ち帰った。一年間の張り込みで警察が手に入れた唯一のものだったが、これが後にDNA鑑定という有罪の決め手となる証拠を生み出すことになる。いくら張り込みを続けても何も出ない。あせる捜査陣の中で、DNA鑑定が「最後の頼みの綱」になっていたのだ。

DNA鑑定は未だ完成された鑑定法ではなかった。それに鑑定の対象になる試料、血液や精液などの保存の方法も確立していなかった。だが他の事件でも少しずつDNA鑑定が使われ出し、それを横目で見ていた捜査本部は、八月になって科警研にDNA鑑定を依頼した。この時、科警研は送られてきた鑑定試料を一度は栃木県警に送り返した、という情報がある。つまり、時期尚早だと科警研は考えていた、ということだ。だが実際には鑑定は行われている。科学警察を標榜する警察庁の強い意向が働いたのかもしれない。

「菅家と犯人のDNAが一致した」という科警研の報告は栃木県警を驚喜させた、のみならず警察庁をも大いに満足させた。

「容疑者浮かぶ、四五歳の元運転手、DNA鑑定で一致」

九一年一二月一日の朝刊で、朝日、毎日、読売の三大紙が同時に一面トップで報じた。ただし、この記事は地元の記者から出た原稿ではなく東京発で、警察庁のリークだったといわれている。世間の耳目を集めている難事件がDNA鑑定で解決した、というのは本格導入に先駆けて、大きな宣伝になる。DNA鑑定に詳しい佐藤博史弁護士はこの日のことを苦々しく振り返る。

「警察官僚がDNA鑑定というものを捜査に用いるべきだと考えた。ここまではいいとして、そのための予算を取るのに、どうするかということを考えた時に、一二月一日に（菅家さんを）任意で取り調べるということは分かっていた。で、分かっていたから中央で（東京で）そのことを一部のマスコミに流して、そして（新聞に）出た」

この記事の出た日は、菅家さんの事情聴取が初めて行われる日でもあり、菅家さんのアパートの周辺や足利署の前は、朝早くから、報道陣だけでなく新聞を読んだ市民でごった返し、喧騒は夜中まで続いた。その日一日、街中が異様な空気に包まれた。そうした状況の中で、午後一〇時すぎ、菅家さんは自白に追い込まれた。佐藤弁護士が続ける。

「まだこれから取調べが始まるという、その日の朝に情報を流しちゃった。これはとんでもない問題ですね。これは、まったく取調べというものを知らない、非常に愚かな高級官僚の行った誤りですね」

菅家さんの自白を得た直後、警察の幹部が意気高らかに記者会見で語った。

「粘り強く、執念の捜査を続けてまいりましたが、捜査本部開設五六九日目にして、本事件の被疑者を逮捕することができました」

裁判でも、菅家さんは自白を維持した。自白によれば、

「パチンコ店の駐車場で女の子を誘い、自転車に乗せて河原を走り、その後、草の深いところまで一緒に歩いた。そこで女の子の首を絞めて殺害し、裸にして、その場所でマスターベーションをした。それから、自転車に乗って逃走した」

ということになっている。川の中から発見された女の子の半そでシャツからはたしかに精液が検出されている。そして、その精液と菅家さんのDNAが一致したという。ほとんど争いはないように見えた。しかし、実は自白の内容と実際の状況とは大きくくい違っていた。事件当日の夕方、遺体の見つかった河原にはかなりの人がいたが、自転車に乗っている人物を見かけた人は誰もいない。特に野球の練習をしていた一人は菅家さんとは顔見知りだから、菅家さんが河原を通れば必ず記憶しているはずだ。一方、菅家さんと歳も背格好も違う男性が四、五歳

の女の子を連れて河原を歩いている姿を見かけた、と言う人が複数いる。

菅家さんは裁判では犯行を認めていたが、家族に宛てた手紙では「自分は犯人ではありません」と訴え続けていた。菅家さんの犯行であることに疑いを抱いていなかった弁護人は、これを知って驚き、気分を害した。そして法廷で菅家さんに問い質した。菅家さんは法廷ではいったん否認に転じたが、その後弁護人に薦められるままに、再び犯行を認める上申書を裁判所に提出した。こうして裁判は結審した。ところが判決を待つばかりになって、菅家さんは、今度は弁護人に宛てて「私は実は犯人ではありません」という手紙を出した。改めて法廷が開かれたが、二転三転する菅家さんに裁判長が心を動かされることはなく、判決の言い渡しが二週間遅れただけだった。この間の事情を知ると、冤罪を作っているのは検察と裁判所だけではないということがよく分かる。弁護士も、積極的にではないにしても、しばしば冤罪に加担する共犯者になり得るのだ。

九三年七月、宇都宮地方裁判所は「DNA鑑定は信用できる」として菅家さんに無期懲役を言い渡した。

MCT118法

DNA鑑定に詳しい佐藤博史弁護士は控訴審から足利事件の弁護人となった。DNA鑑定を正面に据えて闘うべきだと主張して、弁護団に新風を吹き込んだ。

「(当時の新聞を見ると) すご腕DNAだとか、科学の力だとか。私は、鉄腕アトムじゃあるまいし、と言ったんですよ。百万人から一人を絞り込む能力とかね。そんなDNAの凄さのオンパレードみたいにして (この事件は) 始まっちゃった訳ですよ」

しかし、本当にそうなのか、と佐藤弁護士は疑問を投げ掛ける。

「最後に水戸黄門の印籠が出て、皆が『へえー』となって、これにて一件落着ですよね。つまりですね、DNA鑑定というのは、あたかも難しい局面で印籠を示すが如くですね、これにて一件落着と、こういう形で用いられてきたので、本当にそうなのかと、問うたのですね」


ここで、極めて簡単にDNA型鑑定について説明する。

人間の体を形作っているおよそ六〇兆個の細胞には一つ一つ細胞核があり、その中には両親から受け継いだDNAが収められている。DNAは二重らせん構造をしていると言われているが、長い捩れた二本のひものような状態である。そのひもはおよそ六〇億個の「塩基」が数珠つなぎになっている。塩基にはA=アデニン、G=グアニン、C=シトシン、T=チミンの四種類があって、その並び方が遺伝の情報となって親から子、子から孫へと受け継がれる。つまり、生物のあらゆる遺伝情報がたった四つの文字の組み合わせで綴られているということだ。遺伝情報は一人一人違うので、六〇億個の塩基による綴り=配列も当然一人一人違う。

そこで、このDNAを取り出し、塩基の配列を調べれば、それによって個人を識別し、特定することができるはずだ。これがDNA鑑定の基本的な考え方である。

DNAを調べれば、指紋に匹敵する個人の識別が可能になるはずで、これを犯罪捜査や親子鑑定に使う研究が進められてきた。一九八五年にイギリスで初めてDNA鑑定法が開発されたのを皮切りに、同じころから日本でも、事件現場に残された血液や精液などのDNAを被疑者のDNAと照合するという捜査手法が検討されるようになった。

一九九〇年代になって、科警研が実際の事件で、個人識別のためにDNA型鑑定法を用いるようになった。足利事件や飯塚事件である。新聞、テレビは「究極の科学鑑定」と持ち上げた。そして、二〇世紀初頭に開発された指紋による個人識別に代わって、新たな個人識別の標準になると、多くの人が考えた。

しかし、それは間違いだ。ある意味では、DNA鑑定は永久に指紋には追いつけない。DNA鑑定に詳しい天笠啓祐さん（市民バイオテクノロジー情報室代表）が言う。

「DNA鑑定はあくまでも『型』の鑑定であって、タイプを調べる訳です。ですから同じ人がたくさんいる、これが前提条件です。その意味では指紋には勝てない。やはりデジタルはアナログには勝てないのです」

指紋は一人一人違う。しかし、DNAはそうではない。なぜならDNA鑑定は「型」の鑑定だから。では何故、DNA鑑定は型＝タイプを調べる鑑定法だと言われるのか。

実は、DNA鑑定は人間の細胞の中にある無限ともいえる塩基の配列をすべて調べる訳ではない。すべての塩基の並び方＝配列を調べるのなら、それは指紋に匹敵すると言えるだろう。しかし、実際の鑑定では、無限に並ぶ塩基のほんの一部分、それも、ある特定の場所の数塩基、最大でも数百塩基の並び方を調べるだけなのだ。それが、DNA鑑定は「型」の判定だと言われる所以である。

簡単にいえば、血液型の検査と同じだと考えればいい。例えば、ある特定の場所の一塩基だけを調べるとすれば、その場合は（塩基は四種類あるから）四つの型に分類される。二塩基を調べるなら計算上は一六通りに分けられる。一か所のDNA鑑定では数通りからせいぜい十数通りくらいまでしか分類することはできない。指紋のように唯一無二というものではない。ただし、最新の鑑定法では、一度に一〇か所以上を鑑定することができるので、一か所で例えば四通りにしか分類できなかったとしても、一〇か所の鑑定を総合すれば、四の一〇乗という天文学的な数になり、限りなく指紋に近づいている、ということもできる。

そこで、足利事件と飯塚事件で使われたDNA型鑑定法「MCT118法」について見てみる。

MCT118法は一九九〇年頃から科警研が実際の事件で使用するようになった。この鑑定法では、第一染色体の一部分に注目してその「型」を調べる。この部分は遺伝には余り関係がない場所で（四つの塩基の配列によってその人の遺伝情報が決定されるが、実際に遺伝情報が書き込まれているのは、DNA全体の二割にも満たないと言われている）、ここでは塩基がつぎのような順番で並んでいる。GAAGACCACCGGAAG。そして、この一六個の塩基に続いて、また同じ順番で一六個の塩基が並び、それが何回も繰り返されている。ここでは塩基の並び方そのものは個人差がなく誰もが同じだが、繰り返す回数が人によって違う。この繰り返し回数の違いを利用して個人の識別をする、というのがこの鑑定法だ（実際には、一六塩基が何回も繰り返される中で、ある塩基が抜けていたり、別の塩基に入れ替わっていることもある）。日本人の場合、繰り返し回数は一四回くらいから四〇回くらいまでに分類されるという。第一染色体も父と母から受け継ぐので、一つの細胞核の中に二本あり、この繰り返し部分も二か所ある。そこで例えば「16―26型」である、とある人が判定されたとすれば、それは父か母か、どちらかから受け継いだ繰り返し回数が一六回で、もう一方から受け継いだ繰り返し回数が二六回だった、ということである。どちらが父か母かというのはこの鑑定では分からない。

この鑑定法の利点は、一か所の鑑定で三五〇通り以上に分類されるので、個人の識別が相当絞り込めるということだ。一方、欠点は、鑑定には繰り返しの始まりから終わりまで、数百塩基（例えば繰り返し回数が二〇回だとすれば16×20=320塩基）が途中で切れることなくつながっていることが必要だが、古い試料になると途中で切れている場合が多く、鑑定が難しくなるという点だ。
しかし、実はこの鑑定法にはもっと重大な、そして致命的な欠陥があった。

菅家さんのDNA鑑定

科警研の鑑定によれば、菅家さんは16―26型、被害者のシャツに付着していた犯人の精液も16―26型で、両者は一致した、と結論付けた。これに血液型B型、分泌型かどうかの確率を掛け合わせると、同じタイプの人間は一〇〇〇人に一、二人しかいない、という確率になる。一審の宇都宮地裁はこれを鵜呑みにして有罪の根拠にした。ところが、この有罪判決が出される前年、九二年の一二月に東京大学で開かれた第一回のDNA多型研究会で、信州大学の研究チームが「科警研の行っているMCT118法では正しい繰り返し回数は検出できない」という論文を公表していた。科警研のDNA鑑定の担当者も当然この学会に出席していて、この論文の存在を知っている。そして後にこの論文を受けて、間違いを認める論文を出すことになるのだが、しかし、検察は法廷では一切そのことには触れず、隠し通し、科警研が間違いを認める論文を公表したのは一審判決の直後だった。

この鑑定法のどこが間違っていたのか。いくつかポイントがあるが、一点だけ、分かりやすいものを説明する。この鑑定法では、繰り返し回数をいかに正確に測定するかが、最重要課題だが、実はそこが非常にいい加減だった。繰り返し回数を測定するには、繰り返している部分のDNAを千切れないようにすべて取り出して、その数珠状につながった塩基の全長を測り、その長さから推定する。例えば、繰り返しの始めから終わりまでを切り取ったところ、そのDNAが三二〇塩基分の長さだったとすると、一六塩基で一組なので320÷16=20となり、繰り返し回数は二〇回だと推測できる。

さて、問題はここからだ。切り取ったDNAの長さを正確に測るためにマーカー（物差し）を用いるが、科警研が当時使っていたマーカーは123マーカーといわれるものだった。有り得ないことだが、これは一二三塩基の長さを一単位としていた。

日本大学医学部の押田茂實教授は一塩基を一センチに例えて、その欠陥を指摘している。

「つまり、一六センチのものがいくつあるのかを測りたい訳です。それなのに、物差しのほうは一目盛りが一二三センチのものしかなかった。一番小さい目盛りが一二三センチです。これで正確に測れるのだろうか、ということで非常に不安がありましたね」

他にももっと重要な問題がこの鑑定法にはいくつもあったが、推して知るべし、実用には程遠い代物だった。

九三年八月、科警研は「科学警察研究所報告・平成五年八月」で自らのDNA型鑑定法＝MCT118法が間違っていたことを認める論文を掲載した。それは足利事件で菅家さんに無期

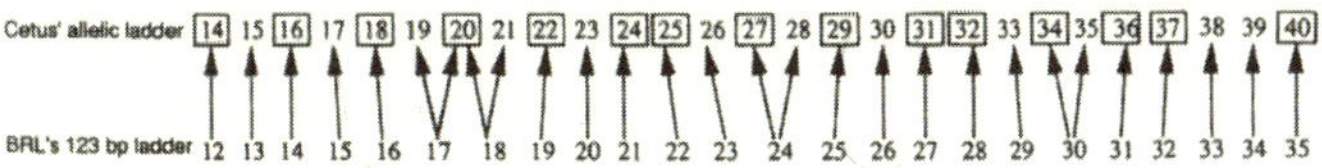

Fig. 5 Comparison of MCT118 types using Cetus' allelic ladder and BRL's 123 bp ladder as typing markers.

懲役が言い渡された直後だった（判決は九三年七月七日）。この中で、信州大学の研究班から指摘された通り、科警研のやり方では正しい繰り返し回数が測定できないことを認めた。ここまではいい、しかしここから論文は開き直るのである。このころには123マーカーに代わって、一六塩基を一目盛りとする新しい物差し＝マーカーが開発されて、かなり正確な測定ができるようになっていた。科警研はこの新しいマーカーでの測定値と古い間違いだらけの123マーカーの測定値を実験して見比べ、その結果、古い測定値に二から三、または四くらいを足せば、だいたい新しい測定値と同じになる、として古い鑑定値も未だに通用する、と言い出した。DNA鑑定に「だいたい」というのはあり得ない。これは暴論である。科学ではない。しかし科警研は厚顔にも123マーカーの測定値と新しいマーカーの測定値の対照表を論文に掲載した。（図参照・下の123マーカーと上の新しいマーカーの測定値＝DNA型は二〜五ずれている）

さらに科警研はこの杜撰な対照表に従って「菅家さんの鑑定結果をこれまで『16―26型』と言ってきたが、これからは『18―30型』と言うことにする」と勝手に変更してしまった。DNA鑑定では結果が一でも違えば別人を意味する。科警研のこのいい加減さは科学とは程遠いが、しかし、控訴審の裁判所はこの変更をそのまま受け入れるのである。

そもそも「菅家さんも犯人も16―26型である」と断定した一審判決はまったくでたらめだったのだから、破棄しなければならないはずなのに、裁判所は一歩も動かない。そのまま放置している。こんなでたらめが発覚した時点で、菅家さんのDNA鑑定をやり直すべきだったのに、科警研が鑑定もせず、勝手に言い直した数値をそのまま受け入れている。舐められている、としか言いようがない。

こんな重大な間違いを判決後まで隠していても、何も言わない裁判所。でたらめな鑑定にさらにでたらめを重ねただけの鑑定結果の変更も「はい、分かりました」と言って受け取る裁判所。「あの人たち、どうせ、何も分からないから」という科警研の技官たちの声が、裁判官には聞こえないのだろうか。

こうした「つけ」が最後に一挙に押し寄せるのである。

控訴審

この論文を受けて、控訴審の法廷で、足利弁護団の佐藤博史弁護士が科警研の技官に噛み付いた。鑑定に携わった二人の技官が出廷したが、一人は古い123マーカーを「鯨尺だった」と表現して、その大雑把さを認めた。さらに新しいマーカーの測定値とは一対一では対応せず、123マーカーによる鑑定結果が使い物にならないことも認めた。そして、もう一人の女性の技官は、鑑定法の不備を追及する弁護人に開き直りとも取れる証言をした。

弁護人「この問題は、ＤＮＡ鑑定を実用化する時には気付いていなかった問題ですね」

技官「そうです。その当時、世界中の人で気がついていた人はいなかったんじゃないかと思います」

続いて、弁護人が１２３マーカーそのものの問題点を追及すると

技官「１２３マーカーは、非常に小さいほうのサイズの塩基サイズマーカーとしては当時から確立されて、一般的なＤＮＡの技術者に一番多く使われていたマーカーだったので、そういうのまで使ってはいけないということになりますと、何にも仕事ができなくなってしまうんじゃないかと思うんですけれども」

弁護人「実用的に仕事ができるかどうかじゃなくて、科学的にどれほど正しいかという観点での検討としてはどうなんですか」

技官「科学的な検討ということなんですけれども、すべての学問が一〇〇パーセント全部分かって物事があれされているわけではないわけですね。いろいろな反応や何かだって、完全に解明されていないものを皆さん使って、こういう現象でこうなったらこうなるというところで使っているわけですから。一応、技術の中で信頼されている１２３マーカーを使って鑑定法を作ったということ自体は、その当時としては当然だったし、しょうがなかったことだと思っ

ております」

「しょうがなかった」とこの技官は言った。

捜査の現場からの期待や、早く導入したいと考える警察庁の政治的な要請の中でＤＮＡ鑑定を未完成なまま見切り発車させてしまったことが技官の証言に現れている。判決を左右するほどの重大な鑑定を、そんな段階で実用化に踏み切るべきではなかった。

筑波大学の本田克也教授に足利事件のＤＮＡ鑑定の鑑定写真を見てもらった。本田教授は九二年に、科警研のＭＣＴ１１８法の欠陥を最初に指摘した研究者だ。当時は信州大学でＤＮＡ鑑定の研究をしていた。また、後に裁判所が足利事件のＤＮＡの再鑑定を決定した時に裁判所から鑑定人を命ぜられた二人のうちの一人だ。

「鑑定書に添付する写真というのは、何回も試験をしたうちの最もいい写真を貼り付けます。この写真がそれだとすると、試験は（鑑定は）全部失敗したと言っていいでしょう」

手厳しい。しかし、さらに続く。

「私の研究室でこういうことがあれば、やり直しですね」

当然、控訴審では一審の間違いが正されるべきであったが、東京高裁はここでも科警研の鑑定書をきちんと吟味することなくそれに乗り、菅家さんも犯人も18—30型である、と判示した。新しいマーカーで再鑑定をする必要があったはずだ。それもせず、間違いを糊塗するために強弁しているだけの科警研にすっかり嵌められている。科学鑑定に対して裁判所はまったく無力だ。「難しい科学鑑定は検察の利益に」という暗黙のルールに従っているだけである。裁判官の目は、科学鑑定に関する限り完全に「節穴」だ。そして後で分かるが18—30型もまた、まったくのでたらめだった。

九六年五月、東京高裁は控訴を棄却した。

再び動き出した真犯人

九六年七月、それは足利事件の裁判で東京高裁が菅家さんの控訴を棄却してから二か月後のことだったが、群馬県太田市のパチンコ店から幼い女の子が連れ去られる事件が起きた。女の子は未だに見つかっていない。事件のあった太田市は、足利市から一〇キロ、車で二〇分の距離だ。これは、連続幼女誘拐事件の犯人が再び動き出したのではないのか、多くの人がそう感じた。しかし、栃木県警は、菅家さんの逮捕で事件はすでに解決済みである、という建て前だ。一方群馬県警も表立っては足利市の事件と結びつけてはいない。

しかし、その手口は非常によく似ている。パチンコ店で父親がほんの少しだけ目を離したすきに幼い女の子を連れ出している。犯人は小さな女の子に警戒心を抱かせずに、父親から引き離すことに成功している。

パチンコ店の防犯ビデオが、怪しい男を捉えていた。店に入ってきた男は小柄だ。警察はビデオ映像の分析からこの男の身長を一五八センチと推定している。男は店内をゆっくりと見渡し、それから店の隅のベンチに腰掛けていた女の子に話しかけた。女の子も嫌がる素振りもなく男に答えている。その後、男はそこを離れて映像から消え、この直後、女の子も消えた。

この男こそ、足利事件をも含む連続幼女誘拐殺人事件の真犯人ではないのか。

弁護団の独自鑑定

控訴審が終わったとき、裁判所に失望した足利事件の弁護団は、自分たちで菅家さんのDNA鑑定をやり直すことができないだろうかと考えた。

相談を受けた日本大学の押田茂實教授は「止めておきなさい」とまず忠告した。もし、再鑑定をして、科警研の主張通りに18―30型と出たらどうするのか。弁護活動そのものにも大きな影響が出るだろう。しかし、佐藤博史弁護士はそんなことでは引き下がらなかった。菅家さんとの最初の接見で無実を直感した、と言う人だ。またDNA鑑定に関する知識では、当時は、弁護士の間で佐藤の右に出る者はいないと言われていた。しつこさに負けた押田教授は、結局、鑑定を引き受けることになった。

「同じ結果が出てもいいですね、と言いました。警察が犯人だと言っているものを、鑑定してみて、改めて犯人として間違いない、という結果が出てもいいんですか、というところまで確認を取りました」

東京拘置所にいる菅家さんに弁護士が会い、手紙を出してくれるように依頼した。そしてその手紙が佐藤弁護士の事務所に届いた。封筒の中には菅家さんが拘置所でこっそり引き抜いた髪の毛が入っていた。

九七年二月、日大医学部で菅家さんのDNA鑑定が行われた。新しいマーカーを使ってMCT118法による型判定が実施された。押田教授は鑑定に着手する前は、科警研の主張通り18—30型が出るだろうと予想していた。しかし、結果を見て、この鑑定のもたらす事態の重さに気付いたという。菅家さんは18—29型だった。

「一違えば別人です。これは大変なことになったと思いました」

菅家さんの冤罪を晴らす新たな証拠になると弁護団は考えた。一方で、科警研にとっては大きな打撃になるだろう。そしてこれまで科警研の主張を鵜呑みにしてきた裁判所の面子はどうなるのか。

弁護団はこの鑑定結果を最高裁に持ち込んだ。大逆転だと弁護団は期待したが、何も起きなかった。最高裁はこの鑑定結果を無視した。

二〇〇〇年七月、最高裁第二小法廷（裁判長亀山継夫、裁判官河合伸一、福田博、梶谷玄、北川弘治）は「MCT118法は科学的に信頼できる」として上告を棄却した。菅家さんの無期懲役が確定した。鑑定に大きな欠陥があることが判明したにも拘わらず、何もしなかった最高裁判事たち。全員一致で、反対意見はなかった。

この一〇年後、菅家さんの無実が判明した時に、ある新聞社がこの五人の最高裁判事に感想を求めたが、逃げて答えなかった。一人だけ「ベストを尽くした」と言った裁判官がいたという。佐藤弁護士はこれを聞いて「ワーストの間違いだろう」と憤った。

再審請求そして釈放

〇二年に足利弁護団は宇都宮地裁に再審請求をした。最高裁に無視された日大・押田茂實教授のDNA鑑定書が新証拠として提出されたが、〇八年、請求は棄却された。棄却の理由の中で裁判官は「鑑定に使われた髪の毛が本当に菅家さんのものかどうか分からない」と言っている（裁判長池本壽美子、裁判官中尾佳久、佐藤裕子）。逃げる裁判所の典型ともいえるが、佐藤弁護士は怒りを越して哀れさを感じると言う。

「裁判官の悲しいところは『私は分かりません』と言えないことなんです。法廷でいろいろ質問はする。だけど、ずうっと尋問を聞いていても、自分が愚かだと分かってしまう質問はできないのです。それで、判決を書く段になって、一所懸命、自分では勉強されるのでしょうが、残念ながら、深く理解した上で書かれたものか、そうでないのかというのは分かってしまう。今回のDNA鑑定については結局、分からないから門前払い、と言いますか、中味に入らないで結論を出す、ということをされた」

さすがにこの時には新聞などにも非難の記事が掲載された。「菅家さんの毛髪かどうか分からない」というのなら、裁判所がもう一度鑑定をすればいい。なぜ、そうしないで逃げるのか。誰もがそう思うはずだ。続く東京高裁がとうとう再鑑定を決定したのは、世論に抗し切れなかったからだ。

そして〇九年五月、再鑑定の結果が出た。記者会見で佐藤弁護士が目に涙を溜めながら声をあげた。

「MCT118法を用いた本件DNA鑑定は完全に誤っていたということが、明らかになりました」

菅家さんは18―29型、犯人のDNAは18―24型で、まったくの別人だった。ほかの最新のSTR法というDNA型鑑定法でも菅家さんと犯人はまったく別人だった。ここから先は冒頭に書いたとおりだ。六月には検察が菅家さんを釈放、続いて裁判所も大急ぎで再審開始を決定した。日ごろだらだらしている検察と裁判所がこんなにも素早く対応したことはかつてない。これまでの間違いに一切触れず、ただ猛スピードで事件を片付け、逃げ切るつもりだ。

この記者会見の最後に佐藤弁護士が言った。

「（犯人の18―24型について）24なんていうのはね、およそ、鑑定のレベル以前の間違いを意味しますから、飯塚事件の鑑定についても疑念が生じると思います。そう考えなければ、科学じゃないですよ」

この言葉の意味は深い。科警研は「古い鑑定に2―4を足せば、正しい数値になる」と言い張っていた。しかし、この「24」はプラスどころか、マイナスしなければならなかった（古い鑑定では16―26型だった）。つまり、古い鑑定は使い道のない、まったくの「でたらめ」だったのだ。科警研はそれをごまかすためにさらに嘘を重ねていたに過ぎない。

佐藤弁護士が再鑑定の結果を裁判官から受け取ったのはこの会見の三〇分くらい前のことだ。鑑定内容を見て、これが飯塚事件にも波及することを瞬時に読み取った。そして、記者会見の最後で発したこの警告の通り、飯塚事件のDNA鑑定でも、科警研は同じ主張を繰り返した。飯塚事件の弁護人たちは裁判で、さらには再審請求審で、でたらめな鑑定とそれを取り繕うための嘘に翻弄され続けるのである。

飯塚事件

九二年二月、福岡県飯塚市で小学校に通う女の子二人が、朝、家を出たまま学校に現れず、捜索願いが出された。翌日になって二〇キロ近く離れた山の中で、二人の遺体が発見された。飯塚市ではこの三年前にも小学一年生の女の子が行方不明になり、未だに見つかっていない。この事件でも手掛かりは少なく、捜査はすぐに行き詰まった。

こうした中で、警察は三年前の事件で参考人として捜査対象になっていた久間三千年さん（当時五四歳）の身辺捜査を開始するとともに、DNA鑑定のために髪の毛を任意提出させた。またちょうどこのころ、事件当日、遺留品の発見現場付近で久間さんの所有する車とよく似た紺色のワンボックスカーを見た、という目撃者が現れている（弁護団はこの目撃証言は捜査員の誘導であり信用できないと主張している）。

髪の毛が任意提出されたのが九二年三月、夏前には科警研のDNA鑑定の結果が出ていたはずだ。しかし、その後二年以上、警察は久間さんを逮捕せず、泳がせている。そして、この間に別の研究機関にDNA鑑定を依頼している。なぜ、そんなことをしたのか。おそらく福岡県警は科警研の鑑定結果だけでは「危ない」と判断したのだ。

この時の科警研の鑑定書の写しを見たが、目を皿のようにしても、科警研の主張する場所に何も写っていない。科警研は久間さんも犯人も、MCT118法によるDNA型は「16―26型」であると主張しているが、もしそうなら、泳動パターンという鑑定写真の16の部分と26の部分に、白い線が写っているはずだ。しかしまったくそんなものはない。医療用のレントゲン写真などのように専門家が見たら違って見えるのかと考え、天笠啓祐さん（市民バイオテクノロジー情報室代表）に見てもらった。

「ないですねー。（首を傾げながら）痕跡もないですね……。ないですね。ＰＣＲ（ＤＮＡの増幅装置）を使えば、もっとはっきり出るはずなんですけどね」

やはり、足利事件同様これもでたらめなのだ。

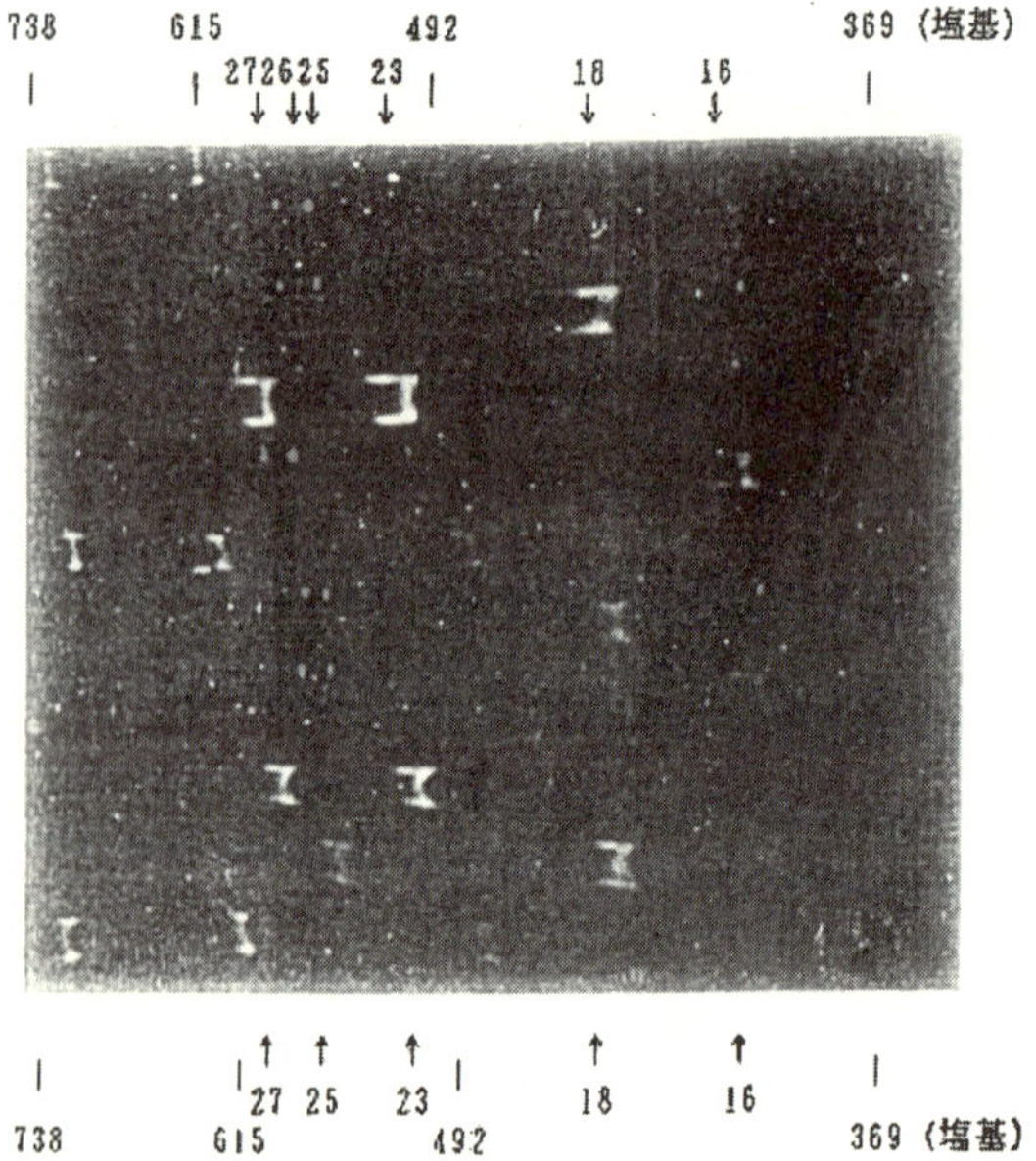

さらに、不思議だが、科警研のいう久間さんのＤＮＡ型「16―26型」は足利事件の菅家さんとまったく同じ型である。データ上は一二〇人から一三〇人に一人しかいないということになっている。これに血液型Ｂ型、さらに分泌型かどうかの割合を掛けて一〇〇〇人に一、二人というのが科警研の計算上の確率だ。だが、何も知識が無い人が聞いてもなんとなく怪しいと思うに違いない。そんな偶然があるのなら、真犯人と久間さんが偶然同じ型だということだって、簡単に起こるわけ

で、それなら証拠にも何もならないのではないか。実際、今から振り返れば、足利事件の鑑定はまったくのでたらめだったのだから、この飯塚事件の鑑定もそのまま信用することはできない。

しかし、裁判所に行くとこれが生き返るのだ。一方、福岡県警が他の研究機関に依頼したはずのDNA鑑定は、起訴の時点では裁判所に提出されなかった。その理由はあとで分かる。

九四年九月に久間さんは逮捕された。久間さんは一貫して無実を主張した。裁判で、検察は科警研のDNA鑑定を証拠として提出した。しかし、福岡県警がほかの機関に依頼したはずのDNA鑑定の結果は法廷には提出されなかった。後になって「他にも鑑定があったはずだ」と弁護人から追及されて、仕方なく検察は隠していた鑑定書を証拠開示したが、予想通り、それは検察にとって非常に都合の悪いものだった。その鑑定書は科警研の鑑定結果を完全に否定していた。

隠されていた鑑定書は帝京大学が福岡県警の依頼をうけて作成したもので、ミトコンドリア法など二種類のDNA鑑定法を使って検査が実施されていた。この結果、どちらの鑑定法でも、久間さんのDNAは、現場から採取した試料とも被害者の体から採取した試料とも一致しなかった。

表にまとめると次頁のようになる。科警研はMCT118法と他にもうひとつ、合わせて

MCT118法	科警研	久間さんのDNA型と犯人のDNA型が一致した
HLADQα法	科警研	久間さんのDNA型と犯人のDNA型が一致した
ミトコンドリア法	帝京大	久間さんと同一のDNA型は検出されなかった
HLADQB法	帝京大	久間さんと同一のDNA型は検出されなかった

二種類のDNA鑑定法を行った。その結果は両方とも、久間さんのDNA型と犯人のDNA型が一致した、というものだった。一方、帝京大学医学部で行われた二種類のDNA鑑定法では、いずれの場合も久間さんと同じ型のDNAは検出されなかった。まったく相反する結果が二つずつ出たことになる。さらに注目すべきは、帝京大学のミトコンドリア法では、久間さんとも二人の被害者とも違う、別のDNAが見つかっている。鑑定書には「その由来については判断不能である」と書かれている。つまり、どう解釈していいのか分からないということだが、普通に考えれば、それは別の人物のDNAだということだ。だとすれば、その人物こそ真犯人だという可能性は高い。

隠されていた鑑定書が法廷に持ち出されたにも拘わらず、九九年九月、福岡地裁は科警研のMCT118法に軍配を上げ、久間さんに死刑を言い渡した。「疑わしきは被告人の利益に」という刑事裁判の原則は捨て去られ、ここでも「難しい科学鑑定は検察の利益に」という悪魔のルールが適用された。この判決について、天笠啓祐さんは次のように言う。

「飯塚事件の最大の問題点は、DNA鑑定の持つ本質的なものが葬り去られた、ということです。それは何かと言うと、DNA鑑定というのはタイプ（型）

を見る鑑定法ですから、それが一致したからといって、すぐ犯人として認められるわけではない。他の人が犯人の可能性があるわけですね。だけど、DNA鑑定で違うという結果が出れば、これは犯人ではない、という結果になるのです。それははっきりと確定出来るのです」

DNA鑑定が「型」の判定であることを考慮すれば、いくつかの鑑定法で「一致」したとしても、犯人だと特定することはできないが、一つの鑑定法でも「不一致」という結論が出れば、それは別人である、つまり犯人ではないということだ。DNA鑑定がアメリカで「無実を発見するための道具」として使われている所以だ。

二〇〇一年一〇月に福岡高裁が控訴を棄却、〇六年に最高裁が上告を棄却して、久間三千年さんの死刑が確定した。

二つの事件の類似性

足利事件と飯塚事件を比べてみるとあまりにもよく似ているのに驚かされる。

足利市では、この事件より前に同じように、幼い女の子が連れ去られ、殺害される事件が二件、起きている。一方、飯塚市でも、この事件より前に、二人の被害者と同じ小学校に通う一年生の女の子が行方不明になる事件が発生している。未解決事件を抱える警察への市民の風当りは強く、「今度こそ犯人を逃がさない」という捜査機関の切迫感も共通していた。また、容疑者の絞込みに難航し、一時迷宮入りがささやかれたのも一緒だ。そして足利事件の菅家さんが一年余り、飯塚事件の久間さんが二年以上と異常に長い期間監視され続け、それでも、逮捕につながる証拠を見つけられず、結局DNA鑑定に頼らざるを得なかったというのも、共通している。

そして、二つの事件とも、二人が逮捕される以前には、あやしい人物が別にいたことが、新聞などによって繰り返し報道されていた。足利事件では、女の子が姿を消した直後、近くの河原で、幼い女の子を連れて歩いている男の姿を複数の人が見ている。菅家さんは「女の子を自転車に乗せた」と自白しているが、その日、現場近くで自転車に乗った男を見たという人はひとりもいない。一方、飯塚事件でも、不審な白い自動車が事件の発生以前から幾度も街の中で目撃されている。車の中に連れ込まれかけたという女の子もいる。しかし、それらの不審な人物も、不審な車も、菅家さんや久間さんが逮捕されると同時に、雲散霧消する。その情報は何だったのか。その人物、その車、それは本当に事件と無関係だったのか。

さらに、これは奇妙な一致だが、一〇〇〇人に一、二人しかいないはずのDNA鑑定で菅家さんも、久間さんも同じ16―26型と鑑定されている。古いマーカーが大雑把ででたらめなことはわかっているが、それにしても不自然な一致だ。二つの事件には因縁めいた共通点が多い。

鑑定導入の政治的な背景

二つの事件をもう一度、時系列に沿って振り返ってみる。

二つの事件ともDNA鑑定の実用化に向けての黎明期に当たっていた。

一九八五年にイギリスで始めてフィンガープリント法というDNA鑑定が開発された。日本では九〇年から科警研がMCT118法の使用を始めた。足利事件の発生が、同じ年九〇年の五月である。一年後の九一年五月に、警察庁が犯罪捜査にDNA鑑定を導入すると決定した。科警研が菅家さんのDNA鑑定をしたのがその年の秋で、一二月に菅家さんが逮捕されている。そしてその直後、九二年度予算の復活折衝で「DNA鑑定機器の購入費」として一億一六〇〇万円が認められている。飯塚事件が起きたのは、年が明けた九二年の二月。そしてその春に久間さんのDNA鑑定が行われた。DNA鑑定に詳しい天笠啓祐さんは次のように言う。

「これからの捜査の方法として、DNA鑑定を中心に据えていこうという方針が定まってきた頃だと思うんですね。ですからそういう意味で、華々しく『DNA鑑定で犯人が分かった』ということを花火として打ち上げたかったでしょうね」

警察のDNA鑑定導入の動きと、二つの事件でDNA鑑定が行われることになる過程が時期的にぴたりと一致している。そうした政治的な背景が、未完成な鑑定法を二つの事件に押し付ける結果となった。

二〇〇八年一〇月、久間さんの死刑が執行された。そして翌年〇九年六月、菅家さんが釈放された。二つの事件とも、MCT118法によるDNA鑑定の結果が有罪判決の大きな根拠になっている。科警研がほぼ同じ時期に鑑定を担当したが（足利事件＝九一年秋、飯塚事件＝九二年春）、鑑定法そのものにも、鑑定者の技術にも大きな問題があった。なぜ、こんなでたらめな鑑定が、飯塚事件においても、足利事件においても有罪の証拠として生き長らえてきたのか。裁判所の怠慢以外にはない。

足利事件を暴くことは同時に飯塚事件の真相を暴くことになる。そして、それを阻止するために、再鑑定以後の足利事件の審理は、異常なスピードで行われた。菅家さんの釈放、そして再審開始決定。日本の司法全体が飯塚事件の真相を必死で隠そうとしている。それは、国家が無実の人を殺してしまった可能性がある、ということだ。

足利事件は〇九年一〇月に再審公判が始まった。この裁判で菅家さんの取調べ中の録音テープなどが証拠開示されたが、なぜこの「冤罪」がこれほど長く見過ごされてきたのかなどの点は一切解明されなかった。検察は論告で無罪を求め、一〇年三月、東京高裁は菅家利和さんに無罪を言い渡した。「これにて一件落着」、有無を言わせぬ強制終了である。振り返ってみると、再鑑定で「DNA鑑定は間違っていた」という結果が出てから、釈放、再審開始決定、再審、そして無罪判決までわずか一〇か月ですべてが完了した。まさに脱兎のごとく、検察と裁判所は手を取り合って「冤罪の解明」から逃げ切った。

飯塚事件、DNA鑑定の新たな疑念

〇九年一〇月、久間三千年さんの死刑が執行された命日に合わせて、家族から福岡地裁に再審請求が申し立てられた。

一二年一〇月、弁護団から一通の意見書が提出された。科警研から証拠として提出されていたDNA鑑定に関する写真がねつ造されている、という内容であった。この写真は「電気泳動実験」の証拠写真として提出されていたもので、DNA鑑定の型を表す最も重要な写真である。

ここで「電気泳動」について簡単に説明しておく。MCT118法では、まず鑑定したいDNA＝塩基を取り出し、その塩基を増幅装置（PCR）で多量に増幅する。それから、電気泳動という作業を行う。DNAは核酸であるから、水溶液中ではマイナス（－）に帯電する。そこで、ここに電気を通すと、プラス（＋）の方に流れていく。この性質を利用して、ゲルと言われる網目構造の中にDNAを流し込み、通電すると、一斉に（＋）の方に流れ始めるのだが、この時、塩基の長さが短いほど（塩基数が少ないほど）網目を早く通り、逆に、長い塩基は移動に時間がかかる。この塩基数による移動距離の差を、マーカーを使って計測しDNA塩基の長さ（＝塩基数）を測るのである。これが「電気泳動」の原理で、DNA型を判定する上で最も重要な作業である。例えば、ある人のDNAについて電気泳動を行った結果、256塩基と、416塩基を示す部分にDNAが現れたとすれば（普通は父方と母方の二種類が現れる）、その繰り返し回数は、256÷16=16,416÷16=26となり、この人は「16―26型」と判定されるのである（実際の鑑定では、取り出したいDNAの前後にプライマーと言われる誘導用の塩基が付くので、その分だけ塩基数が増えて現れる）。

この鑑定写真にねつ造があったというのである。飯塚事件の「電気泳動実験」の写真については、筆者はすでに天笠啓祐さん（市民バイオテクノロジー情報室代表）にこの写真を見せて評価をしてもらっている。もし、久間さんのDNA型が「16―26型」であり、犯人（現場から採取された試料）のDNA型も「16―26型」であるというなら、その試料の電気泳動写真の256塩基の部分と416塩基の部分にバンド（印）が現れるはずだ。しかし、この写真には、「そのようなものは写っていない」と天笠さんは判断した。実際には撮影後の写真に、科警研の技官がペンなどで付けたと思われる「赤い印」が残されているのみであった。

弁護団がこの写真について「ねつ造」であると主張したのは次の二点である。

一、真犯人のものかもしれないDNA型＝バンド（印）が写っているにも拘らず、証拠写真から外している。

右　検察が証拠として提出した写真
下　弁護団が今回提出した写真

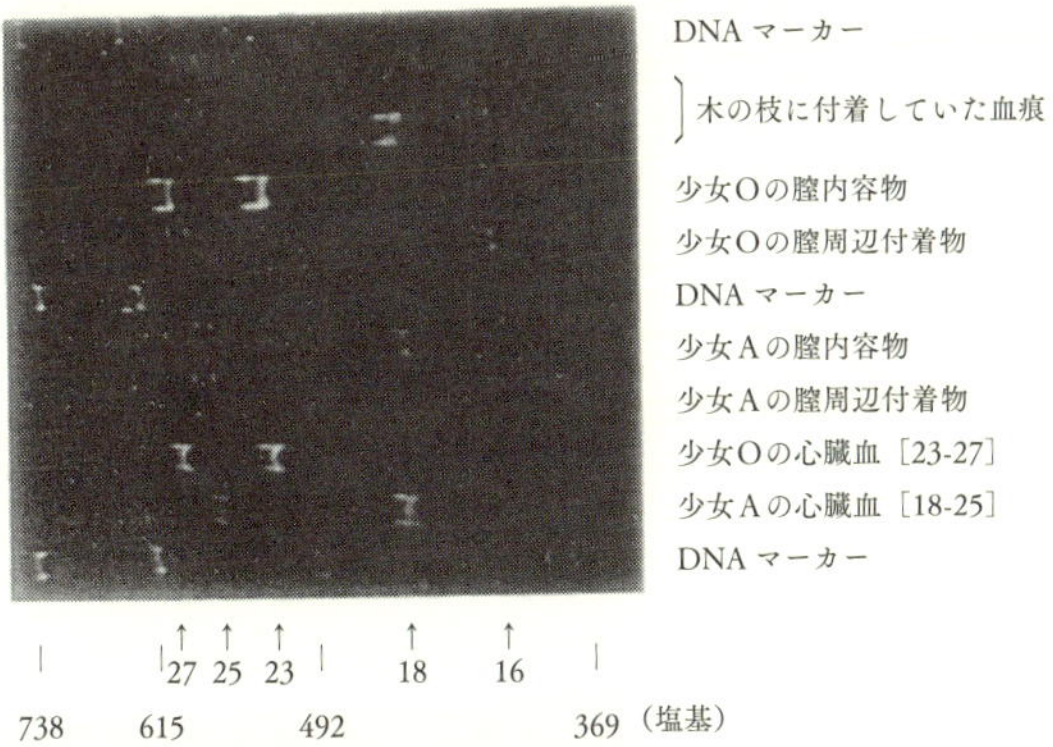

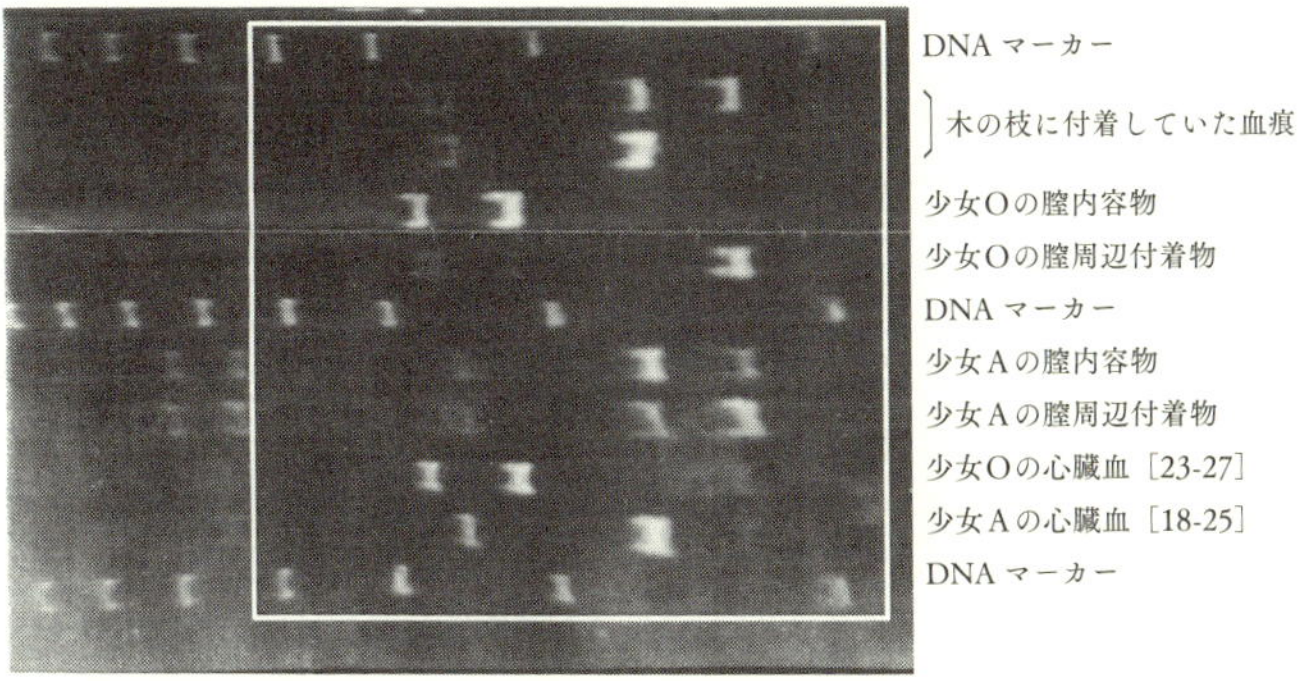

二、写真の画面全体を意図的に暗くすることによって、写っては困るバンド（印）を消している。

天笠さんの判断と大いに関連があるので、第二の点から考察する。

「16―26」のバンドの部分に何も映っていないのは、ネガフィルムから写真を焼き付ける際に「故意に光量を落として暗くしているからだ」と弁護団はいう。そのために、大事なDNA型が消えてしまったが（だから、天笠さんは「何も写っていない」と判断したのだが)、その代わりに、「写ったら困るもの」を消すことができた、ということになる。写ったら困るものとは何か。弁護団は、もし適正な光量で撮影したら、すべてのレーンに「16」のバンドが現れていることが「ばれてしまう」と主張する。確かに、弁護団が提出した写真を見ると、非常に薄いが、例えば「少女Oの心臓血」のレーンでは比較的はっきりと「16」のバンドが現れている。このレーンは、被害者の心臓血のDNAである。つまり犯人のDNA型が現れるはずのないレーンである(少女Oは「23―27型」と判定されている)。そういうレーンにまで「16」が現れるということは、これは犯人のDNA型ではなく、エキストラバンドと言われるものである。電気泳動ではしばしば現れる現象で、DNAを増幅させた際に出る余分な副産物と考えられていて、検査したいDNAとは全く無関係なバンドが出現することがある。弁護団は「この『16』はエキストラバンドであり、犯人のDNAとは無関係である。科警研はそれを隠すためにわざと光量を下げ、写真をねつ造した」と主張した。

第一の主張は分かりやすい。ネガフィルムから焼き付ける際に、重要なバンドをわざとフレームから外した、というのである。これによって、極めて重要なバンド=真犯人のDNA型が隠されてしまった、と弁護団は主張している。弁護団が今回提出した写真を見ると、被害者少女Aに関係する二本のレーンにはかなりはっきりと、そして、現場の木の枝に付着していた血痕に関する二本のレーンにも薄くだが、科警研が提出した写真の枠の外にバンドが写っている。

このバンドは123ラダーマーカーから推定すると、おおよそ「41―45型」であり、これこそが真犯人のDNAであると弁護団は主張した。123ラダーマーカーそのものが今から見れば正確ではないので「おおよそ」としか言えないのだが、少なくとも科警研が久間さんのDNA型だという「16―26型」ではない、まったく別のDNA型が写真上に写っている。そして、科警研が焼き付けの際にそれを意図的に外した、というのが第一の主張である。

弁護団はこの意見書を提出した後、福岡市内で記者会見を開き、検察の「ねつ造」について説明した。翌日の新聞各紙は「鑑定ネガに別人DNA」（読売新聞）などの見出しで大きく報じたが、一方検察は「ネガも証拠として提出している。写真は書面のサイズの問題で一部を切り取っただけ」（毎日新聞）と反論した。

科警研が、ネガから写真を焼き付ける際に色々な細工を施したことは間違いない。しかし、もともと不正確ででたらめな鑑定であり、その鑑定写真の不備を指摘して、そこから推論をすることにはおのずと限界があり、隔靴掻痒の感が残る。筆者は、MCT118法による電気泳動の写真を他でも多く見てきたが、いずれももっとクリアーで鮮明だった。こんなにぼんやりとして不鮮明な写真は珍しいと言える。また、123マーカーでは正確な繰り返し回数、つまりDNA型を判定できないことは、現時点では科警研もはっきりと認めている。ここに写っているDNA型は、実際には2―5くらいずれていて、そのためにいつも「だいたい」のことしか判定できない。しかし、一違えば別人であるはずのDNA鑑定では「だいたい」というのはまったく無意味としか言いようがない。つまり、この事件で科警研がしたことは、鑑定方法も鑑定技術も極めていい加減で、所詮使い物にはならない、ということである。そんなところで作られた鑑定結果を見て、それを土台にして議論を始めても、当然、正確な結論には至らないのである。しかし、弁護団は、それを知りながら相手の土俵に上がり、その不正確さを論難するという戦法を取らざるを得なかった。なぜか。科警研がすべての鑑定試料を使い切ってしまったからである。本当に使い切ったのか、新たな鑑定をさせないために捨てたのか、真相は今では分からない。しかし「再鑑定のために試料を残す」というのは、鑑定に携わる者が守るべき最低限のルールである。それさえ無視されている。いずれにしても最早、新しい鑑定によって真実を確かめるということは、この事件については不可能なのである。絶望的である。

そして、裁判所は、この「ねつ造」の主張を「鑑定の証拠能力が否定されることにはならない」として、退けた。その決定を見てみる。

棄却決定

二〇一四年三月、福岡地裁は再審請求を棄却した。

決定は、弁護団が提出した「DNA鑑定はねつ造である」とする意見書や、新たに提出した鑑定書などのそのほとんどを退けた。一方、検察＝科警研の行った鑑定のうち血液型鑑定については、その信用性は「揺らぐものではない」と述べたが、科警研の行ったDNA型鑑定＝MCT118法については、「(弁護団から提出された鑑定書等によって) その証明力を確定判決の当時よりも慎重に検討すべき状況に至っているということができる」とした。つまり、弁護団の主張は受け入れないが、科警研のDNA鑑定のでたらめさは理解している、と言ったのである。それであれば、再審を開始すべきであるが、決定は、

「MCT118型によるDNA鑑定がなくても、ほかの情況証拠によって、有罪の認定は揺るがない」

と結論付けた。しかし、この決定は(これほどでたらめであることが分かった後でも) 全面的に科警研のDNA鑑定を捨て去ったわけではない。そのために次のように言う。

「(MCT118型の結果を) そのまま有罪認定の根拠として供することはできないとしても、……犯人の型と事件本人(久間さん) の型が一致しないことが明らかになったものではなく、両者が一致する可能性も十分にあるのであるから……」。

たとえでたらめでも、この鑑定で犯人と久間さんのDNAの不一致が証明されたわけではないので、一致する可能性もあるのだ、と言った。不思議な言い回しである。毒にも薬にもならない、要するに、有罪認定の証拠とはならない代わりに無実の証拠にもならないと言いたいの

だ。その上で、

「MCT118型のDNA鑑定とこれまでの情況証拠を合わせてみた場合でも、有罪の認定は揺るがない」

とした。やや分かりにくいが、
一、DNA鑑定以外の情況証拠だけでも有罪。
二、（でたらめであることが判明した後の）DNA鑑定＋情況証拠でも有罪。
という二重構造になっている。今後の弁護団の闘いを難しくするための、非常に手の込んだ決定だと言える。特に、第二の点は、科警研のDNA鑑定を擁護するというよりは、こんなでたらめなDNA鑑定があっても、「有罪の認定」に悪い影響は与えないのだ、というところに力点が置かれている。決定の出た翌日の新聞で、ある法学者は「鑑定の問題点から再審を目指してきた弁護側にとっては、確定判決よりも厳しい結果だ」と語っていた。

この決定が有罪認定の根拠とした「DNA鑑定以外の情況証拠」とはおおよそ次のようなものである。
一、目撃証言。
犯行時刻に近い時間帯に犯行場所に近いところで、久間さんの所有していた紺色のワンボックスカーに似た車を目撃した人がいる。

二、着衣に付着した繊維と車のシートの繊維との類似性。
二人の被害者の着衣から繊維片が見つかっているが、この繊維片と久間さんの所有する車の後部シートの繊維片が同一である可能性が高い。
三、久間さんの車の後部座席シートから血痕と尿痕が検出された。
血痕はO型で、被害者の少女Oの血液型と一致する。尿痕は人の尿であることが分かっている。被害者の少女A、少女Oともに遺体の発見時には尿失禁、出血があった。
四、久間さんにはアリバイがない。

決定は、これらの一つ一つでは久間さんを犯人と断定することはできないが、これらを総合して評価すれば、久間さんが犯人であるのは間違いないとした。これらの証拠のうち、ここでは一点だけ、弁護団が「目撃証言は信用できない」とする鑑定書を提出しているので、これについて検討する。

この目撃証言は、当時、森林組合に勤めていたT氏が、事件のあった二月二〇日の午前一一時頃、軽四輪車を運転中、甘木市内の山中（後に遺留品が発見されたカーブ付近）で、反対車線にワゴン車が止まっているのを目撃したというものである（T氏はその際、車の外にいる男の姿も見たと証言している）。T氏の法廷での証言内容は次の通りである。

「目撃した車両は紺色のワンボックスタイプのワゴン車で、後輪は前輪よりも小さいのでダブルタイヤだと覚えている。後輪の車輪の部分に黒い輪があった。車両の横から後ろの窓に色のついたフィルムが貼ってあった。車体の横に黄色や赤色のラインはなかった。サイドモールはあったと思う。型式の古い車だと思った。ダブルタイヤであったから、マツダの車だと思っていた。一目見てマツダのボンゴだと分かった」

これらはすべて久間さんの車の特徴と完全に一致している。一方、弁護団は、日本大学の厳島行雄教授（心理学）によって行われた実験（現場で実際に車を使って行われた）の結果を鑑定書として提出した。それによれば、被験者の誰一人として、走行中に目撃した車両について、T氏のような詳細な記憶を語ることはできなかった。さらに一五名には事前に「対象車両やその前後に注目するように」とあらかじめ教えた上で実験が行われたが、その場合ですら、T氏ほど詳しく説明できる人はいなかったという。そのうえで鑑定書は「T氏の記憶は、直接体験したことの記憶を超えて、他に情報源があるとしか考えようがなく、捜査側の情報提供やT氏が目撃現場以外で得た情報などが誤って目撃の記憶となっている」と結論付けた。

これに対して決定は、T氏と被験者では目撃の条件が違うので、実験結果は当てはまらない、と述べた。何が違うかといえば、T氏は、以前にもここを通ったことがあり、また組合の車であるので運転にも慣れていたから、より注意を向けやすかったはずだという。さらに、T氏は翌日、ラジオのニュースでこの事件を知り、同僚らに自らがその付近を走行中、車を目撃したことを語っているので、記憶が喚起され、定着することになったと述べ、弁護団の主張は採用できないとした。

そうだろうか。誰が聞いても、車を運転中の目撃としては、詳しすぎて不自然だと思うに違いない。また翌日、事件を知って記憶をもう一度喚起したというが、事件を知ったうえで、その車を見たのなら、注意深く観察するということもあり得るが、車を見た時点では何も知らなかったのだから、翌日事件を知ったからといって、前の日の記憶が急に細かく鮮明になるわけではない。

さらに、T氏は事件当日、車の外にいる男の姿を見たと供述しているが、その供述内容は年齢などの点で久間さんとは一致しない。また、面通しの際にも、事件当日に見た男が久間さんと同一人物かどうか分からない、と言った。決定はこの点に着目して「Tに、警察官に迎合的な傾向があるとはいえず、Tの目撃供述のうち、少なくとも、確定判決が信用性を肯定している、紺色、ダブルタイヤのワンボックス車を目撃したという点については、警察官による誘導によって供述したとは考えられない」と述べている。しかし、ここで言うべきことはそんなことではないはずだ。これほど観察力のある（と裁判所が認める）T氏が、そのように供述するのであれば、そこにいたのは久間さんではなかった可能性が高いということだ。なぜ、車に関する供述だけ採用し、人物に関する供述は切り捨てるのか。

実は、T氏の「車の外にいた男」に関する供述は、久間さんと年齢が合わない、というだけでなく変遷が多く信用できない点が多い。この供述が信用できないとすれば、当然、車に関する供述もすぐには信用できないということになる。そうなることを裁判官は恐れたのではないか。

但し、T氏の車種に関する証言を支える、同僚の法廷供述もある。この同僚は、事件の翌日と翌々日にT氏と話をした際に、目撃した車の特徴について「紺色のダブルタイヤのワゴン車だった」とT氏が語っていた、と証言している。この証言は、決定が「警察官から誘導を受けた可能性はない」と断定する、その根拠にもなっている。

DNA鑑定と血液型鑑定

次に、科警研の行ったDNA鑑定と血液型鑑定に基づいて、検察がどのように主張したのか、それに対して弁護人はどのように反論したのか、その後、決定がどう判断したかを見ていくことにする。弁護団の主張については、筑波大学の本田克也教授の鑑定書がその中心となっている。血液型鑑定から先に検討する。

・血液型鑑定について

ここで最も問題となるのは犯人の血液型である。久間三千年さんはB型、被害者の少女AはA型、少女OはO型である。これについては双方に争いはない。

犯人の血液型を推定するための試料としては、現場の木の枝に付着していた血痕のようなもの、少女Aの膣内容物と周辺の付着物、少女Oの膣内容物と周辺の付着物がある（木の枝に付着した血痕様のものから、少女AのDNA型が出ているので、この試料は少女Aに由来するものと考えられている）。

要点だけをまとめておく。少女Aに関係する試料（木の枝に付着していた血痕、そして少女Aの膣内容物と周辺の付着物）を第一試料群とする。科警研の鑑定ではこの第一群からは、A型、B型の血液成分が出た。この場合、被害者がA型であるので、犯人が一人だとすれば、その犯人はB型か、AB型である。A型でもO型でもない。なぜなら、犯人がA型やO型だとしたら、B型の血液成分がなぜ存在するのか、その由来が説明できないからだ。

次に、少女Oの膣内容物と周辺の付着物を第二試料群とする。科警研の鑑定では第二群からは、A型、B型、O型の血液成分が出た。この場合は、被害者がO型であるので、犯人はAB型である、と分かる。A型でもB型でもない。なぜなら、犯人がA型だとするとB型の血液成分の由来が分からないし、B型だとするとA型の血液成分の由来が分からない。但し、A型とB型の二人の人物の血液が混入したという可能性はある。科警研はそのように判断した。犯人はB型で、A型はもう一人の被害者である少女Aの血液成分が混入したと考えた。

第一試料群、第二試料群の鑑定結果から、科警研は、犯人はB型であると結論付けた。B型は言うまでもなく久間さんと同じ血液型である。

これに対して、弁護団＝本田教授は、これらの鑑定から引き出される犯人の血液型はAB型である、そしてそれ以外にはないと主張した。その理由は、先の要点にまとめた通りである。まず、第一試料群から、犯人の血液型はB型かAB型のどちらかであると判定した。次に、第二試料群から、犯人の血液型はAB型であると判定した。第一群と第二群に共通する血液型はAB型だけである。だから、犯人はAB型である、と結論付けた。

科警研の主張と比較してみる。第二群について、科警研は、犯人はB型であると結論付けた。A型の成分については、もう一人の被害者の血液＝A型が混入したと考えている。本田教授は、この状況で犯人以外のA型の成分が混入するとすれば、それはもう一人の被害者の血液であるとしか考えられない、という。ここまでは科警研の考え方と一緒である。しかし、ここで本田教授は重要な事実を指摘する。第二群の試料を使って行われたDNA鑑定では、もう一人の被害者＝少女AのDNA型は検出されていない。つまり、この第二群の試料に少女Aの血液が混入した可能性はない。だから、犯人の血液型はA型とB型の成分を併せ持つ、AB型であると結論付けた。

決定は、次のように指摘して本田教授の主張を退けた。血液型鑑定は赤血球を使用し、DNA型鑑定は白血球を使用する。つまり、血液中のまったく違う部位を使用しているので、血液型鑑定の際に、（第二試料群から）少女Aの血液成分が検出され、一方、DNA鑑定では少女A

のDNA型が検出されない、ということは十分あり得るのだと述べた。

因みに、第一試料群の血液型鑑定でも、犯人の血液型について B型、AB型の二通りの可能性があるが、科警研はB型である（その可能性が高い）と主張し、決定はそれを鵜呑みにした。

どちらも可能性の話である。そして、この事件ではその先には進めない。試料がないために再鑑定ができない。いつもその壁にぶつかるのである。だが、この血液型鑑定に関しては、科警研は、もっとひどい失態を犯している。隠ぺいと言ってもいい。血液型判定の際に最も重要だとされる「血液凝集反応の写真」を紛失しているのである。血液型の判定は、この凝集反応の強弱から判断する。それほど重要な写真を故意か過失か、紛失したというのだ。初歩中の初歩である。鑑定者として失格である。つまり、ここまでの議論はすべて最も重要な証拠写真を欠いたまま行われてきたのである。科警研の技官が嘘をついていても分からないのである。これだけでも、裁判所は、科警研の主張＝検察の主張をすべて退けるべきであるが（弁護側の鑑定人がそのような失態をしたら、直ちにそうなっていただろう）、決定は、次のように述べて、必死に科警研を擁護するのである。

「たしかに、S・K（科警研の二人の技官）の鑑定書には血液凝集反応を撮影した写真が添付されていないことが認められ、爾後の検証の観点からすれば、写真が添付されていることが望ましいことは本田教授が指摘するとおりであるが、鑑定の信用性は、鑑定書の体裁のみならず、鑑定した者の供述等を含めて総合的に判断するべきものであるから、写真が添付されていないことの一事をもって、S、K鑑定の信用性を否定することは相当でない」

宿題を忘れてきた出来の悪い子をかばう先生のようにのんびりしているが、これは宿題の話ではない。裁判の行方に関わる重要な証拠だという緊張感が科警研にも裁判官にもまるでない。血液型の判定で「血液凝集反応の写真」がないという事態に至るのは「隠ぺい」以外には考えにくい。担当者の過失、つまり紛失などということは、通常では起こり得ないからだ。

・DNA型鑑定について

DNA型鑑定については、決定は、でたらめだということを認めて証拠から排除している。勿論、「でたらめ」という言葉は使っていないが、決定の趣旨はそういうことである。しかし、全く捨て去ったわけでもなく、一部では援用して、有罪の根拠にも利用しているので、その範囲で見てみる。

繰り返しになるが、科警研が出したDNA型に関する鑑定結果、つまり被害者、犯人、久間さんのDNA型は完全に間違っている。この点については弁護団、検察の双方に争いはない。しかし、それらをいちいち指摘し、訂正しながらでは話が前に進まないので、取りあえず、そのDNA型などをそのままにして、最後にまとめてその間違いを検討する。

科警研の主張は以下の通りである。

久間さんのＤＮＡ型は16―26型である。被害者の少女Ａは18―25型（本人の心臓血より判定）、少女Ｏは23―27型（本人の心臓血より判定）である。

また、電気泳動の写真から、第一の試料群（＝木の枝に付いた血痕、少女Ａの膣内容物とその周辺の付着物）では、16型、18型、25型、26型のバンドが観察された（四種類のレーンで観察されたバンドをすべて列挙した）。このうち、18型と25型は少女ＡのＤＮＡ型であるから、残りの16型、26型が犯人のＤＮＡ型である。

第二試料群（＝少女Ｏの膣内容物とその周辺の付着物）では、16型、23型、26型、27型のバンドが観察された（二種類のレーンで観察されたバンドをすべて列挙した）。このうち、23型と27型は少女ＯのＤＮＡ型であるから、残りの16、26型が犯人のＤＮＡ型である。

犯人のＤＮＡ型は16―26型であり、この型は久間さんのＤＮＡ型と一致する。

これに対する弁護団からの反論は、すでに「電気泳動写真に関するねつ造」のところで説明している。

久間さんのＤＮＡ型であるはずの16型がすべてのレーンに現れている。つまり、少女Ａや少女Ｏの心臓血のレーンにも16型が現れている（心臓血からは本人のＤＮＡ型しか出現しないはずだ）。これはおかしい。この16型と見えるバンドは本当のＤＮＡ型ではなく、エキストラバンドと言われるもので、増幅作業の途中で余分なＤＮＡが入り込むことによって生じる現象である。

また、科警研は写真の重要な部分を切り捨てているが（写真をねつ造し、その部分を隠しているが）、もとのネガをよく見れば、第一試料群にも第二試料群にも四一型、四六型付近に別のバンドが観察される。これが真犯人のDNA型である。

よって、犯人のDNA型は久間さんとは一致しない。


決定は、ぐずぐずと詭弁を弄した。16型はエキストラバンドとは言いきれない（犯人のDNA型かも知れない）。逆に、40型―46型のバンドについてはエキストラバンドの可能性があると言える（犯人のDNA型ではないかもしれない）。苦しい可能性論を駆使しながら本田鑑定を退けた。しかし、科警研の鑑定を認めるわけにもいかない（間違っていることは誰もが知っているから）。だから、決定はDNA鑑定がなくても有罪が立証されていると言わなければならなかったのだ。ここで重要なのは本田鑑定を否定し、抹殺しておくことである。もし一部でも認めれば「再審開始」に結びついていくからである。

決定はしばしば本田鑑定について「抽象的な可能性に過ぎない」と述べて切り捨てている。多くの場面でこの言葉を使っている。確かに本田教授は実際に科警研の鑑定には立ち会えないので、すべての主張は証拠写真や書面を読み解いたうえでの「抽象的な可能性」論である。しかし、血液型もDNA型も、もっと言えば、町医者がレントゲン写真から病名を判断する作業も、あらゆる判定は抽象的な可能性なのである。無意味な詭弁を糊塗するためのさらなる詭弁である。

ここまで来て、さて、正しい鑑定ではどうなるのか、という話に戻る。ここまでのDNA型に関する判定はすべてでたらめである。それを知りながら、一応科警研の作った数字に乗って論を進めてきただけである。久間さんの遺品から本田教授がDNA型鑑定を行ったところ、久間さんは18―30型であった。もし、事件現場の試料が残っていたら、新たな鑑定により、真相ははっきりしたはずである。足利事件ではそうだった。科警研は容疑者だった菅家利和さんのDNA鑑定を行い、16―26型だと判定し、犯人と一致したと言った。この事件と数値まで同じだ。しかし、実際には菅家さんは18―29型、犯人は18―24型だった。この時、再鑑定を行ったのも本田教授だった。科警研のでたらめさをよく知っている。だから、弁護団はすぐに再審を開始すべきだと主張し続けているのだ。

勘ぐれば、科警研は足利事件の恥辱的な結末に懲りて、鑑定試料を残さなかったのかもしれない(全量を使ったのか、捨てたのかは不明だが)。

本来であればこの再審請求審は次のように進むはずである。科警研の鑑定結果では、犯人のDNA型は16―26型である。試料がもうないのだから、この鑑定結果は変わりようがない。一方、久間さんのDNA型は最新の鑑定で18―30型であることが分かった。久間さんと犯人のDNA型は違っていた。この時点で「再審開始」となるはずである。そうならないのは、科警研の鑑定が「でたらめ」だということを裁判官もよく承知しているからである。ここがこの裁判の不思議なところである。でたらめな鑑定をした、しかも大事な試料をなくしてしまった。しかし何ら咎めはなく、それどころか、審理はすべて科警研＝検察側の有利に働いている。裁判官はこの久間さんの18―30型という鑑定結果を見ても、判断を変えなかった。決定は次のように書いている。

「現場資料の再鑑定が実施されておらず、ＭＣＴ１１８部位の繰り返し数を正しく判断する方法による犯人のＭＣＴ１１８型が判明していない本件においては……」

科警研の鑑定はここですでに捨て去られている。犯人のＤＮＡ型は再鑑定ができないのでわからない、と言い切っている。だから、本田鑑定が正しいとしても、犯人と久間さんのＤＮＡが「一致しないことが明らかになったということはできない」と述べている。鑑定が出来ない。だから一致するか、一致しないか、判断できない、という。そういう場合は再審開始だろうと、この裁判官に誰かが教えなければならない。さらに、科警研の間違った鑑定結果に対して、それぞれに二から五位を足してやるとしばしば正しい鑑定結果と一致するという科警研が発明した屁理屈に乗って（科学とは程遠いが）、次のようにも言う。

「（科警研の出した16―26型を受けて）ＭＣＴ１１８型鑑定は、18―29型、18―30型及び18―31型の三つの型のうち、18―30型で犯人と事件本人の型が一致する可能性があるという点においては、事件本人が犯人であることを推認させるにつき積極方向の情況事実となり得るようにも見えるが、犯人の型が18―29型または18―31型であり、事件本人の型と一致しない可能性もあるのであるから……」

と延々と続く。科警研が自らのでたらめさをごまかすために編み出したさらなるでたらめに乗って、可能性のあるなしを論じるばかばかしさに呆れる。切り捨てたはずの科警研の鑑定結果を、こういう場面で生き返らせるその根底には、本田鑑定を同じ泥沼に放り込んで、同じような色合いに塗りこめてしまうという思惑が透けて見える。可能性論に引き込んで痛み分けに見せて、だから、請求は棄却するという手順である。

この裁判を一行で言い表すことができる。

「試料は消えた。真相は分からない。だったら今のままでいい」

こうして請求は棄却された。科警研の思うつぼにはまった、そういう裁判だった。この裁判を担当したのは裁判長平塚浩司、裁判官吉戒純一、岡本康博の三人である。

試料は消え、真相も闇に消えた

「鑑定試料をすべて使い切った」という科警研の言い訳を、裁判所が許したところで、この再審請求の裁判は終わっている。すべてがここで途切れてしまう。試料さえあれば、真相にたどり着くまでにそれほど時間はかからなかったはずだ。科警研が何もせず、じっとしていたら

（鑑定に手を出さなかったら）、この事件は迷宮入りにはならなかった。今となっては、久間さんの黒白も決着がつかず、すべてが闇の中に眠ったままだ。これを迷宮入りと言わずに何というのか。ある高名な法医学者の言葉を思い出す。「すぐにDNA鑑定の時代が来るでしょう。使う人の良心がますます大事になってきますね」。

決定は、情況証拠だけで久間さんが犯人であることは十分証明されている、と結論付けた。DNA鑑定は必要ないという。だが、久間さんに死刑を宣告した確定判決はDNA鑑定を重要な証拠の一つと位置付けていた。決定的な証拠だったといってもいい。だからこそ弁護団はその弾劾に全力を注いだのだ。そして、確定判決からこの決定に至るまでの長い年月の中で、科警研のDNA鑑定のでたらめさが明らかになった。つまり重要な証拠の一つが欠けた、そういう状況の下で再審請求が申し立てられたのである。DNA鑑定なしで、本当に有罪が認定できるのか。「必要ない」と言わなければ、再審を開始せざるを得ないところまで、裁判所は追い込まれていたのではないか。

古い鑑定が使い物にならなくなった。どうするのか。新しい鑑定によって真相に迫る、それが裁判所の仕事であるはずだ。だが、試料がないためにそれはできない、では次にどうするのか。「疑わしきは被告人の利益に」と、裁判官が考えたなら再審開始決定を出したはずだ。だが、そうはしなかった。すでに死刑を執行してしまった以上、結論は出ている。「DNA鑑定は必要ない」という以外には答はなかったのである。

DNA鑑定ができなくなった今となっては、情況証拠の一つ一つを突き崩していくことが弁護団の仕事になる。どの一つを取っても、それは弁護団にとって重い課題になるだろう。しかし、それらも含めて、裁判所は一刻も早く再審を開始し、そこで審理し直すべきだと筆者は考えている。可能性論にしがみ付いて再審開始を拒むのではなく、「疑わしきは被告人の利益に」の原則に立ち返るべきだ。「試料消滅」の不利益を弁護団だけが蒙るのはフェアーではない。

岩田務弁護士インタビュー

二〇一五年六月、福岡市内にある岩田務弁護士の事務所を訪ねた。一四年の春に再審請求が棄却され、即時抗告をしてから一年余りが経つ。情況証拠の中心に位置する目撃証言についての新しい鑑定書を提出したところだった。

岩田弁護士は三〇人を超える大弁護団の中心的なメンバーで、一審の途中から久間さんの弁護人としてこの裁判に関わってきた。〇八年一一月に死刑が執行されたとき、筆者は岩田弁護士に電話をしてインタビューを申し込んだ。再審請求の準備を進めている最中の死刑の執行であり、弁護団（当時は八人だった）の誰もが驚き、戸惑っていた。怒りもあったに違いない。初めて電話をかけてきた記者（当時筆者はテレビ局の記者だった）に会うような余裕はなかったのだろう、当然、断られた。しかし、筆者は執拗だった。そして次のように聞いた。

「弁護人として、死刑の執行について責任は感じていますか」

まったく無礼な質問だが、弁護人が再審請求書さえ提出していればこのような事態にはならなかった、という思いがあって、筆者も怒りを感じていた。怒鳴り返されるだろうと予測していた。だが、答えは違っていた。

「感じています」

と一言だけおっしゃった。潔いと思ったが、その先は取り付く島もなかった。

結局、インタビューは他の弁護人に受けていただいたが、その後数日して、筆者は事前の約束もないまま（また断られると思ったので）いきなり岩田弁護士の事務所を訪ねた。しかし、追い返されることもなく（ご立腹だったと推察するが）、裁判に関する資料をいろいろと見せていただいた。その時以来である。だが、短い挨拶が終わると、すぐに本題に入った。

「証拠能力なし、として切らないといけないですよ。あんなものを認めたら駄目です。それをせんでね。あいまいなままです」

DNA鑑定についての裁判所の判断に対して、岩田弁護士は怒っている。請求棄却決定は、DNA鑑鑑定に関して、生かさず殺さずの、極めてあいまいな判断だった。

「一審の時から私たちは言ってきた。古い鑑定の26型はちゃんと測ったら29型、30型、31型のいずれかだというが、そんなものでは有罪の証拠にはなり得ないと。でも、裁判所はそんなことには知らん振りをしてきた（一審から上告審まで、裁判所は、MCT118型鑑定はおおむね正しいと判断してきた）。ところが、その後、科警研のMCT118型がひどいことになって（でたらめさが判明して）支えきれなくなった。だから今度は、これは信用できないと言った。そう言っておきながら、一方で、29型、30型、31型のどれとは決まっていないのだから（本田鑑定では、久間さんは30型と判定された）、犯人と久間さんのDNA型が一致したとは言えないが、一致しなかったとも言えない、だから間違っているとは言えない、というようないい加減なことまで言い出した。

最悪ですね、科学的証拠について判断能力のない日本の裁判所の象徴。あれでは、いつまでたっても真実、事実には行きつかない。裁判官は別のどこかで心証を固めて、こいつが犯人だと思った。そしたら、科学的証拠は無視して、都合のいいところだけつまんで有罪にする」

続いて犯人の血液型について。棄却決定は科警研の主張を鵜呑みにしてB型ということにした。だから久間さんと一致しているという。弁護団は、犯人はAB型だと主張している。

「あれも、全く悪質な鑑定ですね。B型の方がA型より強く凝集（反応）したからB型だという。科捜研（＝科学捜査研究所。科捜研は各県警の管轄。一方、科警研は警察庁の管轄）さえもAB型だと言っているんですよ。（裁判官は棄却決定の中で）科警研の主張を取るために『Sさんは長年従事してきた人だから』という。落語や芸の世界じゃない、科学の世界だろうと言いたい」

棄却決定は、科警研の血液鑑定を擁護するために次のように述べている。「……本鑑定を担当したS技官（DNA鑑定も担当した）が、科警研において、長年、血液型判別に関する研究及び実務に携わっている者であることに照らしても、本田教授のかかる指摘を直ちに採用することはできない」。

科警研のでたらめなDNA鑑定はその鑑定方法だけが問題視されているのではない。担当者の技術にも、倫理観にも大きな問題があったことは明らかだ。その技官を擁護しなければ、DNA型鑑定だけでなく、血液型鑑定にも火の粉が降りかかるという思いが裁判官にはあったのかもしれない。

次に情況証拠について。弁護団は「目撃証言」に狙いを定めている。

「この抗告審の中で、Tさんの目撃証言については、ほとんど崩したと思っているんですよ。厳島先生（心理学者）に第三次の鑑定をしていただいて、五月の連休前に裁判所に提出しました」

岩田弁護士は机に大きな道路図を広げた。国土交通省から入手した正確な地図だという。T氏が車を目撃したという急カーブを含む曲がりくねった道路が山の中を走っている。

「新しい鑑定の骨子は、カーブを運転する時に、人間の目はここ、タンジェントポイントというんだけど、この接点を見る（山側の曲がり角の先端）。それを見ながらでないとカーブを曲がれない。こっち（車は、谷側に駐車していたとされる）の方を見ていたら、カーブで曲がり切れずに、谷に落ちてしまう」

ドライバーの視線とタンジェントポイントの関係は一九九〇年代の科学論文で指摘され、今では自動車工学の分野や人間の視力に関する研究者の間でも広く承認されている理論だという。「ドライバーはカーブに進入してからカーブを抜けるまで、ほぼ、タンジェントポイントを見続けて運転する」というもので、タンジェントポイントとは「運転者の視点を通る直線とカーブの内側との接点」であるという。簡単には、人は、カーブでは、内側（曲がる方）の先端部分を見ながら運転する、という常識にかなった理論である。だが、T氏の供述の目撃内容の異常な豊富さはこの理論に背くものだ。車はタンジェントポイントの反対側であるカーブの外側、つまり谷側に止まっていたとT氏は供述している。

「Tさんはしゃべり過ぎている。Tさんの最初の供述を見ると『紺色のワゴン車』、それと『人が乗り降りしていた』という話しか出てこないのに、その後どんどん詳しくなっていく。車の特徴で10以上。人の特徴で7か8。この道を走りながら、調書の通りに見ていたとすると……。ボタン式のカッターシャツの上にチョッキを着ていた。それから車にラインがなかったとかダブルタイヤだったとか。フィルムが貼ってあったとか。そういうことを見るのに、コンマ何秒か一秒かかかるわけですね。視点を山側に戻すのに一秒かかる。それを手に伝えるのにまた時間がかかる。それをトータルすると、人の動きや服装、髪型を見るだけで対向車線に突っ込んで、車の特徴まで見ていたら崖の下に突っ込んでしまう。極めつけは、ここで（通り過ぎた後で）『後ろを振り向いて確認しました』と言っている。軽四輪で窓は手動式、約三秒かかる。身を乗り出して後ろを見る。そしてダブルタイヤをもう一遍確認した。そんなことを本当にしたら車はここら辺まで行ってしまいますね」

と言いながら、岩田弁護士は崖を飛び出した先の山の中を指で叩いた。

「要するに、Tさんには、個々の事実を目撃したという原体験はないのに、捜査側がずっと吹き込んで、それから、彼から話が出てくるのを待って、それを調書化したと、一言で言うとそういうことです。当時の刑事も検察官も心理学的な素養がないために、やたら詳しければ、それで本物っぽいと。単にそれだけの理由でどんどん詳しくなっていった。最初は僅かなのに、日が経つにつれて詳しくなる。それは人間の記憶の原則に反している」

「T氏は、目撃内容を仕事の仲間に話した、と証言していますね」

事件の翌日（二月二一日）、T氏は「紺色のダブルタイヤのワゴン車を見た」と同僚に話し、またその同僚もT氏から聞いた、と二人ともが供述している。

「あれは『後作り』だと僕らは思っています。その日（二月二一日）、そういう話をしたと言いますが、その後の三月二日、四日、五日の調書には一切その話は出てないのです。二月二一日には、もう一人、同じ職場の人が同席していたはずですが、その人からは、そういう話を聞いたという調書はまったく出てきていない」

「車の外にいた男についてはどうですか」

「男については、ものすごく変遷するんです。めちゃくちゃ。最初は、立っていて、車に乗り降りしていたという。ところが次には、山道から上がってきたと。(犯人は)ここに遺留品を捨てていますから、警察官としては何とか関連付けたかったのでしょうけど……。それで、五月になって警察が現場検証をすると、(T氏の証言通りに)車が止まっていたとしたら山道は陰になるんです。すると、山道の話が消えてしまって、次にはここら辺で(別の場所を示して)転んだとか滑ったという話になる」

「年齢的にも合わなかった?」

「三〇歳から四〇歳(久間さんは当時五四歳)。それもだんだん四〇歳のほうに近づけてきましたけど……」

「信用できない?」

「一つ一つの変遷に理由がない。いくら何でも、山道が見えなかったので『山道から来た』という話をカットする、というのはね。救いようがない」

検察も、裁判所も「男についての目撃証言」は捨てるしかなかったようだ。

「この目撃証言のポイントはやはり『ダブルタイヤ』です。ダブルタイヤは見えるはずがない」

なぜ、ダブルタイヤが重要なのか。

「一〇月一五日に、県警もさすがに心配になって、本当に見えるかどうか実験しているんです。二・五メートル離れないと横からは分からない。後ろからは七メートル、両方がダブルタイヤと分かるのは一〇メートル離れてから。そういう実験をしている。警察が自分たちで実験をして、その後からですよ。『前輪と後輪の直径が違うのでダブルタイヤだと分かりました』とTさんが言い出すのは。最初は、ダブルタイヤを直接目撃したかのように言っているけど、一〇月の実験後は、どうも、見ることはできないぞ、運転している限りは、となって、一二月の供述調書以降は『直径が違うからダブルタイヤだと分かった』ということになっていった」

「ダブルタイヤの目撃証言が崩れると、どういうことになりますか」

「繊維鑑定という証拠も意味がなくなる」

二人の被害者の衣服から非常に細かい繊維片が見つかっているが、それが久間さんの車のシートに使われている繊維と同じである可能性が高いと検察は主張している。

「ダブルタイヤということになると、確かに限定されてくる。でも、ダブルタイヤという条件が外れて、単に紺色のワゴン車ということになると、同じ繊維片の車が限りなくあるということです。繊維片というのは被害者の衣服についていたごみのようなものです。〇・〇一五ミリの直径で長さが三ミリから六ミリ。調べたところ、当時の車の、六割か七割は同じ東レのナイロンを使っていた。だから同じ東レのナイロンだと言ってもあまり意味はないですね。染料についても四つのうち二つの色が一致したといいますが、これも別に稀でもなんでもない。但し、ダブルタイヤということになると（同じ条件の車は）かなり絞られる。でも、そうでないなら、むちゃくちゃに広がってしまうわけです」

「ダブルタイヤは重要なポイントですね」

「警察はどうしてもそこに引っ張って行きたかったんでしょう」

情況証拠の中心はやはり「目撃証言」ということになるのか。

「DNAを除く旧証拠（で有罪認定ができる）と言うけど、柱は目撃証言です。これが崩れたら（検察は）どうしようもない」

この事件では、帝京大学もDNA鑑定を行っているが、久間さんのDNA型は検出されなかった。つまり、久間さんは事件には関係ないという鑑定結果が出た。しかし、確定判決はこの鑑定を無視した。なぜそんなことになったのか、その点を尋ねた。

「検察は、裁判開始後、帝京大の鑑定を隠し続けていた。その時、新聞で『ほかでもDNA鑑定をしていて、違う結果が出ているらしい』と知って、これを突きつけて『出せ』と言ったが出さない。開示しろといくら迫っても開示しない。最終的には、（検察は）条件付きで出すと言ってきた。どういう条件かというと、鑑定以外の周辺証拠があるが、それも一緒に提出するので、一括して同意するのであれば出す、ということだった。それで、仕方なく同意した。この周辺証拠の中には、(帝京大学の)石山教授とその助手の『県警から来た試料は、これが血痕ですか、というようなものであった』という供述調書もあった」

つまり、試料が十分ではなかった、ということを意味する供述調書である。これは意味深長だ。この供述調書を取り上げて、検察は「久間さんのDNA型が検出されなかった(＝久間さんは事件には関係がない)」という帝京大学の鑑定に対して「試料が悪かったので信用できない」とした上で、科警研の鑑定こそが正しいのだと主張した。一方、試料が悪かったと言えば、たとえその鑑定が否定されても帝京大学の面子はつぶれない。そして、実際に裁判所はそのように判断した。つまり、科警研の鑑定は信用できるが、帝京大の鑑定は(試料が十分ではなかったので)信用できない、と断定した。しかし、これには裏があった。

「これは、石山さんが考えた妥協案だった、と法廷でハッキリ証言しています。帝京大の鑑定結果について、警察が捜査の妨害だと文句をつけてきた。石山教授に、二つの鑑定の間で整合性が保たれるような方法を考えてほしいという注文を付けてきた。それで、石山さんが知恵を絞って、その結果、『石山教授の鑑定試料には、犯人の血液が混入していなかった可能性がある』ということにすればお互いの鑑定が矛盾してもおかしくない、そういうアイデアを提供した、と自ら語っている」

科警研の、自らの技術の低さを棚に上げて他者を攻撃する悪質さには呆れる。だが、帝京大学の、判決を左右する重要な鑑定を自ら貶めるような行為も許されない。

「これが血痕ですか」という供述調書は、合意の上の産物だったというわけだ。犯人の血液が混入していないほど、少量で劣悪だった、ということにして（帝京大の鑑定の信用性を失墜させ）、科警研の鑑定結果を守ってやり、石山教授自身にも傷がつかないようにした。自分たちの都合で事実を勝手に捻じ曲げている。

「九六年当時の証拠開示なんてそんなものです。また、法医学者も情けないですね。自分たちの仕事、職場を守るのに必死と言いますか。正しければ誰が何と言ってもやる、という人はほとんどいないのじゃないかな」

この事件の取材で、帝京大学の石山教授にインタビューを申し込んだことがあった。死刑執行の直後だ。「鑑定については一言もしゃべりたくない」と言って断られた。

この再審裁判の最も大きな問題は「試料を使い切った」という科警研の行動だろう。これが真相の究明に蓋をした。

「ひどいですね。これが日本の裁判所のだめなところで、『再試験ができないような鑑定は信用できない』とはっきり言わないとだめです」

「本当に全量消費したのでしょうか」

「いや、分からない。残っているという人もいる。三通り考えられますね。第一、技術的に拙劣で、何回やっても（結果が）出ないから使い果たしちゃった。可能性がないわけではない。第二は、第三者に再試験をさせない目的で本当に捨てちゃった。もう一つは、当時、MCT118には限りない未来があると思っていたはずだから、残していないはずがない。科警研はこの再審の中で、実験ノートも捨てた、鑑定書に乗せた写真以外も廃棄したと言っていますが、それもあり得ない。絶対に残っていますね。出せないから隠した、ということでしょう。何年かして、関係者全員が死んだ頃に、実はありました、という話かも知れない」

「岩田さんは、真相はどのあたりだと思いますか」

「残っているんじゃないかな」

「でも、今となっては出せない」

「出せないですね。でもでたらめですね。相手が素人だから何をしても構わない、というか。裁判官も弁護士もそれを見逃してきていますからね。科警研としたら、素人をごまかして何でもやれるという形で今日まで来ていたんだろうと思います」

「素人というのは裁判官」

「裁判官も弁護士も検察官も素人。技官からしたらね。腐っているなと思います」

最後に今後の見通しを聞いた。

「死刑が執行された事件では、やはり、裁判官としては再審を開始するのは勇気がいるんでしょうか」

「勇気と言いますか……。村をおん出る覚悟がないと無理でしょうね」

「村ですか、裁判所という」

「うん、裁判官のね。日本中、村だらけですけど。自分の先輩、後輩、同僚。みんなから村八分にされるのを覚悟して、それでもやれるか。そういうことです」

そういう裁判官がまだ村の中にいることを期待したい。だが、岩田弁護士の顔は期待に満ちているという表情ではなかった。

参考文献

免田事件

『検証 免田事件 よみがえった死刑囚』熊本日日新聞社編、日本評論社、一九八四年／『冤罪 免田事件』新風社、二〇〇四年／『新版 検証・免田事件』現代人文社、二〇〇九年

『免田栄 獄中記』免田栄、社会思想社、一九八四年

『免田栄 獄中ノート』免田栄、インパクト出版会、二〇〇四年

財田川事件

『財田川暗黒裁判』矢野伊吉、立風書房、一九七五年

『死刑台からの生還』鎌田慧、立風書房、一九八三年。岩波書店、一九九〇年

『矢野伊吉追悼集』編輯・発行人豊島昌大、一九八五年

松山事件

『松山事件 血痕は証明する』佐藤一、大和書房、一九七八年

『最後の大冤罪・松山事件――船越坂は何を見たか』佐藤秀郎、徳間書店、一九八四年

島田事件

『無実・冤罪事件に関する12章』後藤昌次郎編、三一書房、一九八〇年

『島田事件』伊佐千尋、潮出版社、一九八九年

『冤罪に抗して』大塚一男、日本評論社、一九九三年

袴田事件

『自白が無実を証明する　袴田事件、その自白の心理学的供述分析』浜田寿美男、北大路書房、二〇〇六年
『袴田再審から死刑廃止へ　年報・死刑廃止２０１４』年報・死刑廃止編集委員会編、インパクト出版会、二〇一四年

足利事件

『魔力ＤＮＡ鑑定　足利市幼女誘拐殺人事件』佐久間哲、三一書房、一九九八年
『幼稚園バス運転手は幼女を殺したのか』小林篤、草思社、二〇〇一年
『冤罪　ある日、私は犯人にされた』菅家利和、朝日新聞出版、二〇〇九年
『訊問の罠――足利事件の真実』菅家利和・佐藤博史、角川書店、二〇〇九年
『殺人犯はそこにいる　隠蔽された北関東連続幼女誘拐殺人事件』清水潔、新潮社、二〇一三年

そのほかの冤罪事件、冤罪全般、再審

『再審』日本弁護士連合会編、日本評論社、一九七七年
『誤判救済と再審』小田中聰樹、日本評論社、一九八二年
『司法の犯罪』伊佐千尋、文芸春秋、一九八三年
『日本の冤罪』(法学セミナー増刊)、日本評論社、一九八三年
『続・再審』日本弁護士連合会編、日本評論社、一九八六年
『全員無罪　１２２人の選挙違反事件を追う』平田友三、ぎょうせい、一九九二年
『冤罪はこうしてつくられる』小田中聰樹、講談社、一九九三年
『冤罪の構図「やったのはおまえだ」』江川紹子、社会思想社、一九九四年。新風社、二〇〇四年

『救援会の70年史』国民救援会「70年のあゆみ」編纂委員会編、日本国民救援会、一九九八年
『えん罪入門』再審・えん罪事件全国連絡会編、日本評論社、二〇〇一年
『日本司法の逆説』西川伸一、五月書房、二〇〇五年
『反冤罪』鎌田慧、創森社、二〇〇九年
『裁判員読本 冤罪判決実例大全 プロ（裁判官）の常識は素人（市民）の非常識』日本国民救援会・裁判員制度検証プロジェクトチーム、桐書房、二〇一二年
『えん罪原因を調査せよ：国会に第三者機関の設置を』日弁連えん罪原因究明第三者機関WG編、勁草書房、二〇一二年

裁判官批判

『裁判官の犯罪「冤罪」』木下信男、樹花舎、二〇〇一年
『裁判官はなぜ誤るのか』秋山賢三、岩波書店、二〇〇二年
『裁判官が日本を滅ぼす』門田隆将、新潮社、二〇〇三年
『最高裁の暗闘』山口進・宮地ゆう、朝日新聞出版、二〇一一年
『絶望の裁判所』瀬木比呂志、講談社、二〇一四年

死刑

『年報・死刑廃止2004 無実の死刑囚たち』笹原恵ほか、インパクト出版会、二〇〇四年
『死刑』森達也、朝日出版社、二〇〇八年
『命の灯を消さないで 死刑囚からあなたへ』死刑廃止国際条約の批准を求めるフォーラム90編、インパクト出版会、二〇〇九年

DNA鑑定、科学鑑定

『捜査と鑑識のためのDNA型分析——解説編』科学警察研究所、一九九一年
『DNA鑑定入門』石山昱夫・吉井富夫、南山堂、一九九八年
『DNA鑑定のはなし 犯罪捜査から親子鑑定まで』福島弘文、裳華房、二〇〇三年
『DNA鑑定 その能力と限界』勝又義直、名古屋大学出版会、二〇〇五年
『DNA鑑定 科学の名による冤罪』(増補改訂版)天笠啓祐・三浦英明、緑風出版、二〇〇六年
『人体紀行 vol13 遺伝子・DNA』竹内修二、西東社、二〇〇八年
『よくわかるDNAと分子生命学』武村政春、日本実業出版社、二〇〇九年
『無実を探せ! イノセンス・プロジェクト DNA鑑定で冤罪を晴らした人々』ジム・ドワイヤー他著、西村邦雄訳、指宿信監訳、現代人文社、二〇〇九年
『法医学現場の真相 今だから語れる「事件・事故」の裏側』押田茂實、祥伝社、二〇一〇年
『再審と科学鑑定 鑑定で「不可知論」は克服できる』矢澤俊治編、日本評論社、二〇一四年

刑事司法、捜査、その他

『自白の研究』浜田寿美男、三一書房、一九九二年
『日本の刑事裁判』伊佐千尋・渡辺保夫、中央公論社、一九九六年
『刑事証拠開示の分析』松代剛枝、日本評論社、二〇〇四年
『検察 破綻した捜査モデル』村山治、新潮社、二〇一二年
『検事失格』市川寛、毎日新聞社、二〇一二年
『証拠開示と公正な裁判』指宿信、現代人文社、二〇一二年

各原稿の初出

本稿は、下記の初出原稿をもとに大幅に加筆したものである。なお、袴田事件前半部分、ＤＮＡ鑑定の呪縛前半部分は初出誌掲載後改稿し、拙著『冤罪をつくる検察、それを支える裁判所』掲載のものを改稿した。

「冤罪は果たしたけれど……　免田栄氏が語る」『冤罪ファイル』No19　二〇一三年五月
「冤罪は果たしたものの……　松山事件を振り返る」『冤罪ファイル』No21　二〇一四年五月
「雪冤は果たしたけれど　島田事件～赤堀政夫さんインタビュー」『冤罪ファイル』No20　三〇一三年九月
「死刑囚の手紙・冤罪袴田事件　捏造された犯行着衣　再審への長い道程」『冤罪ファイル』No4　二〇〇九年二月。
「袴田秀子さん特別インタビュー」『冤罪ファイル』No21　二〇一四年五月
「ＤＮＡ鑑定の呪縛――足利事件と飯塚事件」『冤罪ファイル』No8　二〇一〇年二月

あとがき

二〇一〇年にそれまで取材した冤罪をまとめて『冤罪をつくる検察、それを支える裁判所』を出版した。それ以降の冤罪に関する動きを少しだけ紹介する。

・再審無罪

布川事件は、一一年九月に再審無罪（水戸地裁土浦支部）が言い渡された。「足利事件」より先に再審開始決定が出ていたが、無罪判決は後になった。証拠開示によって、検察が膨大な量の無実の証拠を隠していたことが明らかになった。

東電ＯＬ殺人事件は、一二年六月に再審開始決定が出た。新しいＤＮＡ鑑定が無実の決定的な証拠となった。その日のうちにゴビンダさんは釈放されて、間もなくネパールに帰国した。一二年一一月に無罪判決が言い渡されたが、検察は控訴を断念した。

・再審開始

福井女子中学生殺人事件は、一一年一一月に再審開始決定が出たが（名古屋高裁金沢支部）、一三年三月、名古屋高裁はこの再審開始を取り消した。

東住吉事件は、〇九年七月に再審請求が申し立てられた。そして一二年三月、大阪地裁は再審開始を決定した。

・再審請求

名張毒ぶどう酒事件は〇五年の再審開始決定（名古屋高裁）以後、複雑な展開を見せた。〇六年一二月に名古屋高裁が再審開始を取り消した。しかし、最高裁は一〇年四月、「審理が尽くされていない」としてこの取り消し決定を破棄して、名古屋高裁に差し戻した。弁護団は「なぜ最高裁が自ら再審開始決定を出さないのか」と非難した。そして一二年五月、名古屋高裁はまたも再審開始を取り消した。しかし、最高裁は、今度はこの決定を支持した。弁護団はその後、一三年に第八次請求をしたが棄却され、一五年に第九次請求を申し立てている。

大崎事件（〇二年に再審開始決定が出たが、〇四年に取り消されている）は、一〇年八月に第二次再審請求を申し立てたが、一三年三月に鹿児島地裁が請求を棄却し、一五年二月、最高裁が特別抗告を退けた。一五年七月、鹿児島地裁に第三次請求を申し立てた。

三鷹事件は、一一年一一月に元死刑囚の長男によって再審請求が申し立てられた。「下山事件」「三鷹事件」「松川事件」は戦後の三大鉄道事件として知られているが、今も多くの謎が残っている。一九四九年に事件発生、その後一〇人が起訴されたものの九人が無罪、一人だけが死刑判決を受けた。この人は確定後、冤罪を訴えて再審請求をしたが、六七年に獄中で病死した。四四年を経て息子が第二次請求を申し立てた。

仙台筋弛緩剤事件は、〇八年に無期懲役が確定した後、一二年二月に再審請求を申し立てたが、一四年三月、仙台地裁は請求を棄却した。

・国賠訴訟

雪冤後の国家賠償訴訟については、氷見冤罪国賠訴訟で二〇一五年三月に原告側の一部勝訴判決が出た。また志布志冤罪国賠訴訟でも一五年五月に原告勝訴の判決が出ている。

一九八〇年代に死刑冤罪事件で四件の無罪判決が続いた後、ぴたりと風が止んだように、再審開始決定が出なくなった。九〇年代の一〇年間で、大きな事件での再審開始決定は二件だけだ（日産サニー事件・九二年、榎井村事件・九三年）。このうち日産サニー事件は九五年に再審開始が破棄されている。裁判所の信用失墜を恐れた最高裁が「確定判決の権威」を声高に唱え、無実の人の救済に門戸を閉ざした結果である。私が冤罪の取材を始めたのはこのころで、冤罪被害者にとって、また闘う弁護士にとって「冬の時代」と言われた。それに対抗しながら、証拠開示やDNA鑑定によって少しずつ「開かずの扉」をこじ開けてきたのが二〇〇〇年以降の動きだと総括できるのかも知れない。しかし、冤罪裁判は相変わらずぐずぐずと行きつ戻りつし、流れは淀み、雪冤を果たすことなく獄中で亡くなる人も多い。それが、裁判所の戦略かと疑いたくなる。なぜ、これほど時間が掛かるのか。なぜ、裁判所はいつも検察に追従し、冤罪の真相から目を反らすのか。冤罪の取材を始めてからずっと変わらず、抱き続けている疑問であり、怒りである。

精緻に見える機械ほど、いざ故障という時に弱いのではないか。別の言い方をすれば、極めて効率のいい流れ作業の工場ではあるが、不具合が生じたり、異物が混入した時に、後戻りして点検する仕組みが全くない、日本の刑事司法制度というのは、そういういびつさを持った「工場」ではないのか。司法修習生は無罪判決を書く勉強を一切しないという。故障を直す手順を学ばないまま工場に出ても、そんな作業員は役に立たない。目に見えている。再審制度という非常用のパイプさえ錆び付き、きちんと機能していない。だから冤罪裁判の度に裁判官は成す術もなく右往左往して逃げ回るのではないか、そんなことをこの頃は考えている。そんな単純なことなのかと言われそうだが、当たらずといえども遠からずだと思う。

日本の犯罪検挙率はトータルでは三割を下回ったが、凶悪犯では七割強、四件のうち三件は被疑者を検挙している。世界に誇るべき警察国家である。また、刑事裁判では検察が起訴した事件の九九パーセント以上に有罪の判決が言い渡される。まさに「有罪裁判の国」である。もちろん、これは悪いことではないのかもしれない。市民が安心して暮らせる社会が望ましいに決まっている。悪事は許さず、とらえた悪人は必ず罰する。この厳格さこそ日本の誇りであり、だから警察官は検挙率に、検察官は有罪率に血眼になるのである。水も漏らさぬ捜査、水も漏らさぬ裁判。だが、もしこのパーフェクトに見える「逮捕、起訴、有罪」の流れ作業の工場に罪を犯していない人が紛れ込んだらどうなるのか。もう手がつけられないのではないか。犯罪者を捕まえ、自白させ、裁くためのこのシステムには、「冤罪の混入」という事態は想定されていない。だから万が一、そんな事態に陥った時には、システムの管理者は「そんなことはなかった」かのように振る舞うのではないのか。そこでは最早、人はシステムを制御することができない。「犯人だから逮捕した」のではなく、「逮捕したから犯人なのである」。

長々と比喩を交えて述べたが、今の冤罪に対する裁判官の鈍感さを見ていると、そう考えざるを得ない。「無罪」に出合ったことのない裁判官は、目の前に現れた人が冤罪を訴えた時にどんな眼差しを向けるのだろう。不思議な生き物にしか見えない可能性は大いにある。判決文を読んでいると、そんな印象を抱く時がある。

では、どうするべきか。難しい問題だ。しかし、これ以上放置し続けるのは許されないことだと思う。

冤罪は国家の犯罪である。そして、捜査機関は「確信犯」(やっていないと分かっていながら、犯人に仕立てる)、裁判所は「不作為犯」(きちんと審理をしないで、検察の言う通りに有罪判決を書く)だと、私は考えている。ところで、可視化も、証拠開示も、捜査機関に対する不信がまずあって、そこから改革を進めようとしているが、それで「確信犯」をくい止めることができるのか。一定の効果はあるのかも知れないが、ますます巧妙なやり方を編み出して自白を取り、証拠を隠すだけではないのか。いくら法の網をかぶせてもやる時にはやる。確信犯とはそういうものだ。個人的には「不作為犯」にもっと目を向けるべきだと考えている。裁判所こそ冤罪を防ぐ最後の砦だ。きちんと仕事をしてもらうべきである。どうするのか。冤罪を見逃した裁判官に刑罰を科すべきだ、という人がいる。布川事件で犯人とされ、三〇年間獄中から冤罪を闘い続けた桜井昌司さんの持論である。「トラックの運転手さんだって、間違って人を轢いたら罰せられる。あらゆる職業の中で、なぜ、裁判官だけが間違っても罰せられないのか」という。その通りだと思う。裁判官は日頃から無罪判決を出すことに臆病だ。臆病という以上に恐れを抱いている。流れに逆らって、職場で孤立したくないのだ。それが「不作為犯」の根底にある。しかし、「冤罪は一定の割合で生まれる」。悲しいかな、歴史が証明する事実である。そのことを裁判官はいつも肝に銘じておかなければならない。無罪判決を躊躇する人ではなく、職を賭してでも冤罪をくい止める、そういう人がもっといてもいいはずだ。冤罪を見逃したら刑罰を科す、などということがすぐに実現するとは思わない。しかし、荒唐無稽とも思わない。それ程に今、裁判官が信用されていないということだ。これは法治国家の危機だ。自浄作用が働くのを待つなどという呑気なことではだめだと思う。罰則も排除せず、裁判官の「不作為犯」をくい止める仕組みを考えるべきだ。

罪を犯していない人を絶対に死刑台に送らない。監獄に送らない。それは裁判官の仕事だ。単純明快である。それなのに、今、それができていない。

本書の執筆にあたって、多くの方々に助言を頂いた。内藤眞理子弁護士には前著に続いて、法律家としての観点から、細かい部分に至るまでご指摘いただいた。深田卓さん（インパクト出版会代表）には、全体の構成などでご苦労をおかけしたが、そもそも「本を出しませんか」と言っていただかなければ、この年齢での出版は諦めていたかもしれない。瑞慶覧淳さん（日本国民救援会副会長）、島谷直子さん（死刑廃止活動・フォーラム90メンバー）には、それぞれ松山事件、島田事件で関係者の方々を紹介して頂いた。それだけでなく、お忙しい中を取材にも同行していただいた。桜井昌司さん（布川事件で雪冤を果たし、現在は国賠訴訟を闘っている）には取材、インタビューのために都内の事務所を拝借した。他にも多くの方々から言葉に尽くせない支援や助言を頂いた。心よりお礼を申し上げます。

二〇一五年七月　　里見繁

里見繁（さとみしげる）
1951 年生まれ。東京都立大学法学部卒業。民間放送のテレビ報道記者を経て、30 歳からテレビドキュメンタリー一筋。2010 年から関西大学社会学部教授。
◆主な作品
映像 90「ガンを生きる」(95 年民間放送連盟賞教養番組部門・最優秀賞)
映像 01「出所した男」(02 年芸術祭テレビドキュメンタリー部門・優秀賞、民間放送連盟賞報道番組部門・最優秀賞)
他に、日本ジャーナリスト会議賞、地方の時代賞、ギャラクシー賞など。また、冒険家・植村直巳の南極探検への同行取材や、「よみがえるマヤ」「巡礼・世界の聖地」など海外取材番組も多い。
◆著書
『自白の理由―冤罪・幼児殺人事件の真相』インパクト出版会、2006 年
『冤罪をつくる検察、それを支える裁判所―そして冤罪はなくならない』インパクト出版会、2010 年（品切れ）

死刑冤罪——戦後 6 事件をたどる

2015 年 9 月 10 日　第 1 刷発行
2015 年 11 月 10 日　第 2 刷発行

著　者　里　見　繁
発行人　深　田　卓
装幀者　宗　利　淳　一
発　行　インパクト出版会
〒 113-0033　東京都文京区本郷 2-5-11　服部ビル 2F
Tel 03-3818-7576　Fax 03-3818-8676
E-mail：impact@jca.apc.org
http:www.jca.apc.org/˜impact/
郵便振替　00110-9-83148

モリモト印刷